Sue Hiepler

# URBAN WATERCOLOR WORKBOOK

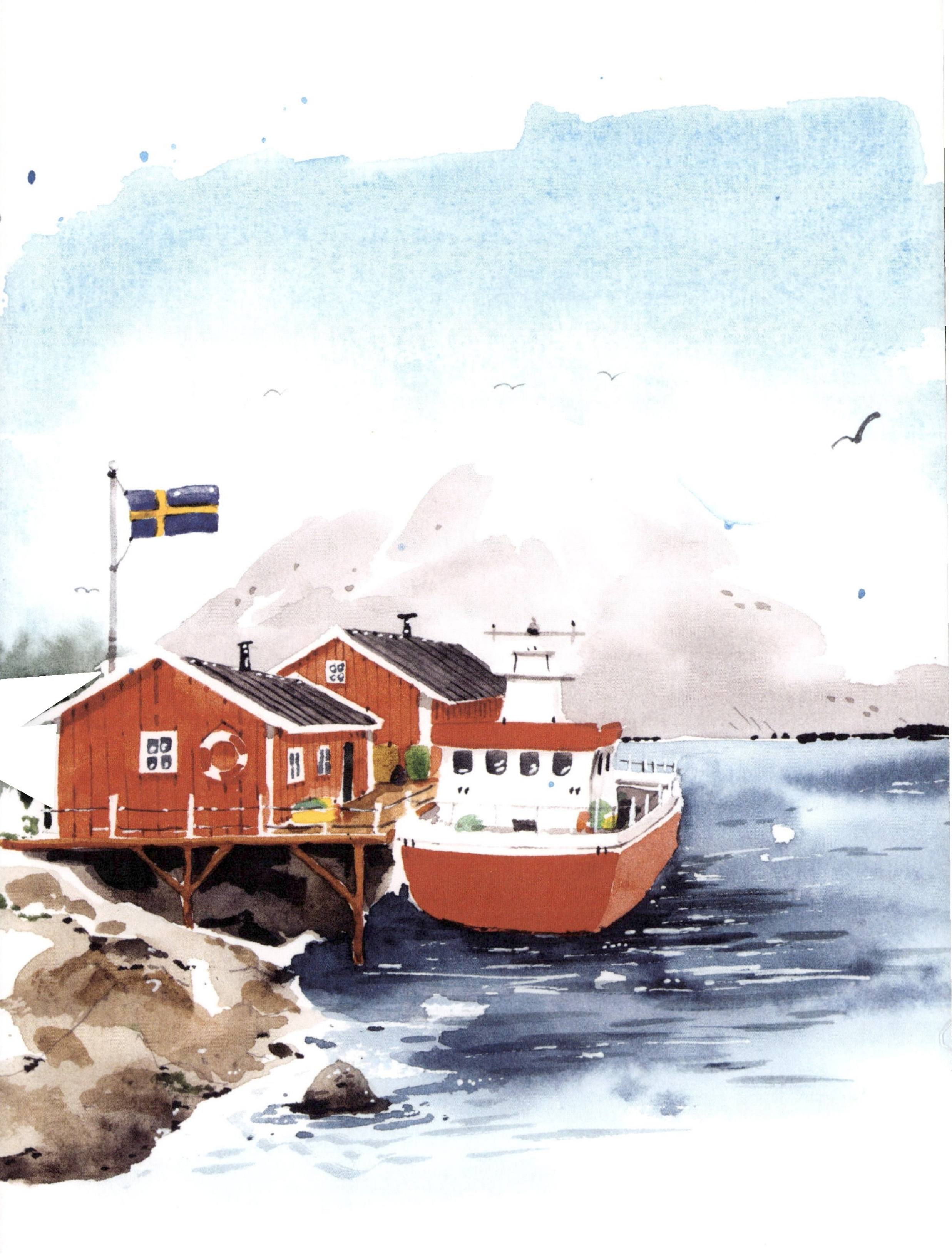

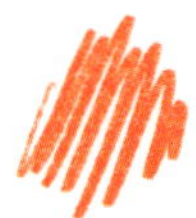

SUE HIEPLER

♥

# URBAN WATERCOLOR

## WORKBOOK

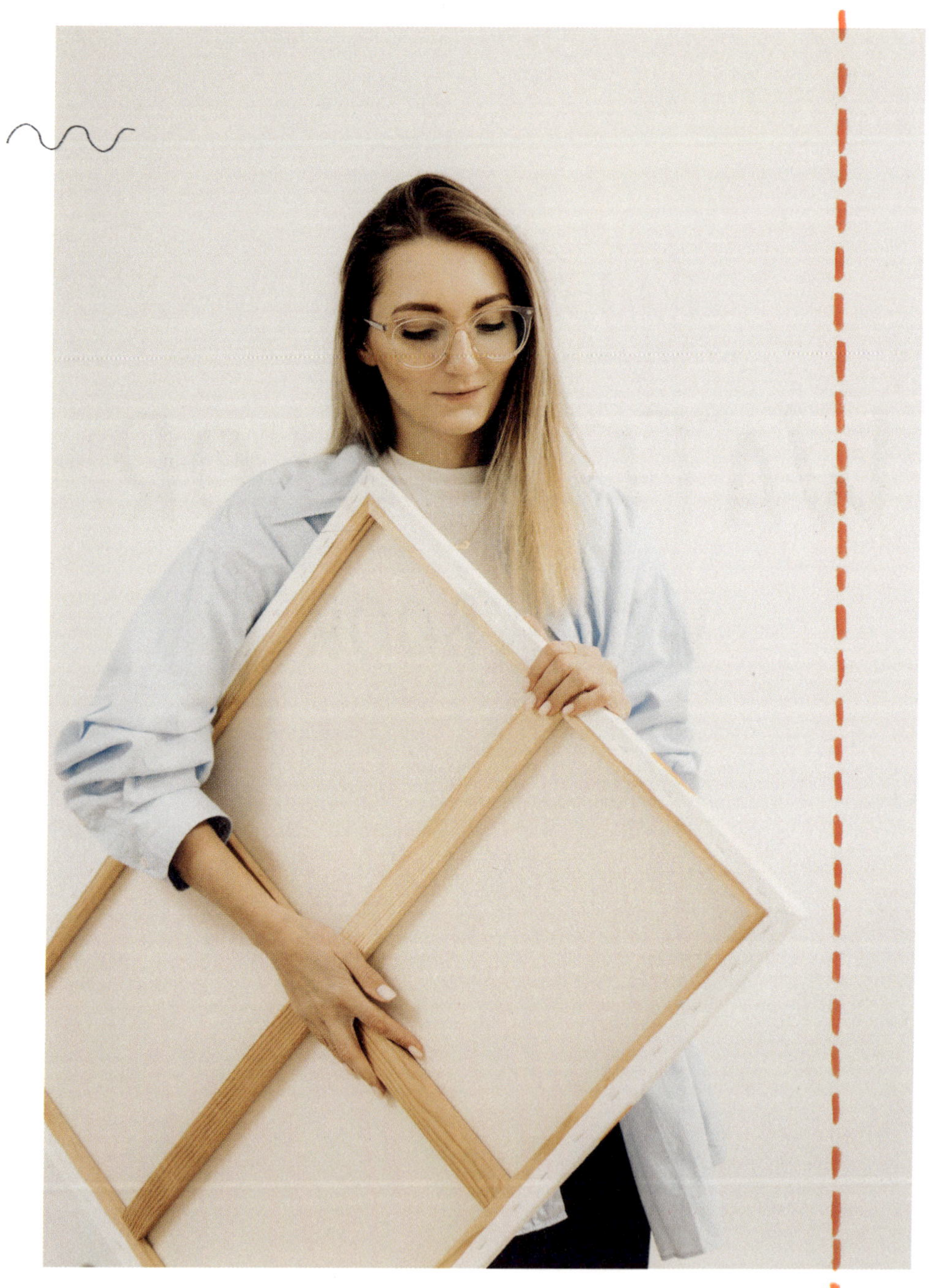

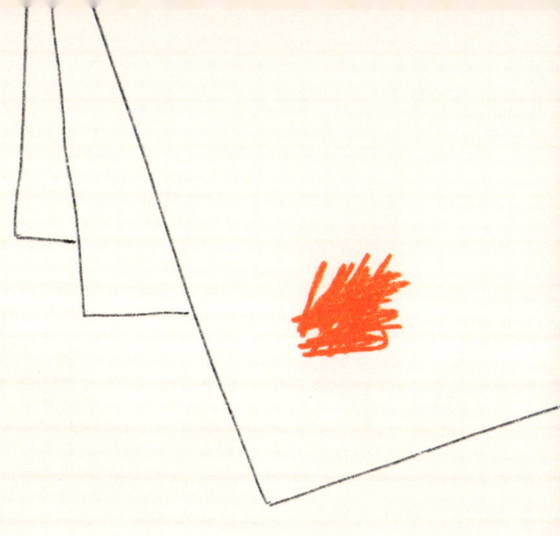

# HELLO AGAIN!

Meine *Urban Watercolor Journey* geht weiter und ich habe das Gefühl, dass sie einfach ewig andauern könnte. Immer wieder sprudeln neue Ideen aus mir heraus, wie sich dieses kleine Abenteuer *Urban Watercolor* noch weiterführen lässt. Es gibt nichts auf der Welt, das mich so sehr fesselt wie die Kunst. Farben lassen mein Herz höher schlagen und die Zeit, die ich damit verbringe, neue Motive zu gestalten, ist für mich einfach unbezahlbar. Umso glücklicher macht es mich, dass du auch bei diesem Buch wieder mit dabei bist und meine Leidenschaft mit mir teilst.

Mein dauerhaft anhaltendes Fernweh lässt mich permanent von der Welt da draußen träumen. Von wunderschönen Orten und Erlebnissen, die ich gerne festhalten möchte. Dabei hat es lange gedauert, bis ich meinen eigenen Weg gefunden habe, Illustrationen umzusetzen. Ich habe viele Techniken ausprobiert, Tools kombiniert und Motive entwickelt, bis ich zu meinem eigenen „Strich" gefunden habe. Denn hinter dem eigenen Stil stecken eine Menge Arbeit und viele Faktoren, die diesen beeinflussen können.

In diesem Buch möchte ich dich an deinen eigenen Stil heranführen, indem ich dir Aufgaben stelle, Dinge erkläre und dir Inspiration schenke. Auf den folgenden Seiten kannst du dich austoben und deiner Kreativität freien Lauf lassen. Probiere so viel wie möglich aus, um herauszufinden, was dir gefällt und welche Dinge dich glücklich machen.

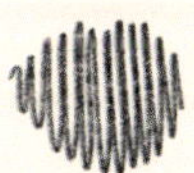

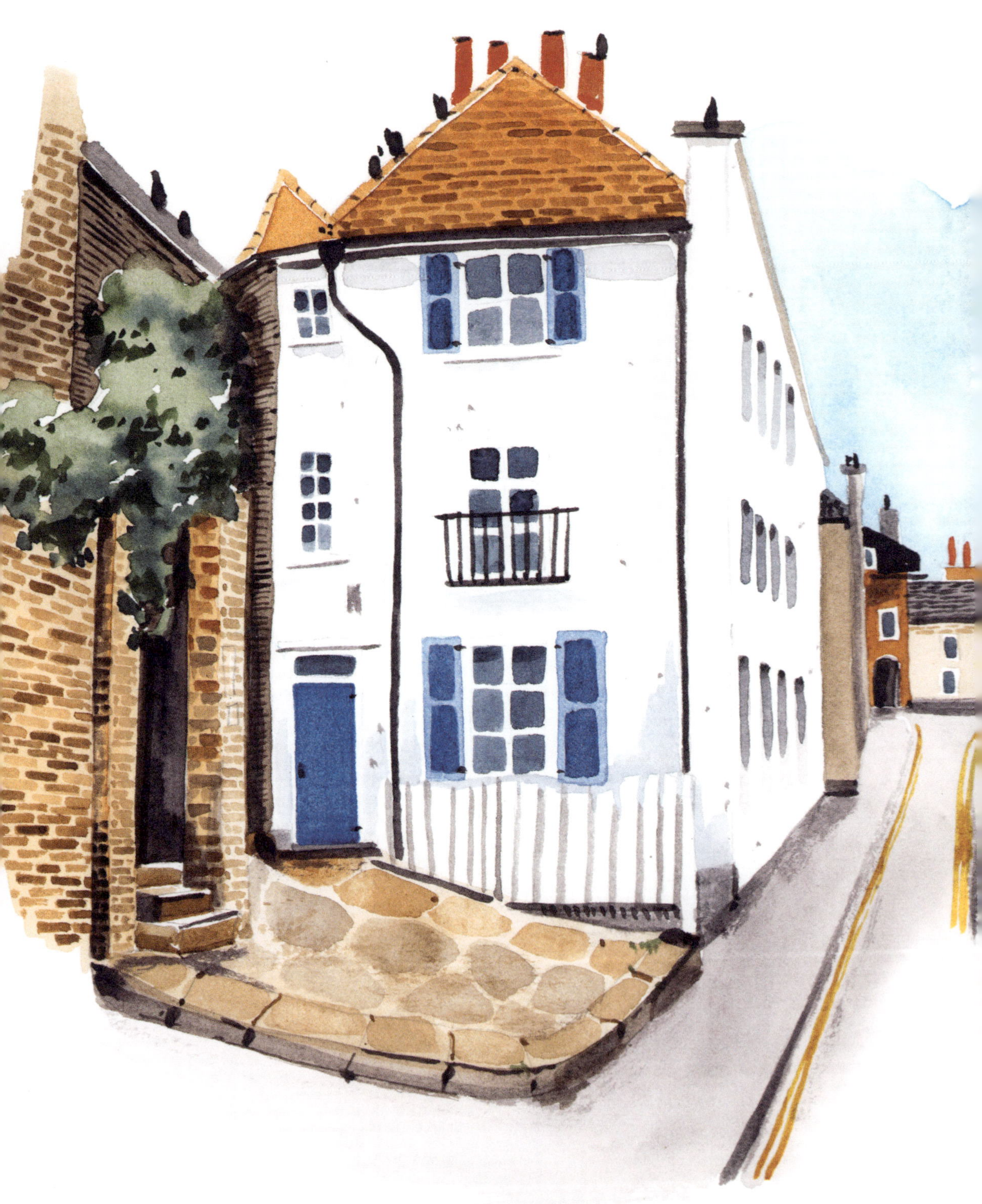

# INHALT

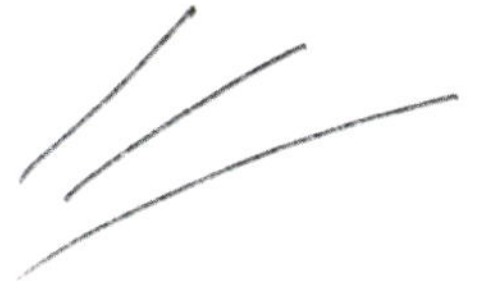



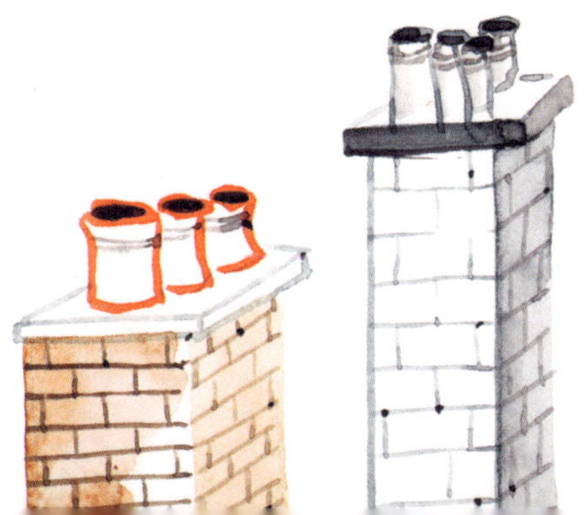

# HOW TO

In diesem Workbook möchte ich dir Ideen, Inspiration und viele, viele Motive mit an die Hand geben. Deshalb findest du auf den folgenden Seiten Aufgaben, die dir dabei helfen sollen, über deinen kreativen Tellerrand zu schauen.

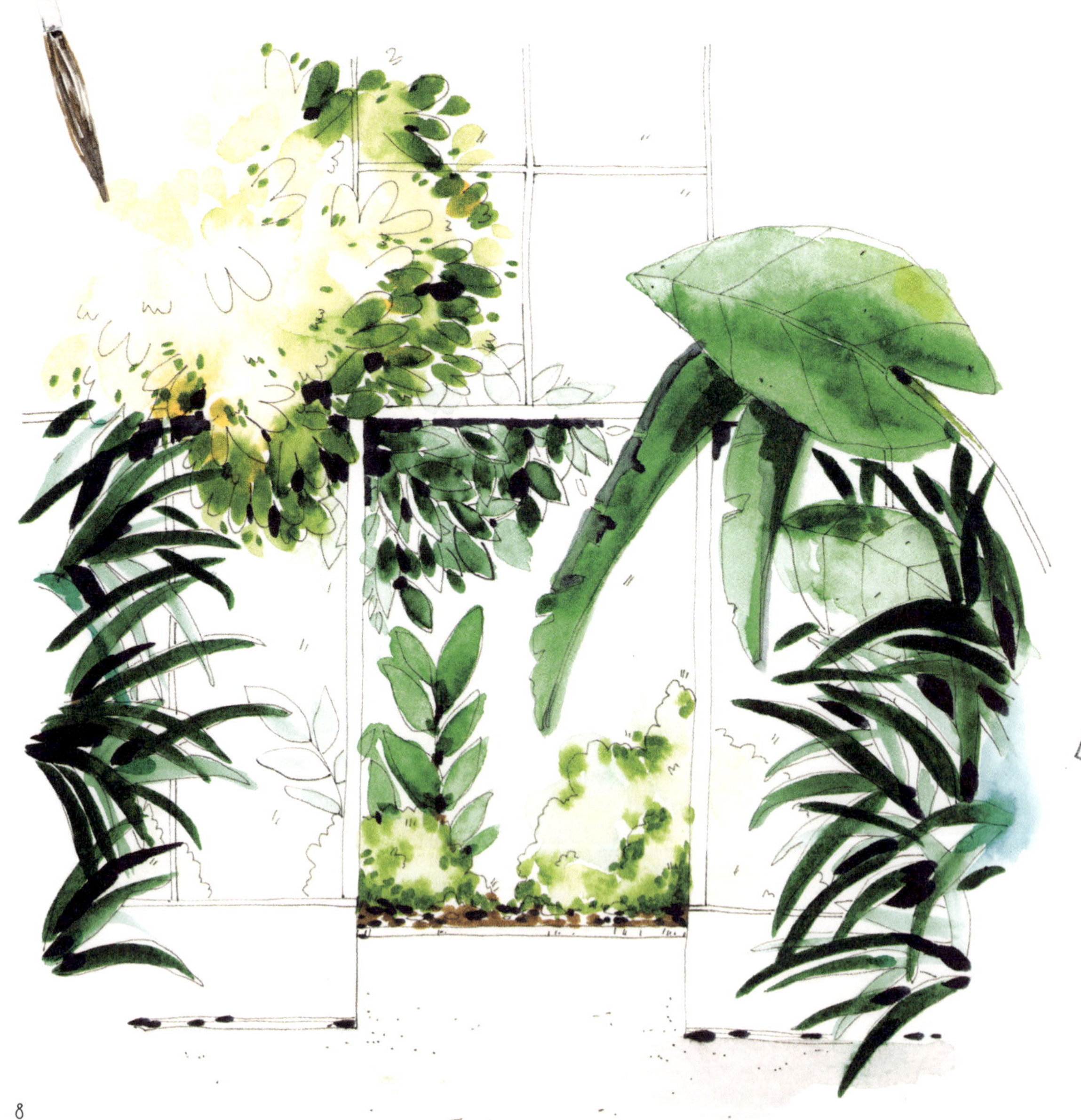

## SKIZZIEREN

Auf vielen Seiten kannst du mit Bleistift direkt ins Buch skizzieren, um Zeichnungen zu erweitern oder selbst Motive auszuarbeiten.

## KOLORIEREN

Um Farben zu testen, kannst du an einigen Stellen mit Markern oder Buntstiften ins Buch malen.

## ÜBERTRAGEN

Alternativ kannst du alle Motive auf Aquarellpapier übertragen und anschließend mit Aquarellfarben gestalten. Alle Skizzen und eine Anleitung, wie du die Vorlagen übertragen kannst, findest du in einem Download-PDF.

## VARIIEREN

Zu jedem Motiv in diesem Buch findest du eine Aufgabe. Das sind aber nur Anregungen! Du kannst natürlich jede Illustration so umsetzen, wie du es am schönsten findest. Nutze die Tools, die du gerne magst, und probiere dich aus.

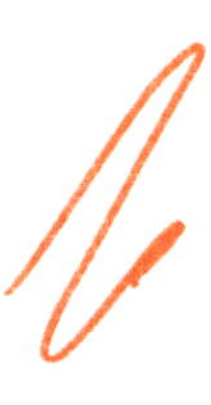

LET'S DO THIS!

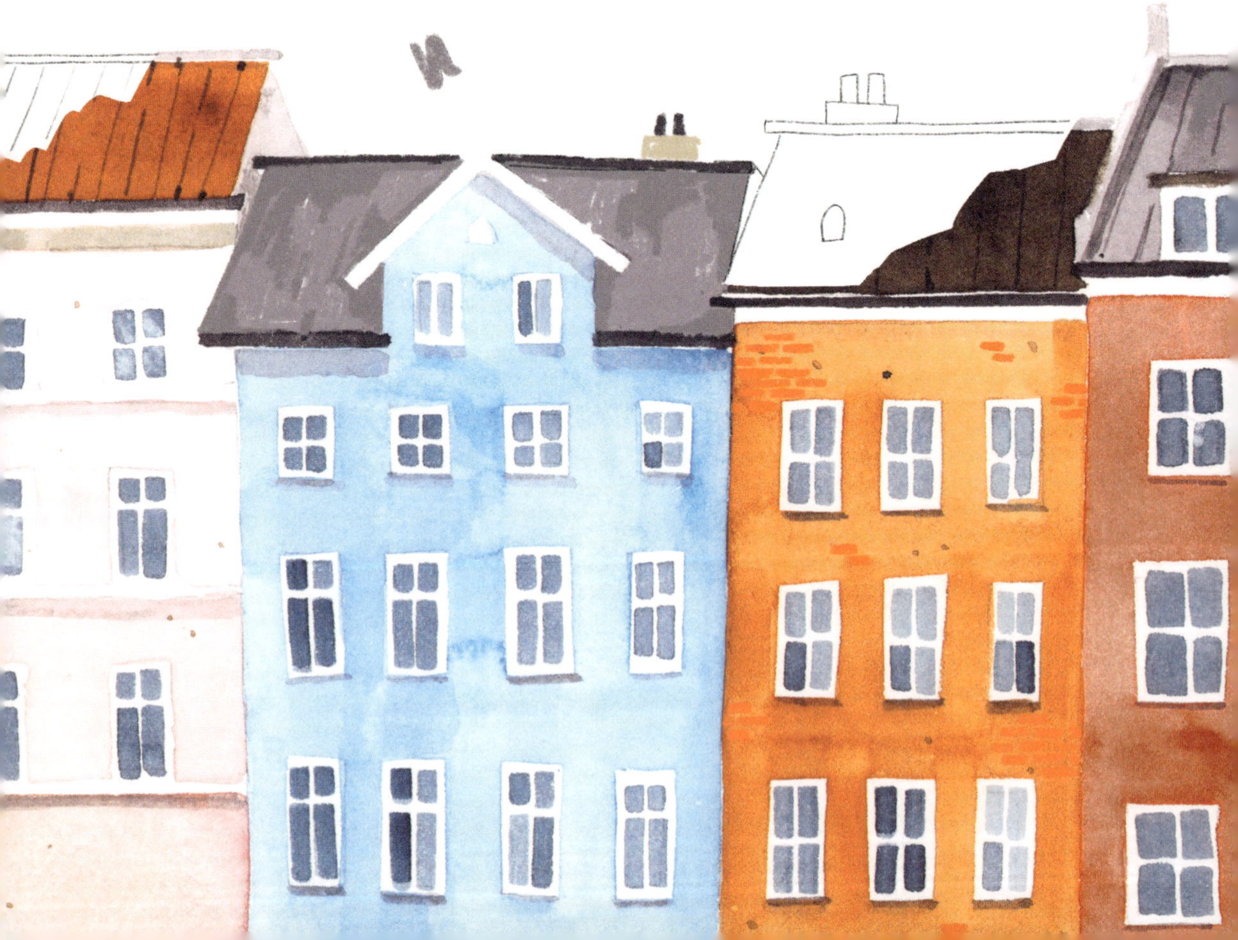

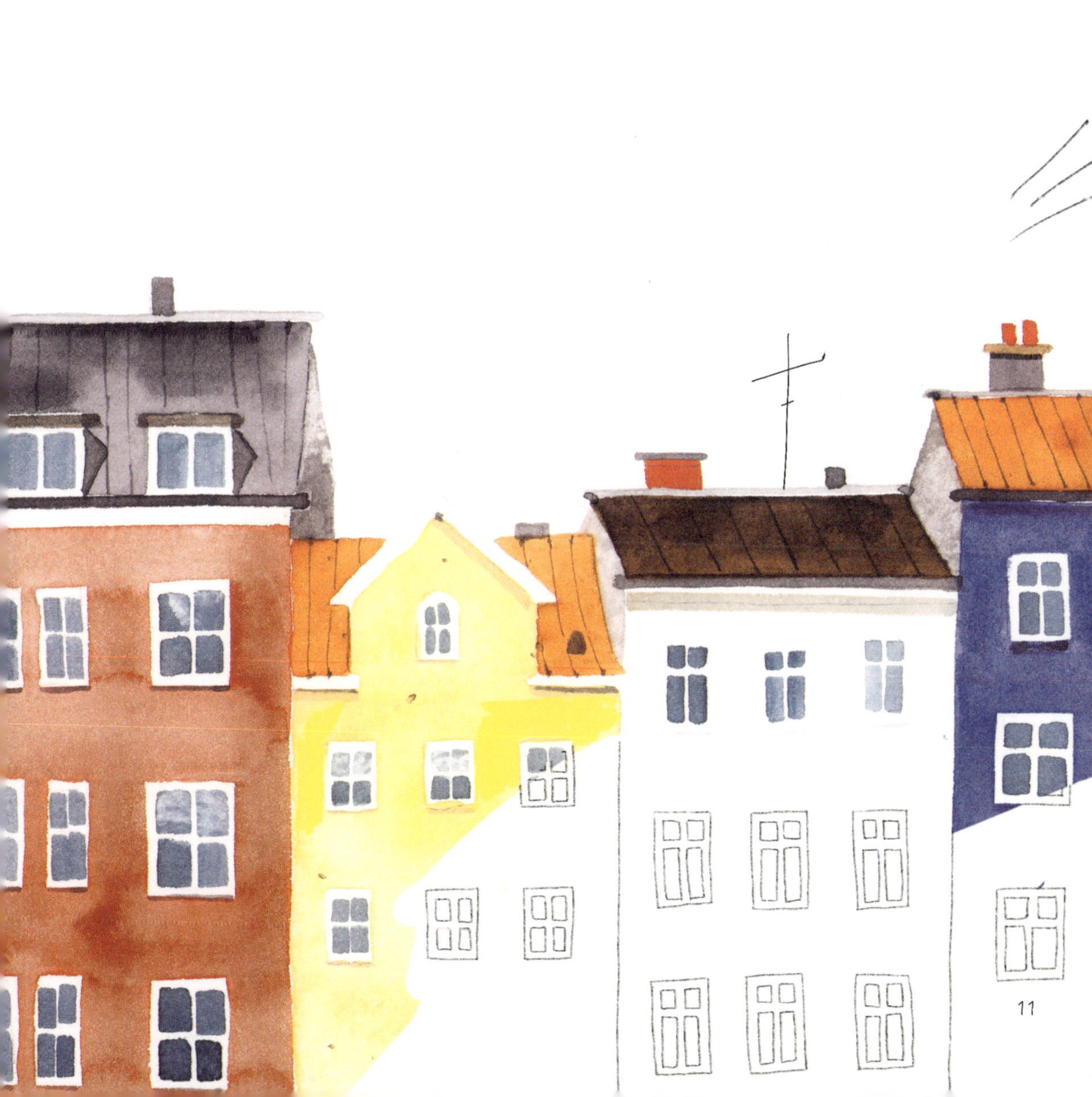

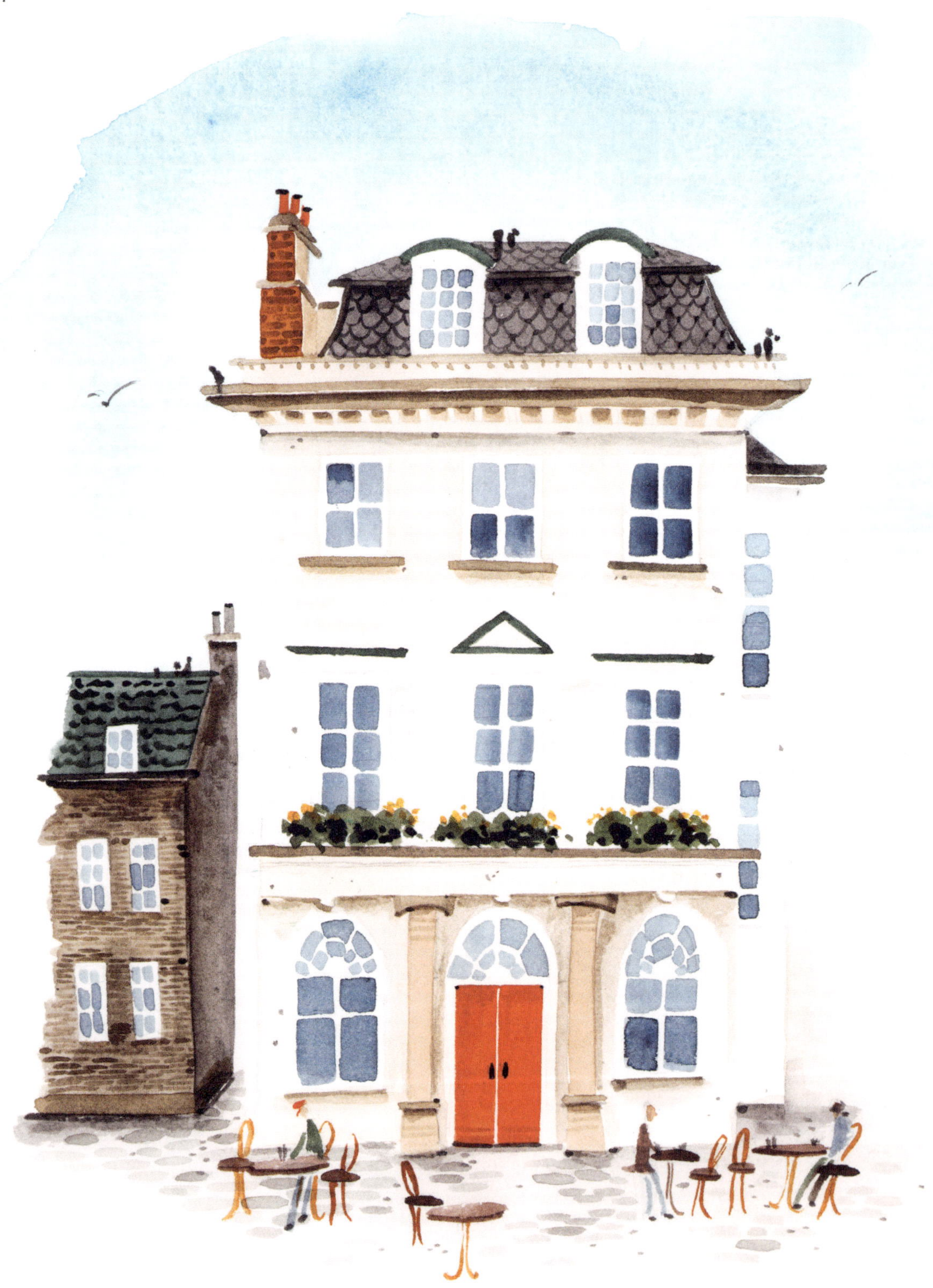

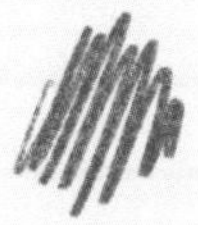

# DEINE TOOLS

Es gibt sie in einer riesigen Auswahl – Pinsel, Farben, Stifte und Papier. Ein Blick in einen Künstlerbedarfsladen verrät, dass die Möglichkeiten unbegrenzt zu sein scheinen. Im ersten Moment ist dieser Anblick sicherlich überfordernd. Aber gleichzeitig birgt dieses Angebot auch so viel Potenzial, deine Kreativität auszuleben und weiterzuentwickeln.

Im ersten Kapitel möchte ich mit dir zusammen verschiedene Tools ausprobieren. So kannst du erfahren, dass unterschiedliche Stifte verschiedene Linien erzeugen und Farben je nach Zusammensetzung total anders wirken können.

# MIXED MEDIA

Auf den nächsten Seiten möchte ich dir einige Tools vorstellen und dir zeigen, wie du diese einsetzen kannst. Egal ob Bleistift, Buntstift oder Marker – jedes Medium bringt andere Eigenschaften mit sich. Außerdem lassen sich viele Tools einfach perfekt zusammen mit Aquarellfarben nutzen. Durch die Kombination verschiedener Medien kannst du deinen Stil beeinflussen und deinen Motiven jeweils eine ganz bestimmte Stimmung verleihen. Schwarze Outlines wirken schwerer als zarte Aquarellfarben. Buntstifte geben deinen Illustrationen vielleicht einen unbedarften Look und Marker erregen viel Aufmerksamkeit durch ihre leuchtenden Farben.

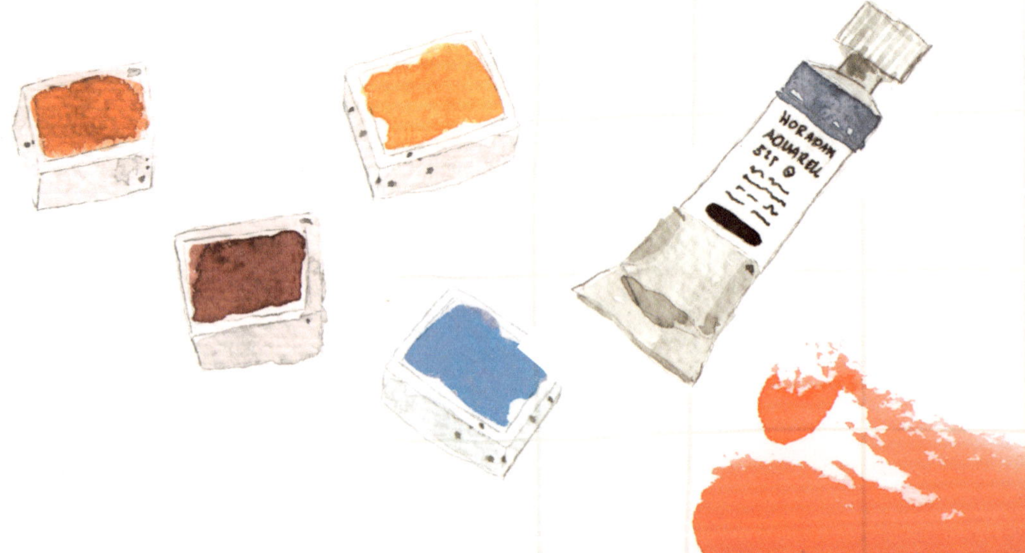

# AQUARELLFARBEN

Aquarell gehört zur Familie der Wasserfarben. Die transparenten Farben wirken zart und leicht und lassen unterschiedliche Techniken zu. Du kannst die Farben auf trockenes Papier auftragen oder sie auf einem nassen Untergrund verlaufen lassen. Wegen ihrer Transparenz ist es jedoch wichtig, dass du stets von hell nach dunkel malst – sobald eine Stelle im Bild dunkel eingefärbt ist, lässt sich diese nicht mehr aufhellen.

Dieses eher zurückhaltende Medium ist perfekt dafür geeignet, mit anderen Tools kombiniert zu werden. Nutze die Übungen im Buch, um herauszufinden, welchen Effekt verschiedene Zusammestellungen haben können.

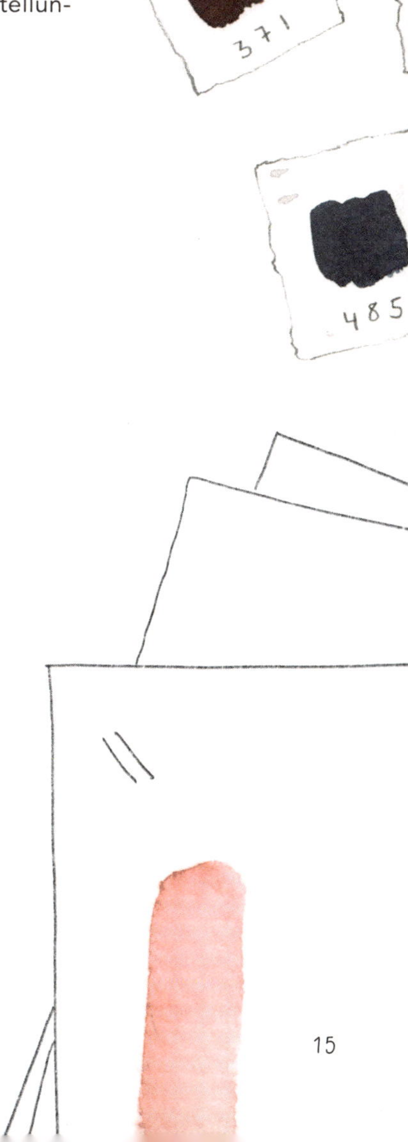


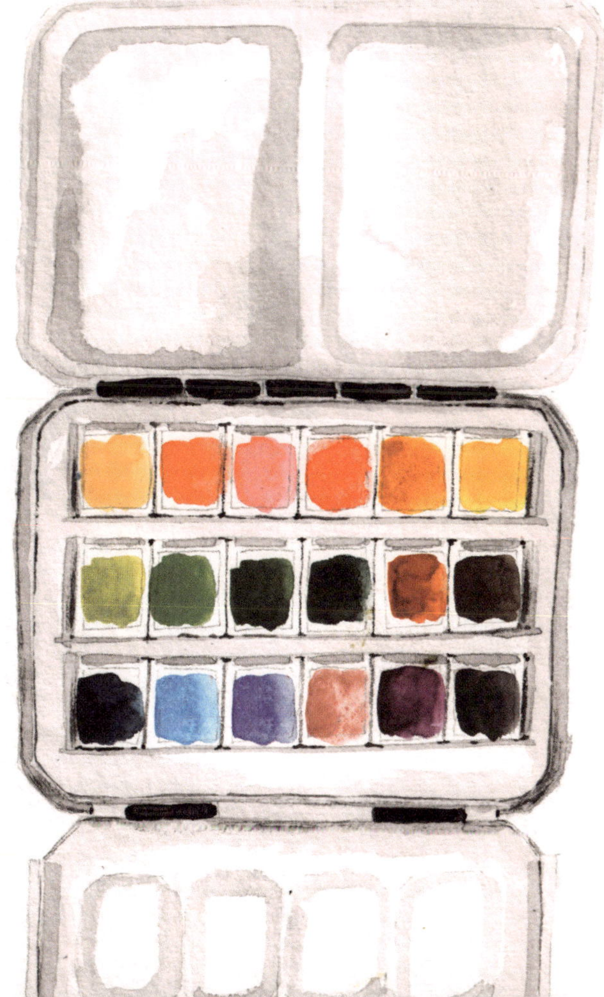

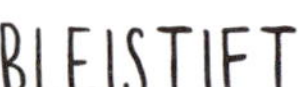

## BLEISTIFT

Eines meiner absoluten Lieblingstools sind Bleistifte. Damit kannst du nicht nur skizzieren, sondern auch wunderschön illustrieren. Egal ob du ein Motiv komplett mit Grafit umsetzt oder nur Details hinzufügst – der Look wird durch dieses Tool immer besonders.

Vor allem eine Kombination mit Aquarellfarben ist naheliegend: Nicht nur, weil die zarte Anmutung der Farben gut zum Bleistift passt, sondern auch, da Grafit durch die Skizze vorab sowieso schon eine Rolle im Aquarellmotiv spielt. So gibt es die Möglichkeit, die Bleistiftskizze einfach nach dem Kolorieren mit Aquarellfarben stehen zu lassen und auf das Wegradieren zu verzichten. Sollte dir deine Skizze allerdings nicht so gut gefallen und zu unordentlich sein, kannst du auch einfach nachträglich Bleistift-Details ergänzen. Dabei kannst du entweder Elemente mit Outlines versehen oder sogar Strukturen, wie zum Beispiel dreckige Hauswände, ergänzen.

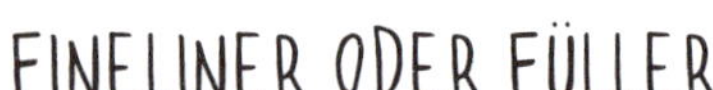

## FINELINER ODER FÜLLER

Eine sehr beliebte Kombination ist es, Aquarellfarben mit schwarzen Outlines zu ergänzen. Diese Malweise kommt aus dem Urban Sketching. Hierbei werden Szenen unterwegs mit schnellen Strichen mit wasserfestem Fineliner oder Füller festgehalten und nachträglich mit Aquarellfarben koloriert. Bei diesem Stil geht es nicht um Perfektion, sondern darum, ein Motiv in kurzer Zeit einzufangen und vor allem die Stimmung festzuhalten. Im Gegensatz zu Bleistiftlinien wirken die schwarzen Konturen von Fineliner oder Füller sehr schwer und machen deine Illustration so viel markanter und dynamischer.

# BUNTSTIFTE

Eines der am meisten unterschätzten Tools sind die Buntstifte. Ich habe den Eindruck, dass viele Menschen dabei eher an Kindergarten denken und sich als Erwachsene nicht mehr damit beschäftigen wollen. Dabei können hochwertige Buntstifte auf gutem Papier traumhaft wirken. Auch in Verbindung mit Aquarellfarben sind diese Stifte ein Hingucker. So lassen sich damit beispielsweise Strukturen auf der fertigen Aquarellillustration ergänzen. Durch den gröberen Farbauftrag der Buntstifte kannst du im Handumdrehen verwitterte Hauswände oder schmutzige Böden andeuten.

# MARKER

Der Einsatz von Markern bringt automatisch jede Menge Strahlkraft und Atmosphäre in dein Bild. Der etwas kräftigere Farbauftrag kann Elemente in deiner Illustration hervorheben und die Blicke auf sich ziehen. Ein gleichmäßiger Farbauftrag ist mit Markern kaum möglich, wodurch dein Motiv automatisch einen ganz eigenen Stil bekommt. Wasservermalbare Marker bieten dir zusätzlich die Möglichkeit, einen Aquarell-Look nachzuempfinden.

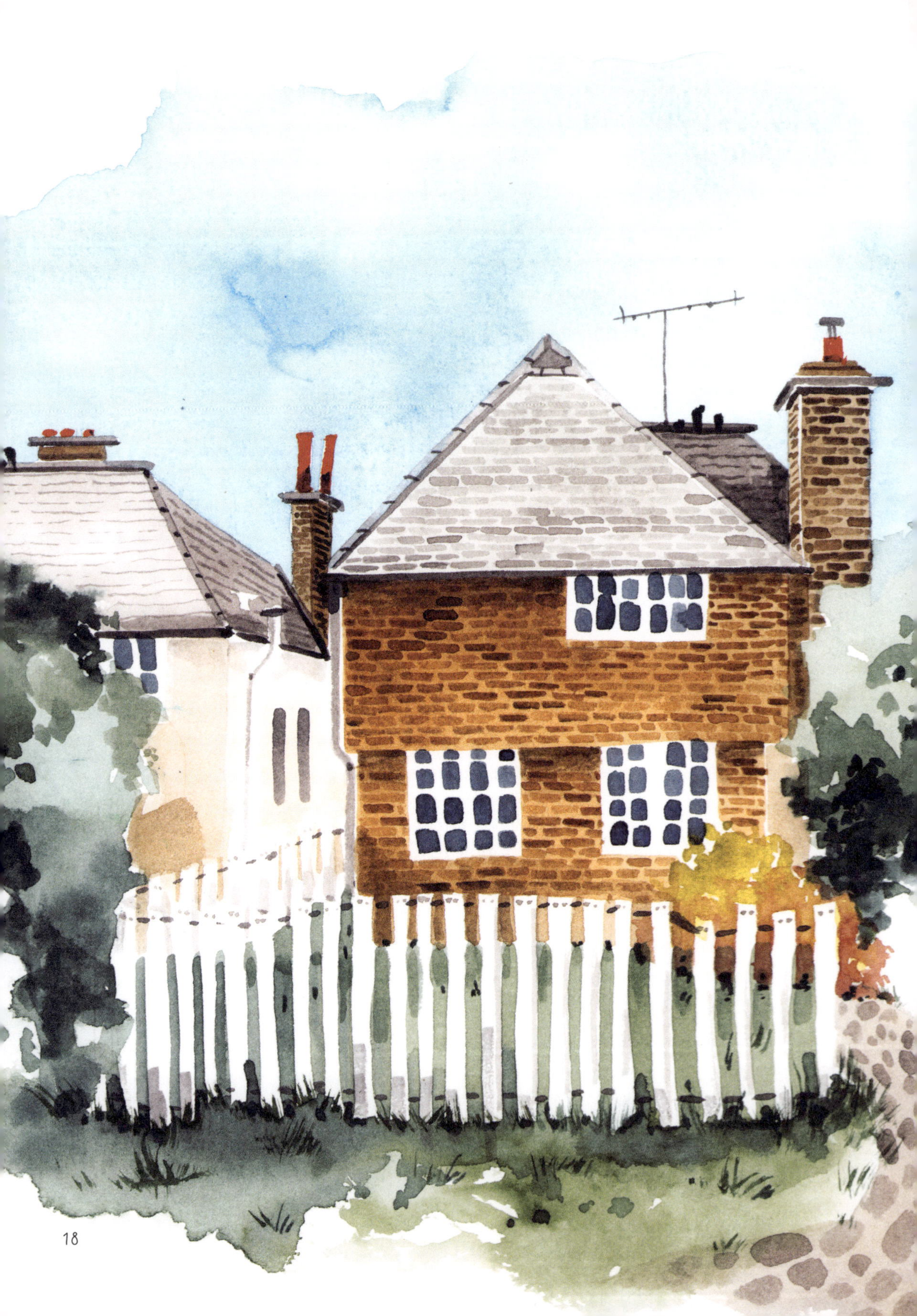

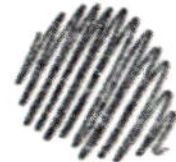

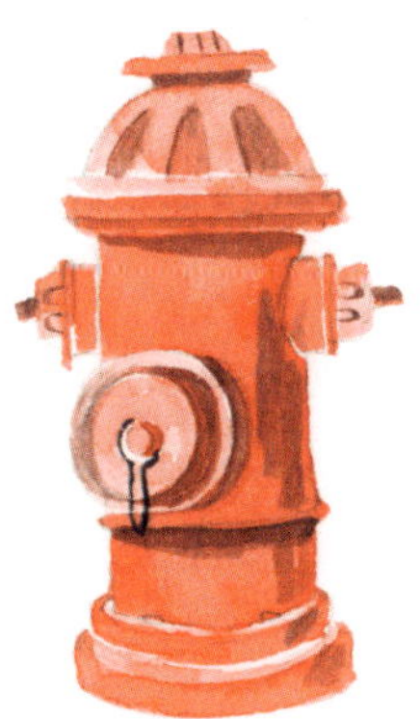

## LOS GEHT'S!

Finde mithilfe der Aufgaben in diesem Kapitel heraus, welche Tools dir am besten gefallen und ob du sie sogar kombinieren möchtest.

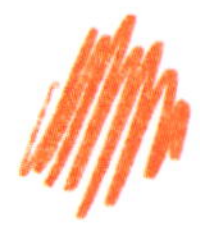

# FINELINER

Diese Doppelseite wartet darauf, von dir vervollständigt zu werden. Schnapp dir dafür einen Fineliner und ergänze viele weitere Häuser.

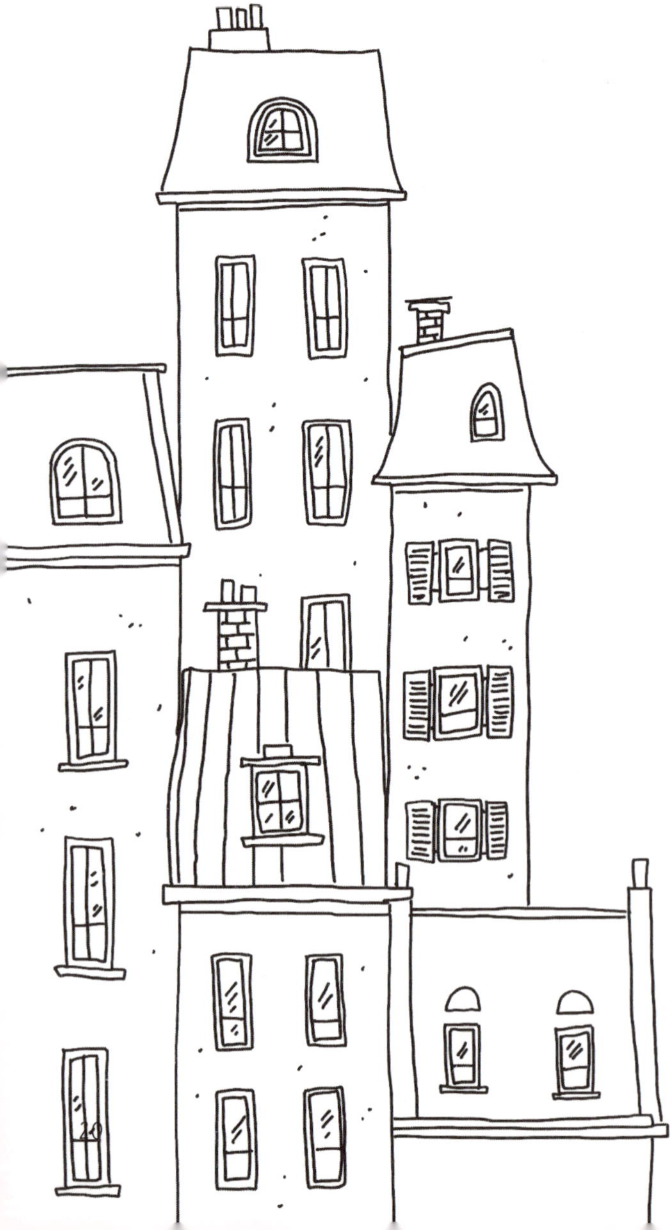

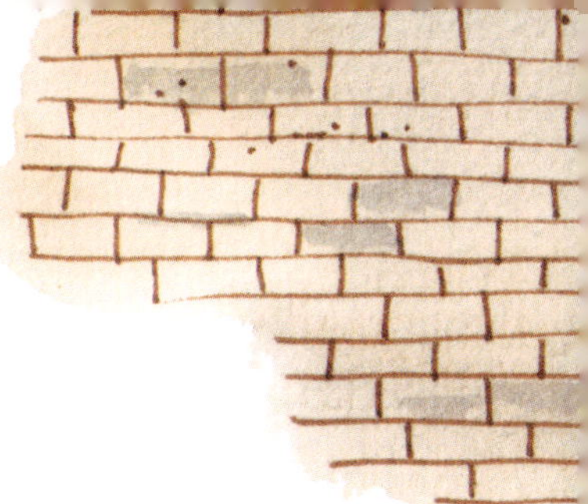

# URBAN SKETCHING

Das Sketchen von urbanen Motiven ist eine beliebte Technik, um Szenen im Freien schnell einzufangen. Immerhin bleibt unterwegs nicht viel Zeit, Motive penibel auszuarbeiten. Deshalb wird beim Urban Sketching meist ohne Vorskizzieren direkt mit Fineliner oder Füller auf das Papier gezeichnet. Schnelle, unordentliche Linien machen dabei den spontanen Charakter dieser Technik aus.

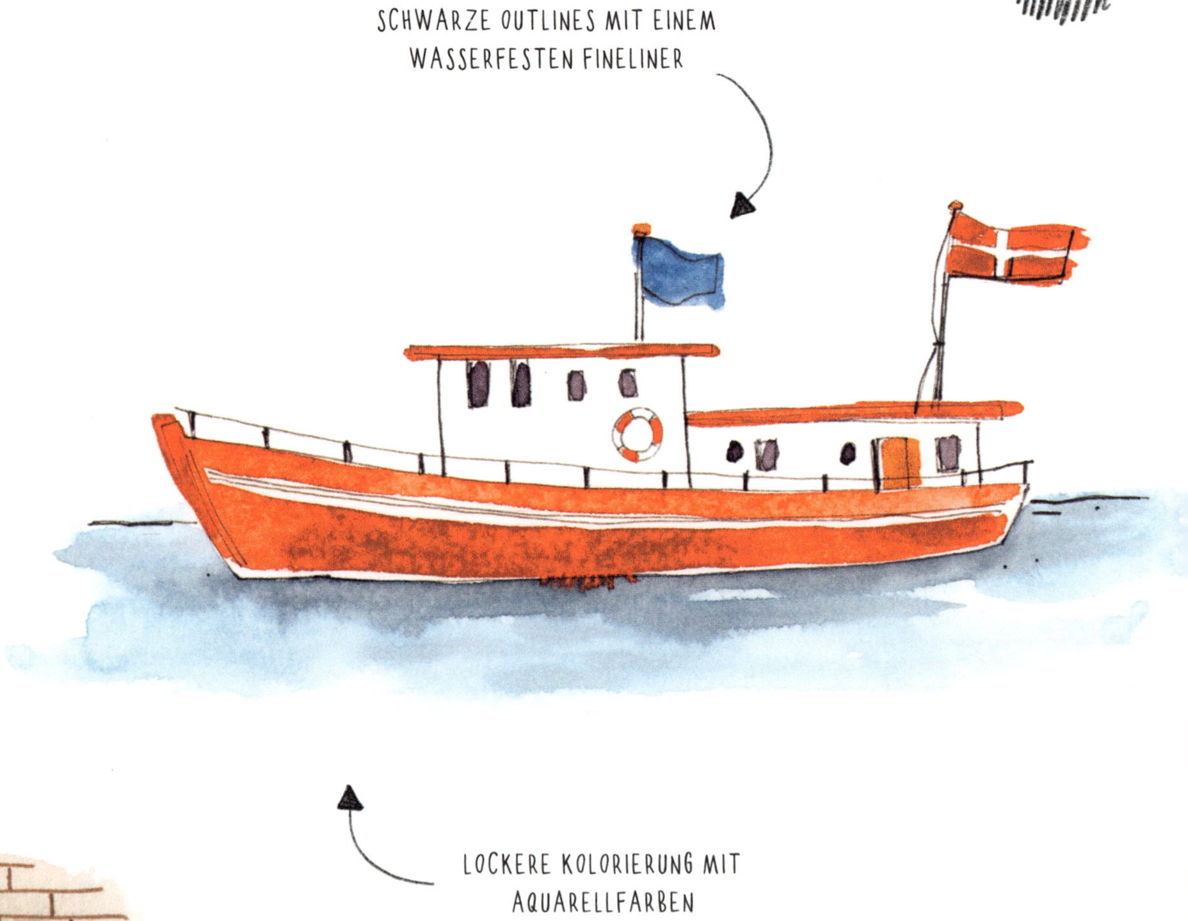

SCHWARZE OUTLINES MIT EINEM WASSERFESTEN FINELINER

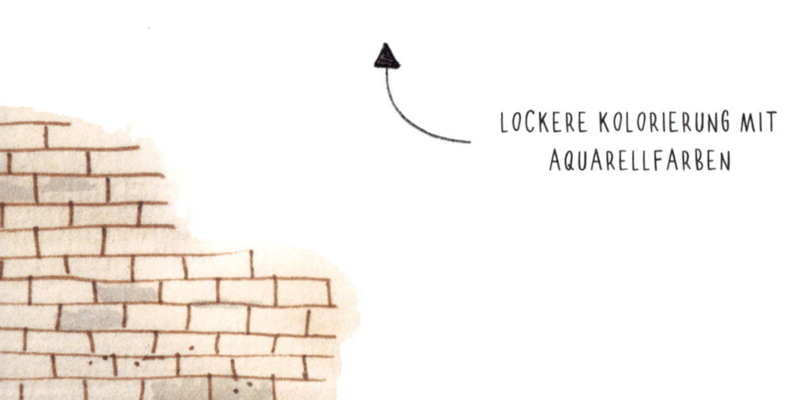

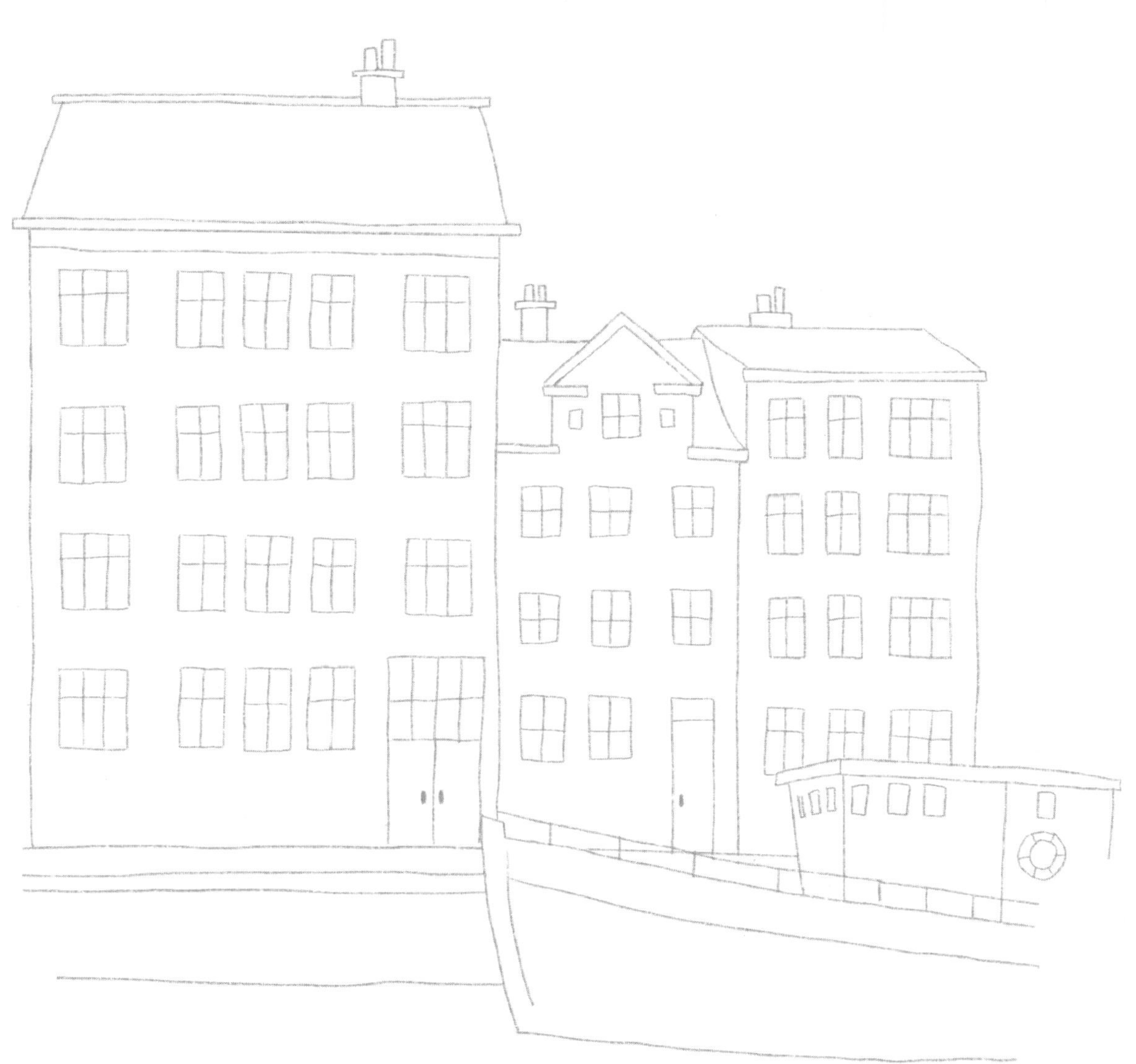

Fahre die Outlines dieses Motivs zur Übung mit einem schwarzen Fineliner nach. Versuche, die Linien dabei so locker wie möglich zu gestalten. Übertrage das Motiv anschließend ebenfalls mit Fineliner frei Hand auf Aquarellpapier und koloriere die Häuser zum Schluss mit Aquarellfarben.

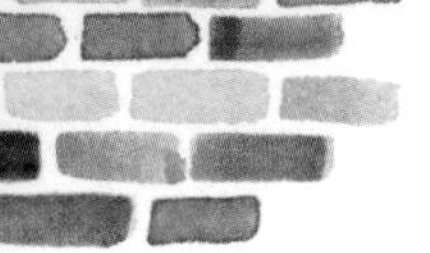

# KAFFEEANHÄNGER

Übe die Kombination aus Fineliner und Aquarellfarben an diesem Anhänger. Übertrage die Skizze dafür auf Aquarellpapier und ziehe die Linien mit einem wasserfesten Fineliner nach. Koloriere anschließend alles grob mit Aquarellfarben.

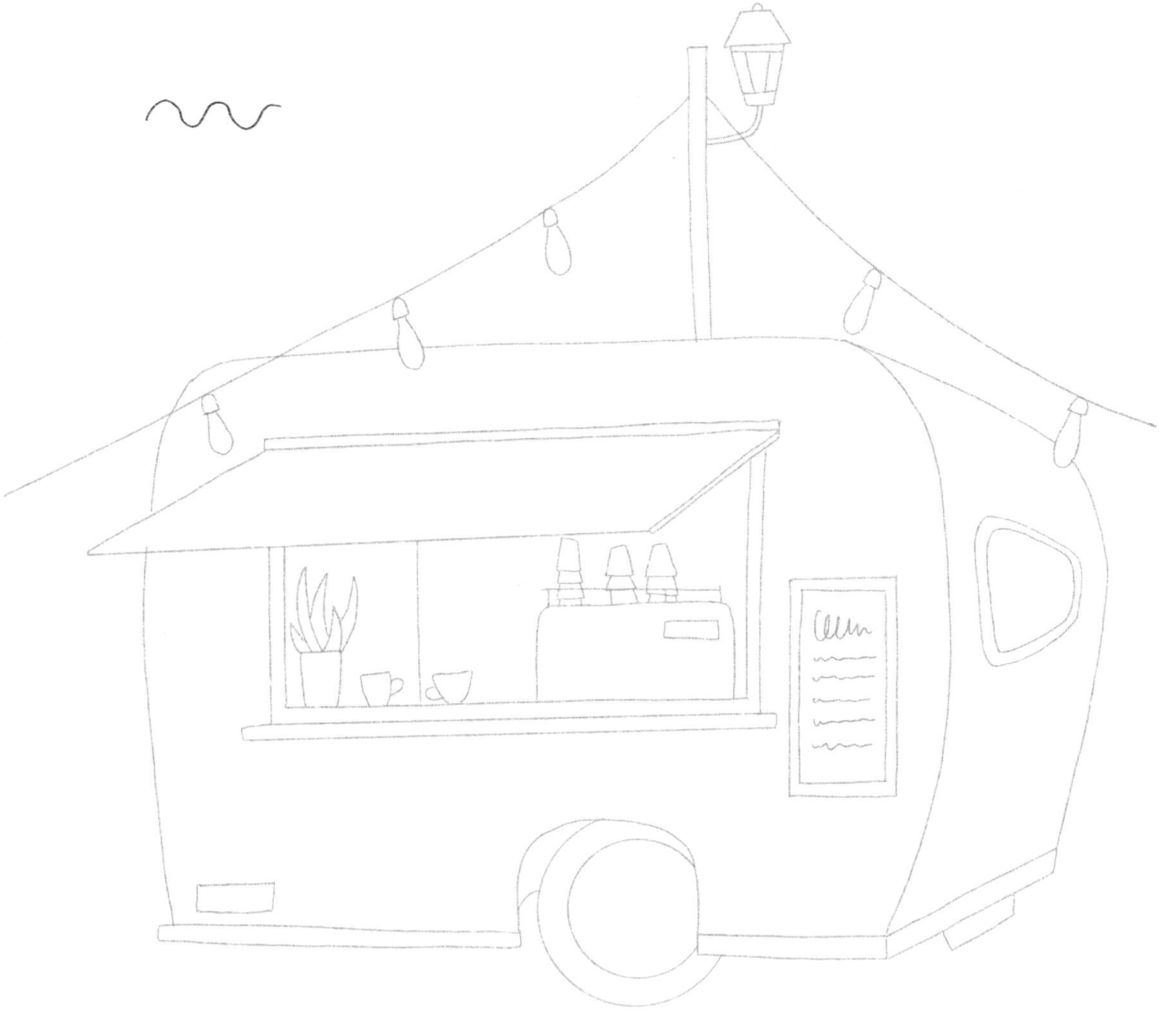

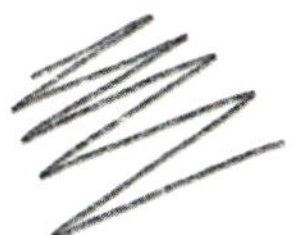

Zeichne mit Fineliner auf diese Seite einige Gegenstände, wie Kaffeebecher oder Mokkamaschine, die zu dem Kaffeeanhänger auf der linken Seite passen. Wenn du dich unsicher fühlst, kannst du diese vorab mit Bleistift skizzieren.

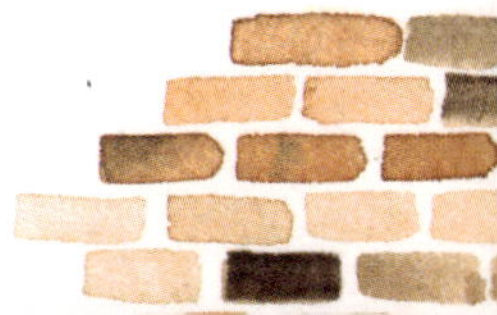

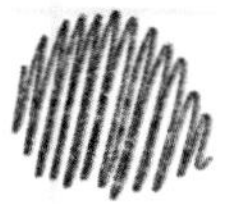

# BLEISTIFT

Bleistifte gehören für mich zu den wichtigsten Tools. Denn sie sind nicht nur zum Skizzieren gut. Da es Bleistifte in unterschiedlichen Härtegraden gibt, kannst du sie sehr vielseitig einsetzen: Je weicher der Stift ist, desto dunkler werden die Linien. Harte Bleistifte hingegen geben nur wenig Grafit ab und lassen daher nur helle Striche zu. Das gibt dir die Möglichkeit, wunderschöne Kontraste auszuarbeiten, um noch mehr Tiefe in dein Bild zu zaubern.

LINIENSTÄRKEN VARIIEREN

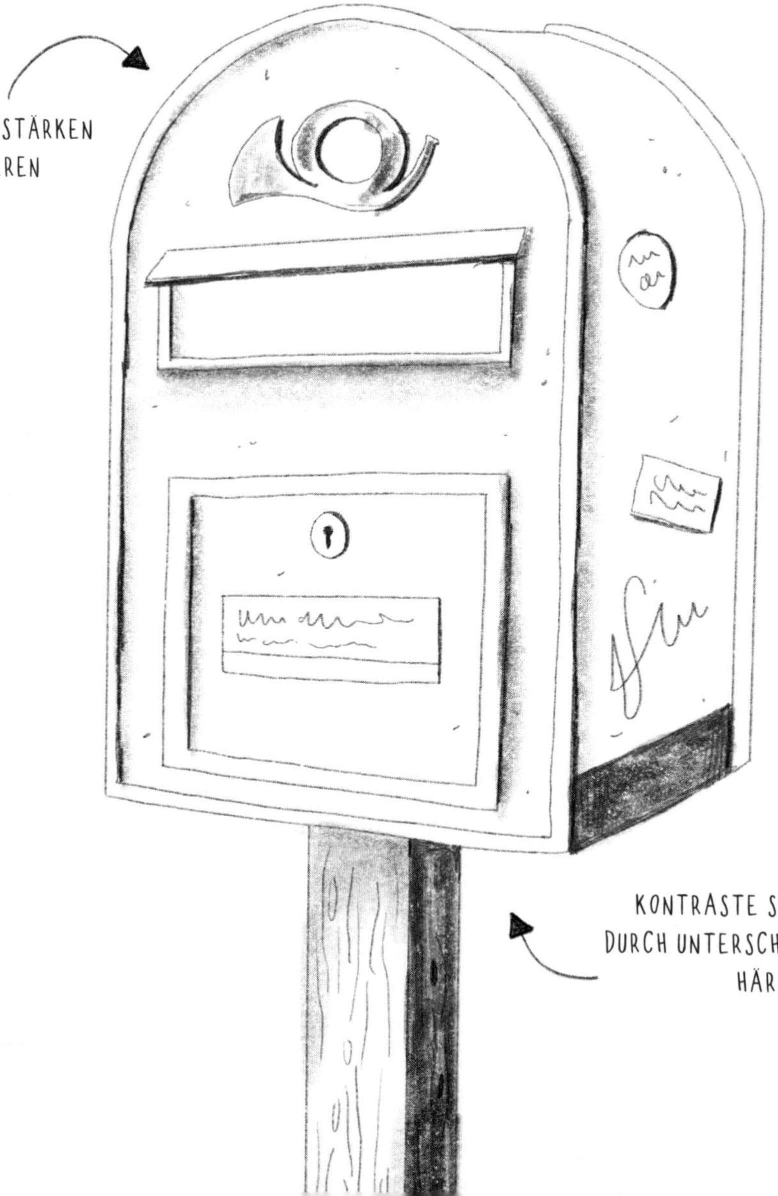

KONTRASTE SCHAFFEN DURCH UNTERSCHIEDLICHE HÄRTEGRADE

Koloriere diese Skizze mit verschiedenen Bleistiftstärken. Achte darauf, dass dabei genug Kontraste entstehen. Die hellste Stelle kannst du weiß lassen und dann Stück für Stück dunkler werden.

# WUNDERSCHÖNES PORTUGAL

Manche Motive leben von knalligen Farben, die besondere Merkmale im Bild hervorheben. Weiße Hausfassaden mit strahlend blauen Verzierungen und terrakottafarbene Dächer sind ein wunderschöner Hingucker. Um die Farben noch mehr in den Vordergrund zu rücken, kannst du Bleistifte nutzen, um weitere, unauffällige Details zu zeichnen.

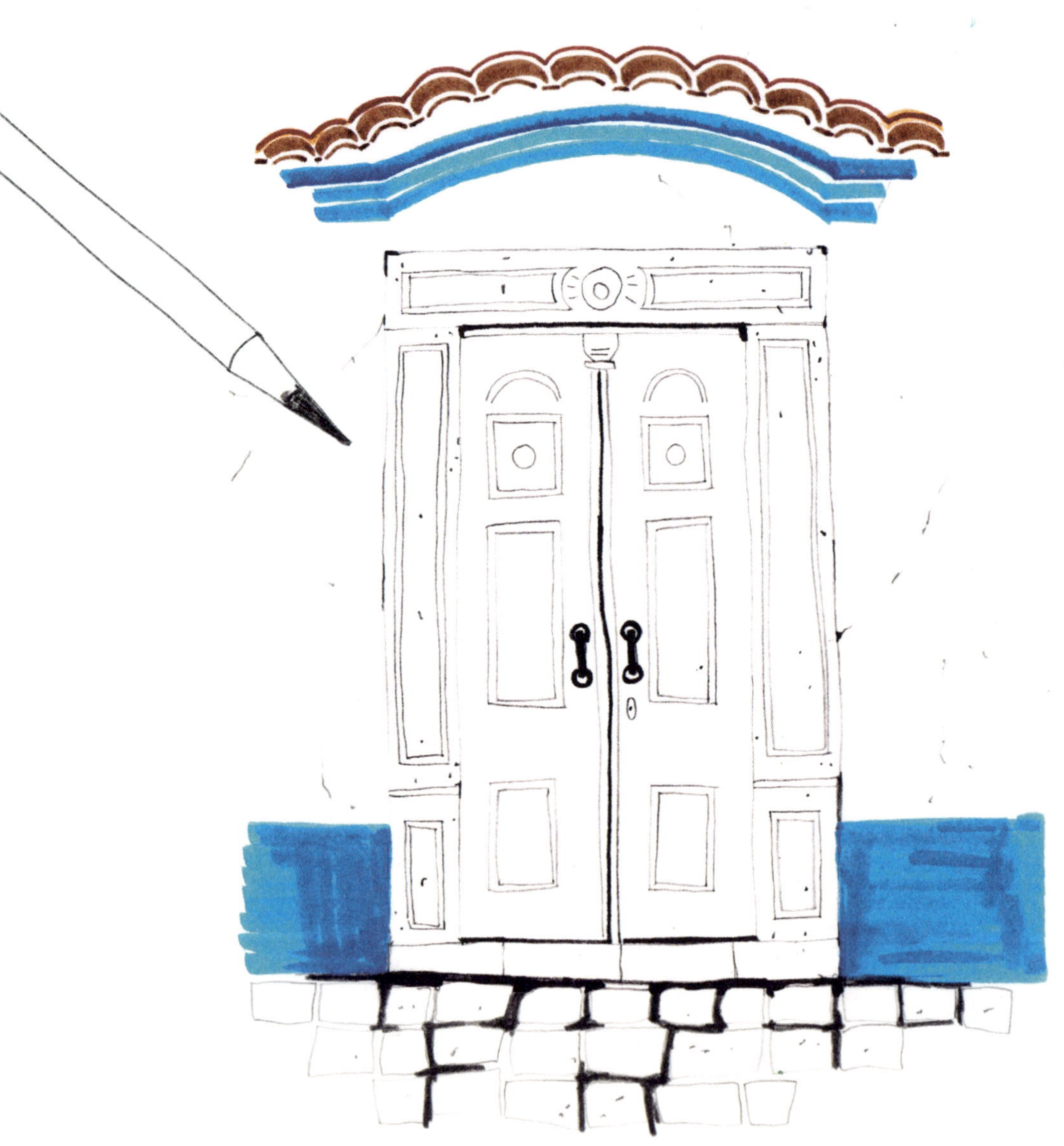

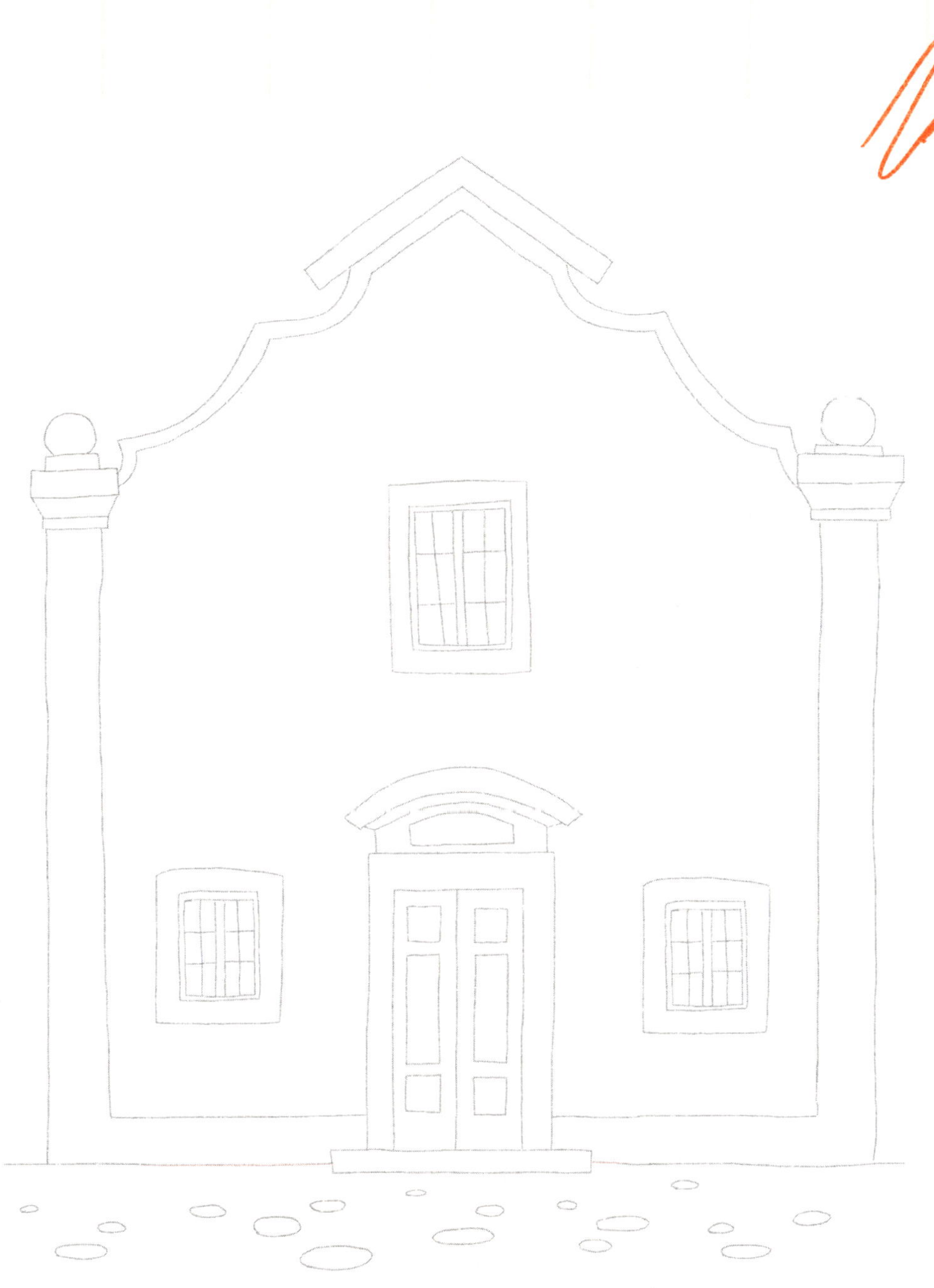

Koloriere einige Elemente des Hauses mit Marker. Nutze
dafür zum Beispiel einen knalligen Blauton, um so die weiße Hausfassade noch
mehr hervorzuheben. Ergänze außerdem ein paar weitere Details mit Bleistift.

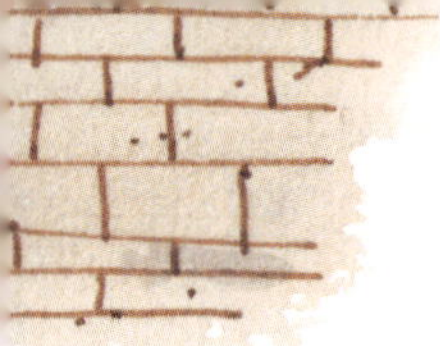

# LONDON CALLING

Nachdem du auf den vorigen Seiten Bleistiftzeichnungen mit Markern kombiniert hast, kannst du nun ausprobieren, wie Bleistift mit Aquarellfarben harmoniert. Ich persönlich liebe die Kombination aus beiden sehr. Die Details mit Grafit lassen die Illustration sehr spontan und nahbar wirken. Perfektion rückt in den Hintergrund und der*die Betrachter*in hat vielmehr den Eindruck, beim Entstehungsprozess der Illustration dabeizusein.

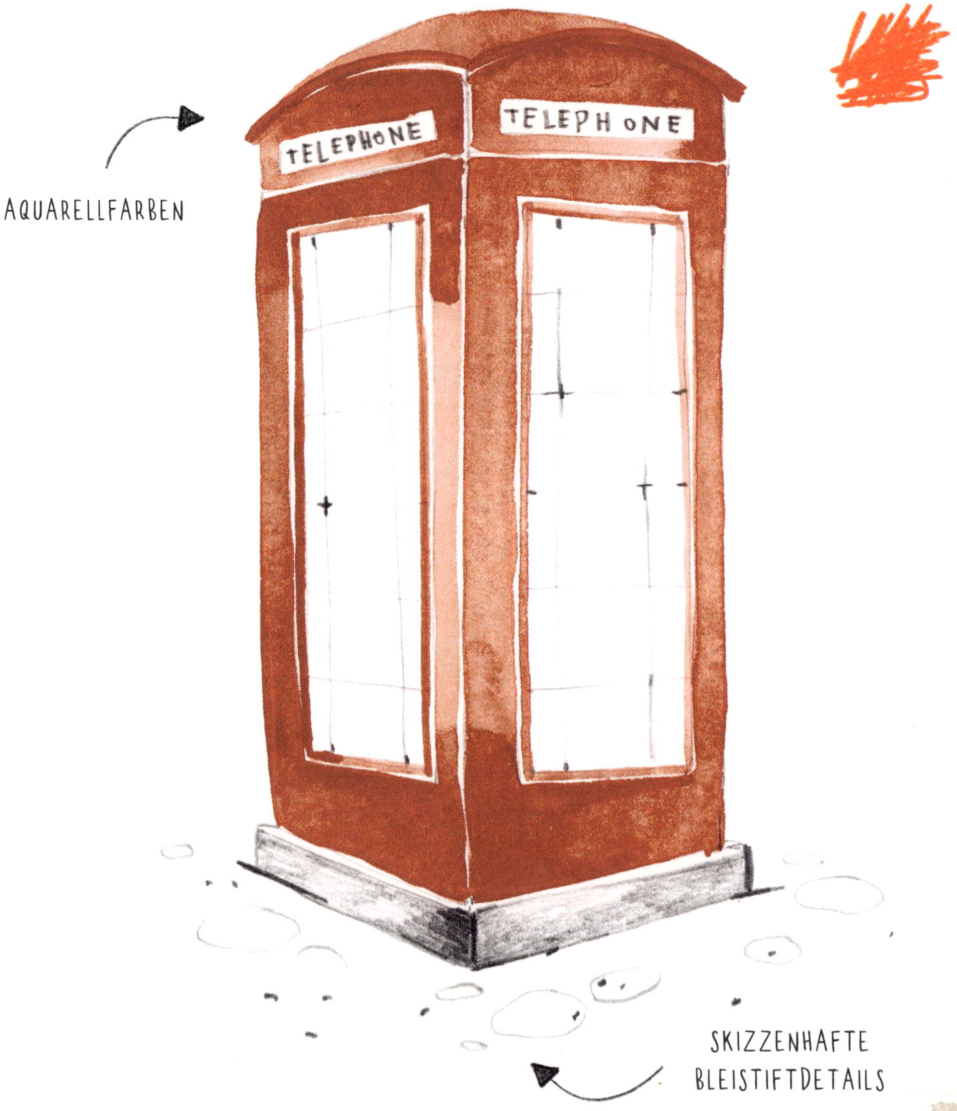

AQUARELLFARBEN

TELEPHONE

TELEPHONE

SKIZZENHAFTE BLEISTIFTDETAILS

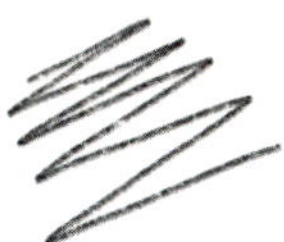

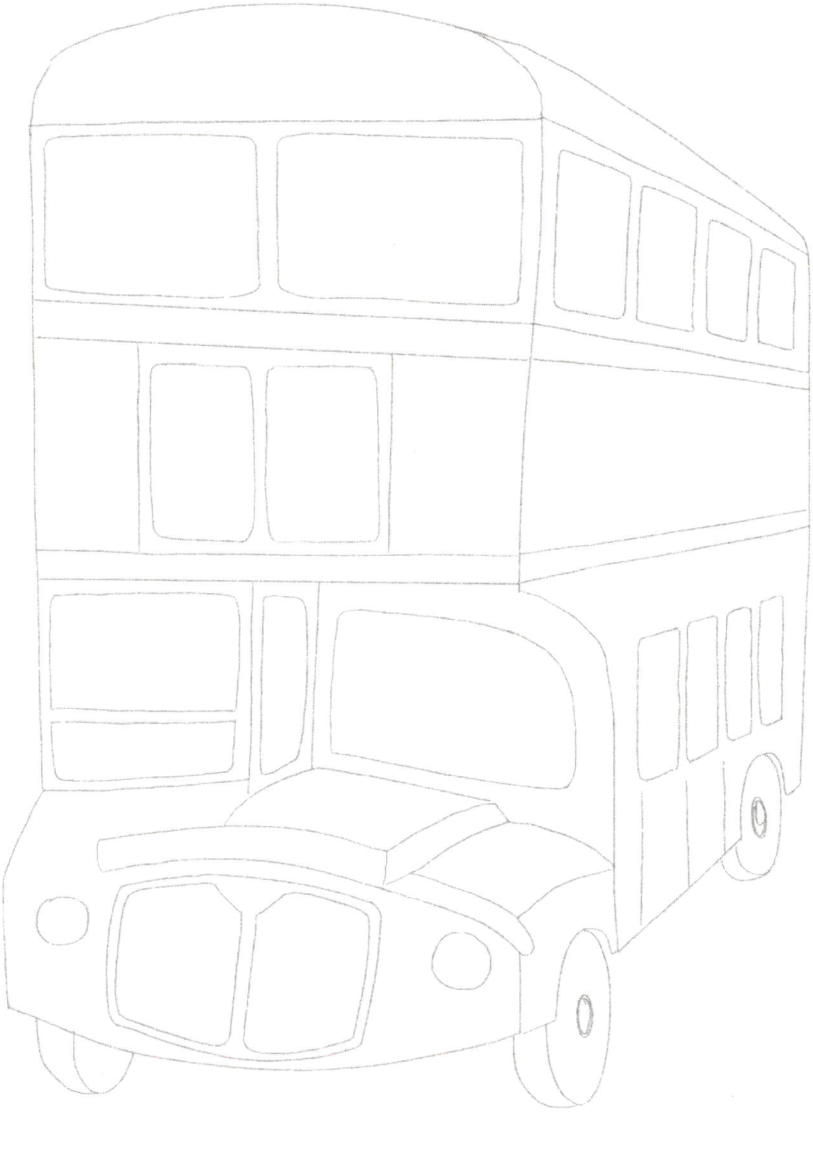

Kombiniere Bleistift und Aquarellfarben, um diesen typischen Londoner Bus zu illustrieren. Übertrage dafür die Skizze auf Aquarellpapier.

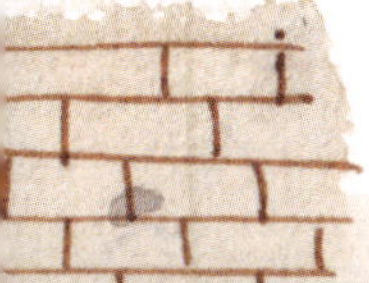

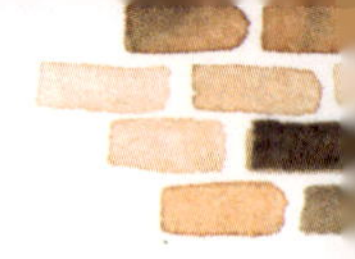

# BUNTSTIFT

Schnapp dir jetzt deine Buntstifte und male das Motiv auf der rechten Seite aus. Achte beim Kolorieren darauf, verschiedene Techniken anzuwenden. Male Bereiche, die kräftig oder dunkel werden sollen, deckend aus. Hellere Ariale sollen einen schönen Kontrast zu den dunklen Stellen im Bild ergeben. Außerdem kannst du nach Lust und Laune auch Schraffuren oder Outlines nutzen, um das Motiv auszuarbeiten.

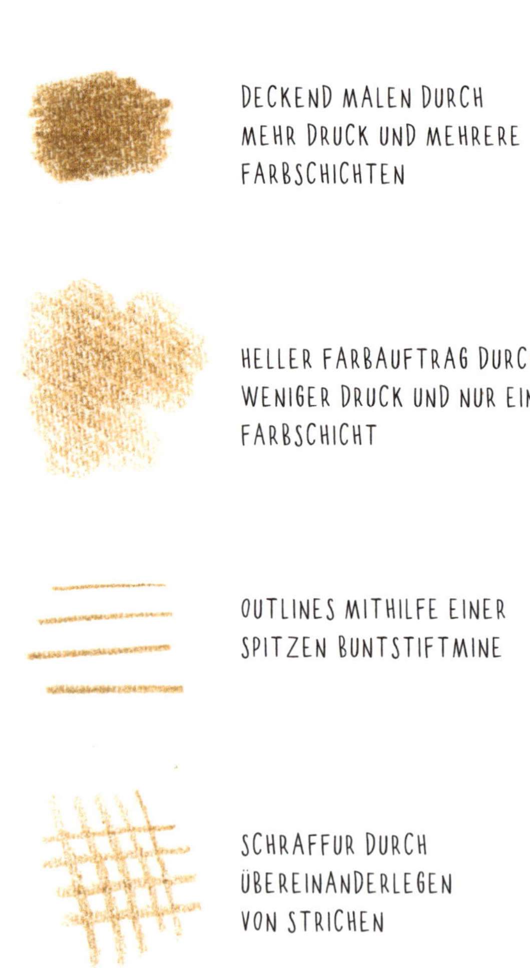


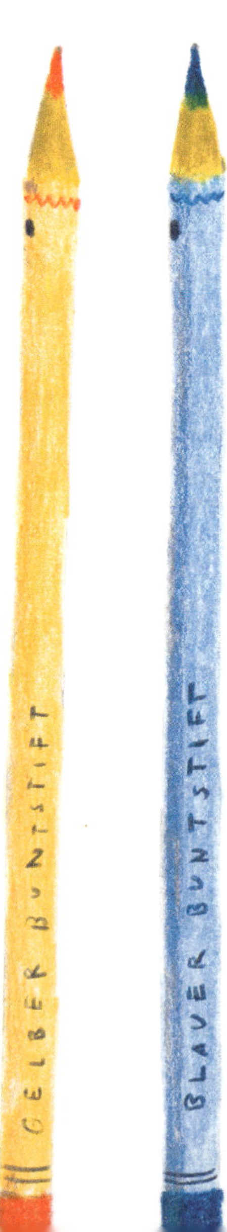

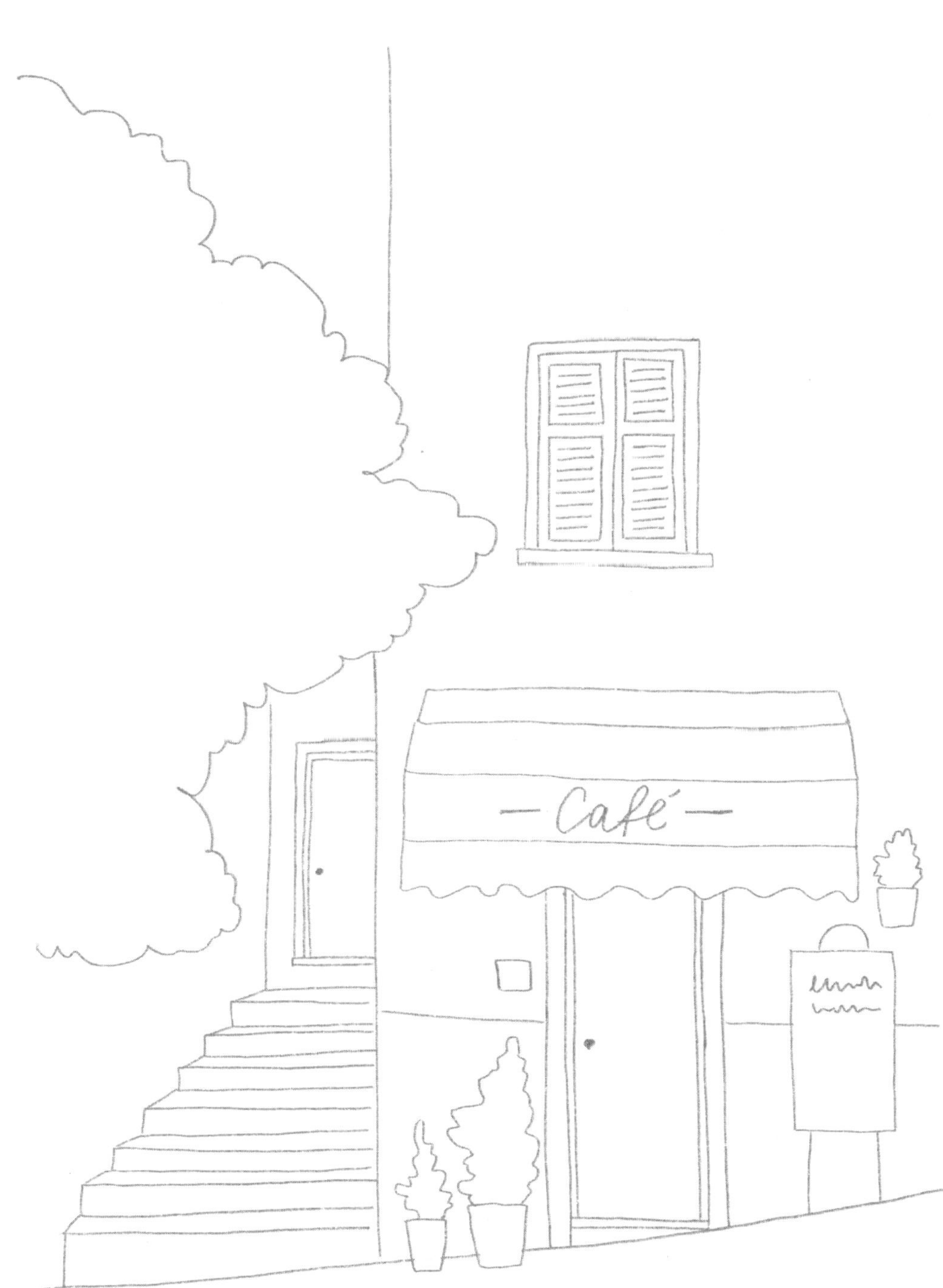
Café

# KUNTERBUNTES FLORIDA

Das wunderschöne bunte Florida bietet viele Motive, die sich mit Buntstiften zum Leben erwecken lassen. Die beiden Skizzen auf dieser Doppelseite kannst du entweder direkt im Buch mit Buntstiften kolorieren oder vorab auf ein separates Papier übertragen.

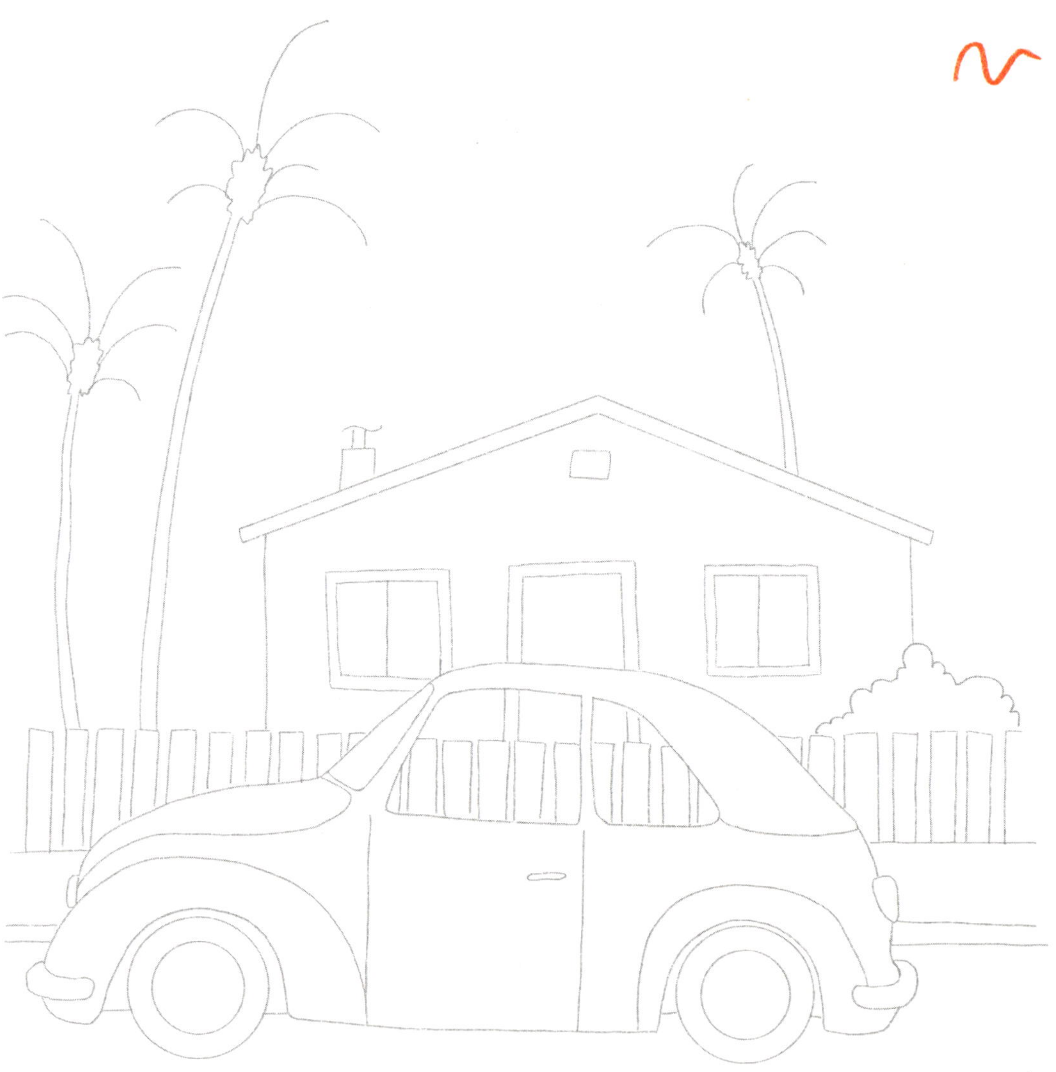

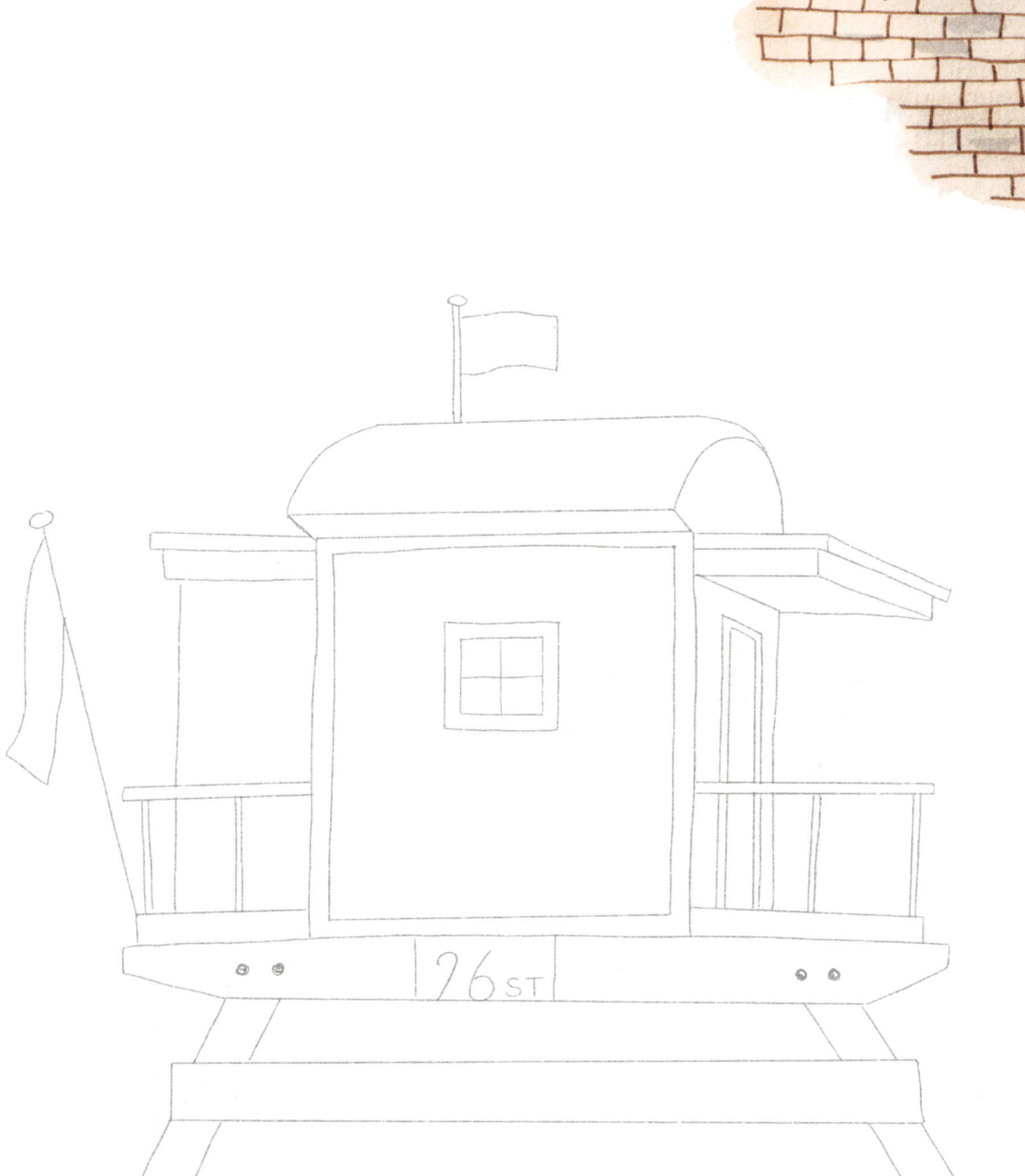
26 ST

# MARKER

Marker gibt es in vielen verschiedenen Farben und Formen. Gerade Brushpens sind perfekt zum Illustrieren geeignet, weil sie eine flexible Spitze mitbringen, die sich ähnlich wie ein Pinsel verhält. Mit dieser kannst du unterschiedliche Techniken umsetzen und so den Stil deiner Illustration beeinflussen.

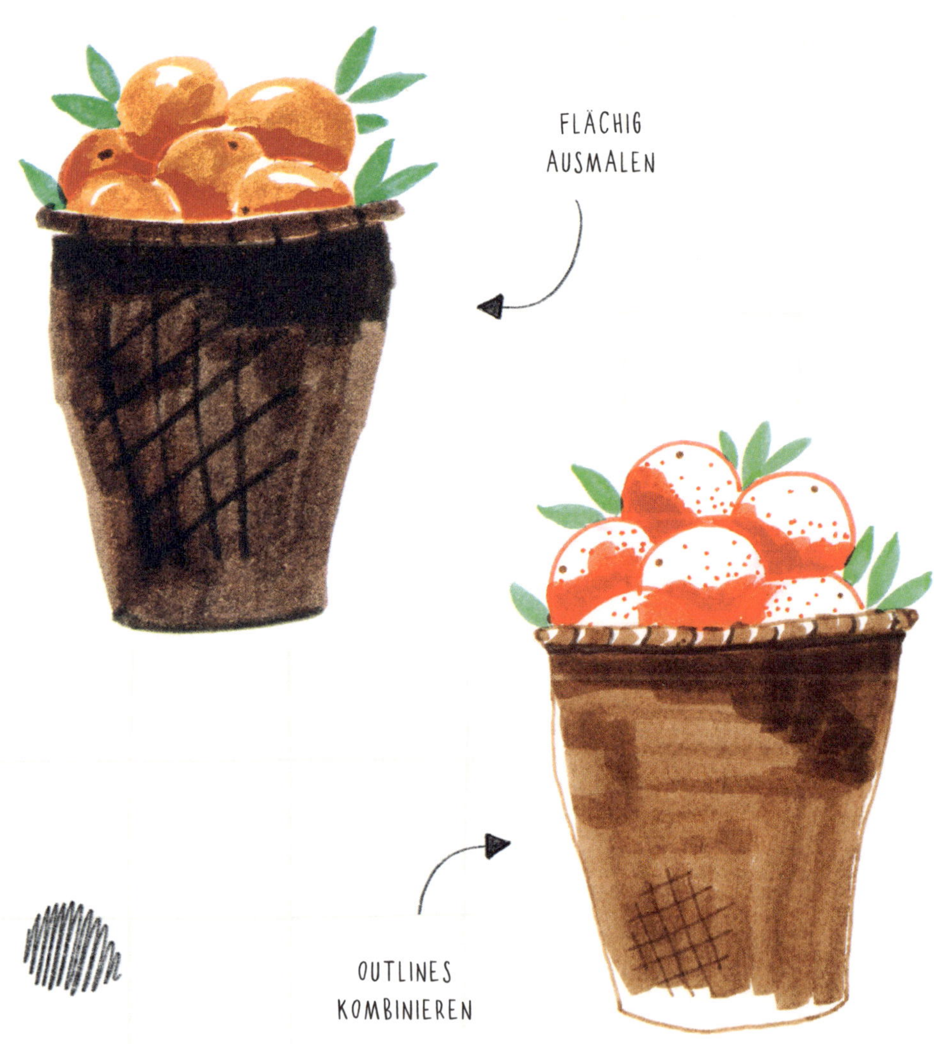

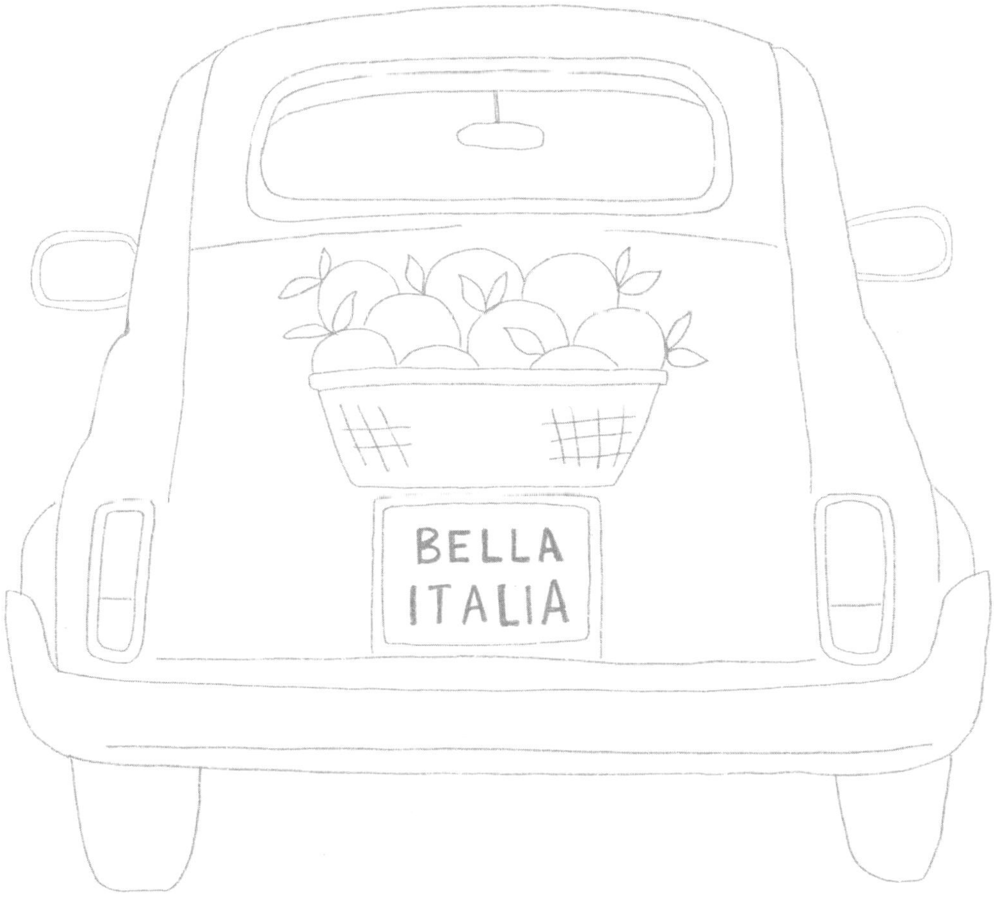

Koloriere das Auto mit Markern.

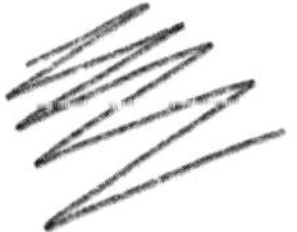

# LA DOLCE VITA

Passend zu dem kleinen Auto auf der vorigen Seite findest du hier weitere typisch italienische Motive. Nutze diese, um das Illustrieren mit Markern weiter zu üben. Male dafür entweder direkt ins Buch oder übertrage dir die Skizzen auf ein Blatt Papier.

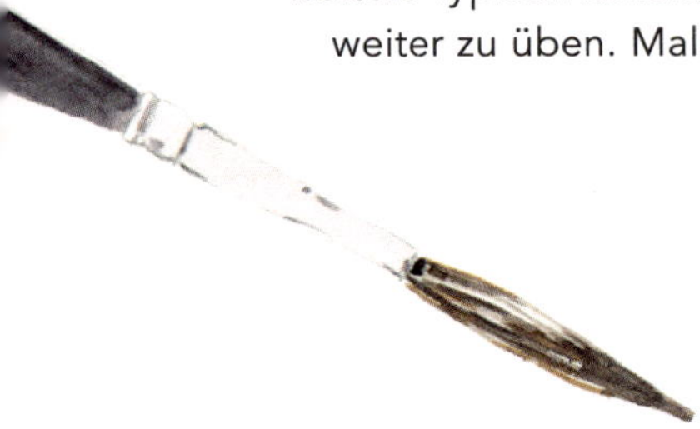

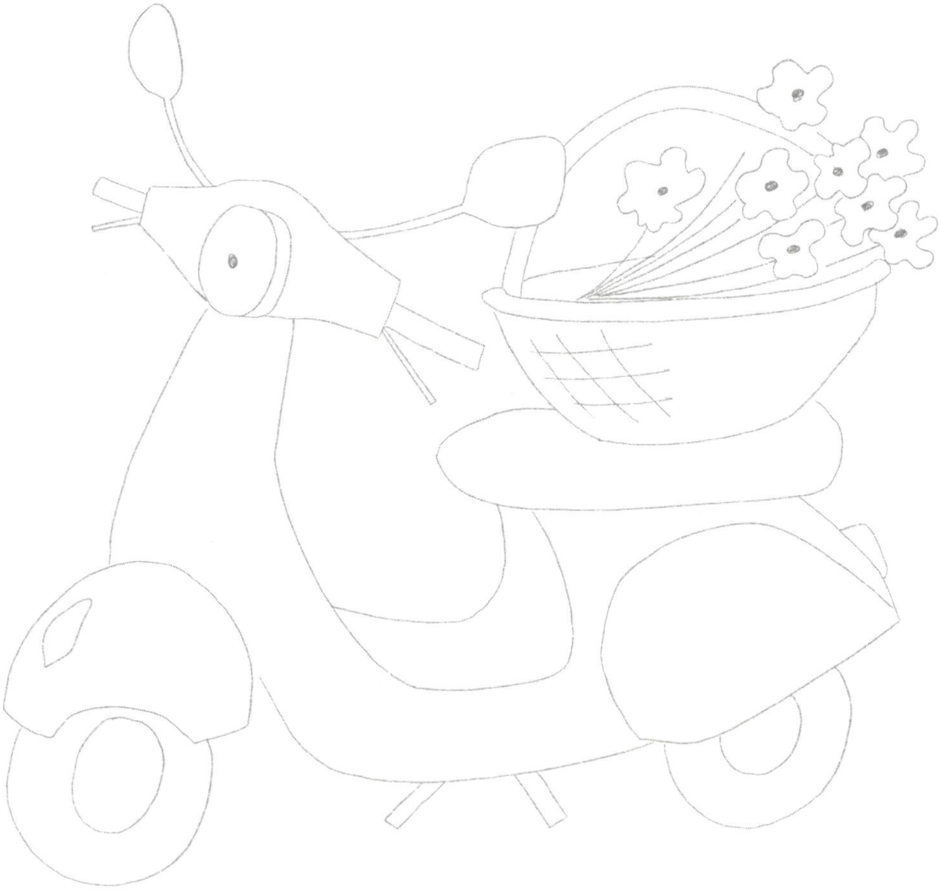

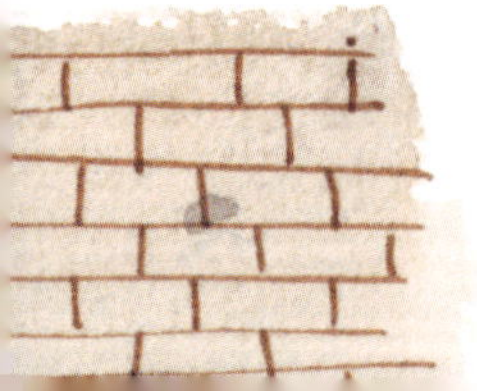

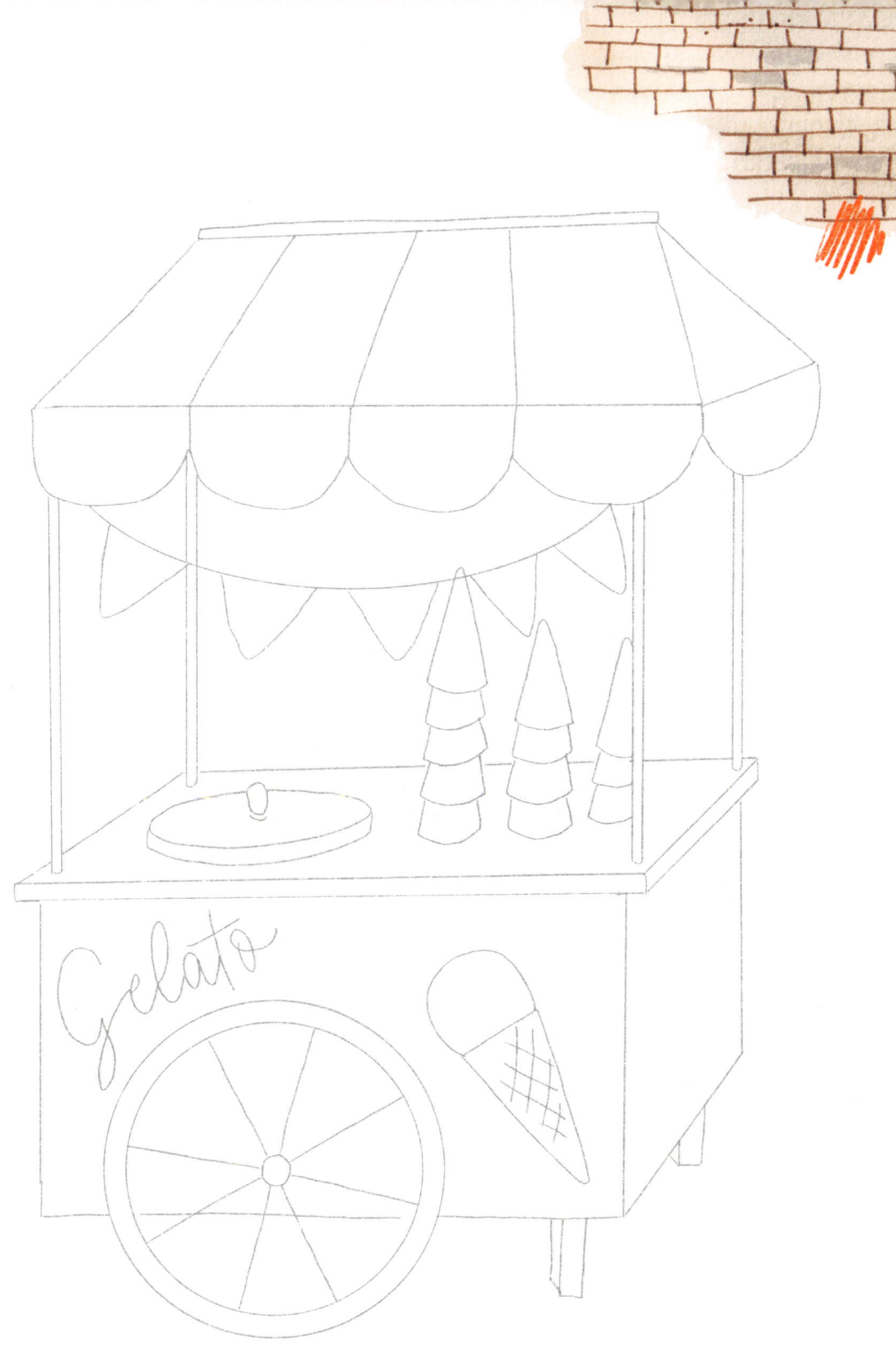
Gelato

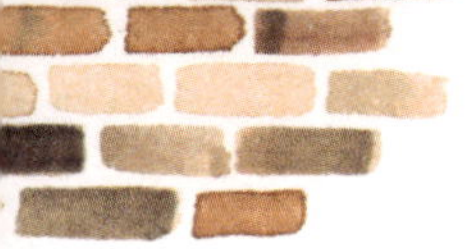

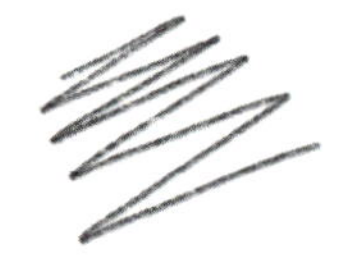

# MARKER VERWÄSSERN

Viele Marker beinhalten wasserlösliche Farbe, wodurch es dir möglich ist, diese nicht nur auf trockenem Papier zu verwenden, sondern auch mit einem Pinsel und Wasser zu verflüssigen. Ein großer Vorteil hierbei ist, dass du deine Kontraste im Bild erhöhen kannst. Nutze beispielsweise für dunkle Dächer oder knallige Straßenschilder die Markerfarbe unverdünnt und verwässere die Farbflächen auf dem Papier hingegen mit etwas Wasser, um helle Fassaden darzustellen. Durch dieses Hell-Dunkel-Spiel bekommt dein Motiv automatisch mehr Tiefe und Strahlkraft.

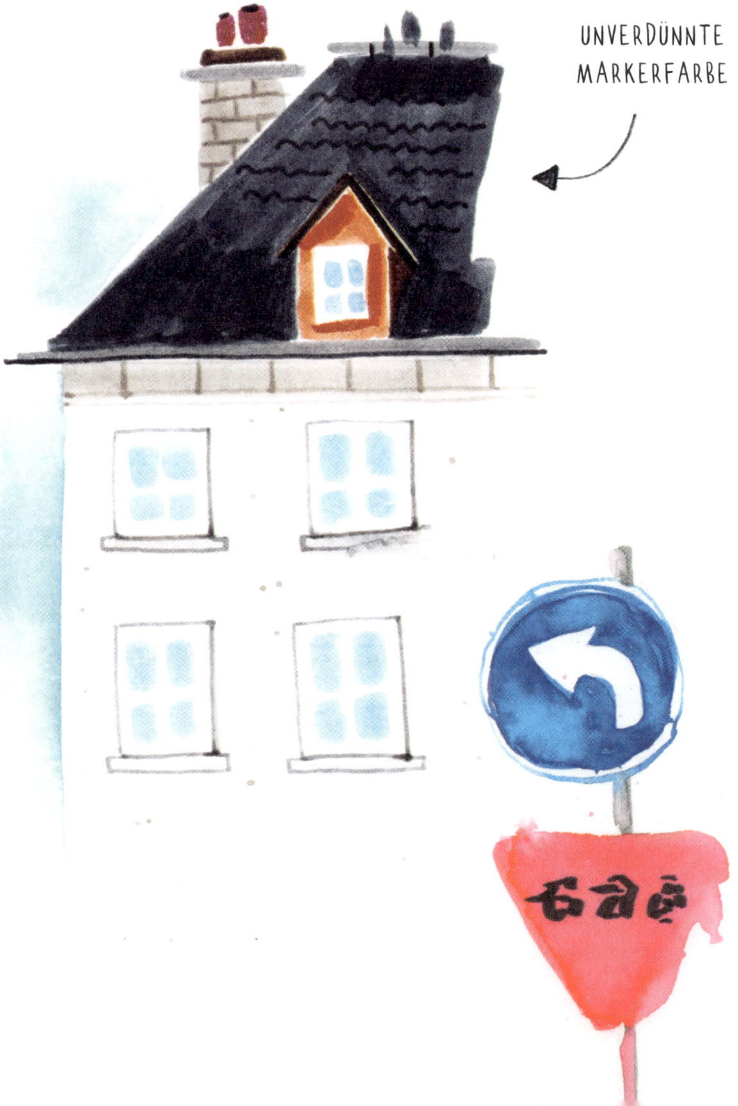

UNVERDÜNNTE MARKERFARBE

WENIG MARKERFARBE MIT WASSER UND PINSEL VERDÜNNT

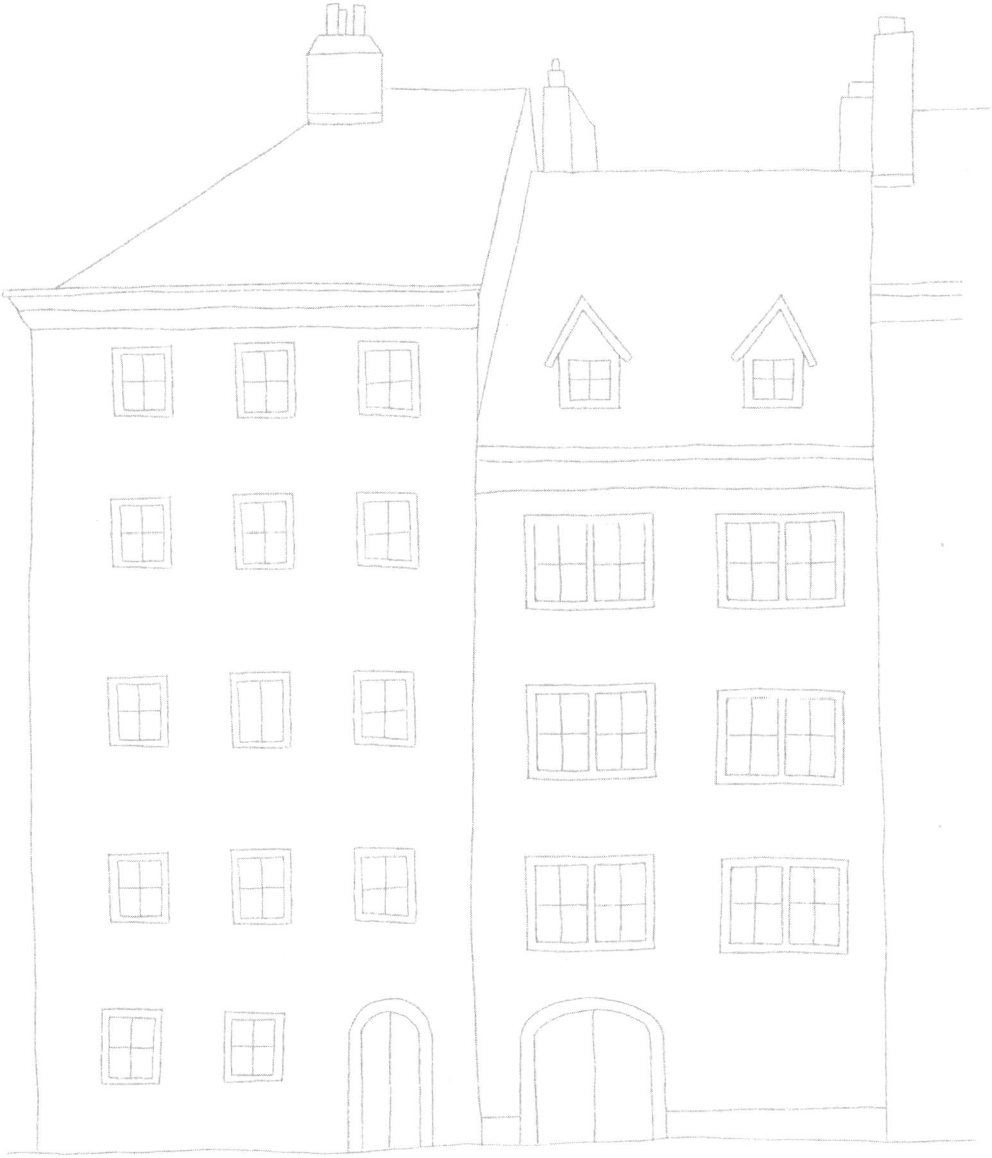

Übertrage die Skizze auf glattes Aquarellpapier und koloriere die Häuser anschließend mit Markern. Die Farbe des Himmels kannst du dabei mit Wasser verdünnen und die Dächer mit einem dunklen Ton ausmalen.

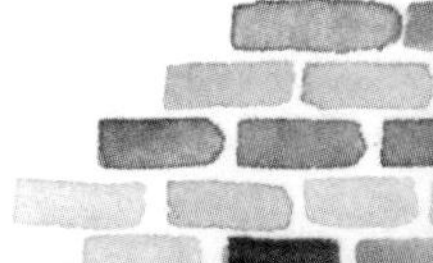

# IDYLLISCHES SCHWEDEN

Wende für dieses Motiv die gleiche Technik wie auf den beiden Seiten zuvor an. Die typischen roten Schwedenhäuschen kannst du dabei mit Markern ausmalen. Die Bäume und Büsche drumherum lassen sich etwas zarter gestalten, indem du den Marker mit Wasser verdünnst.

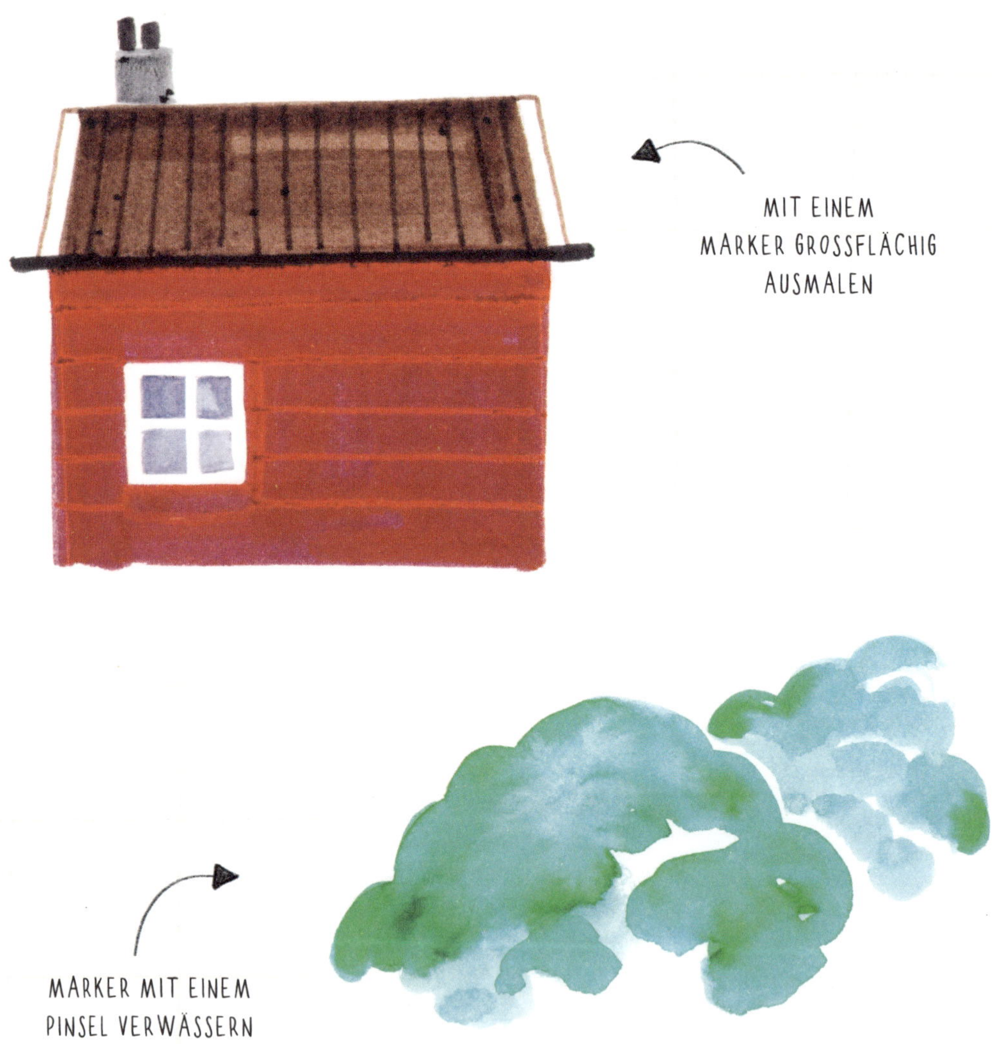

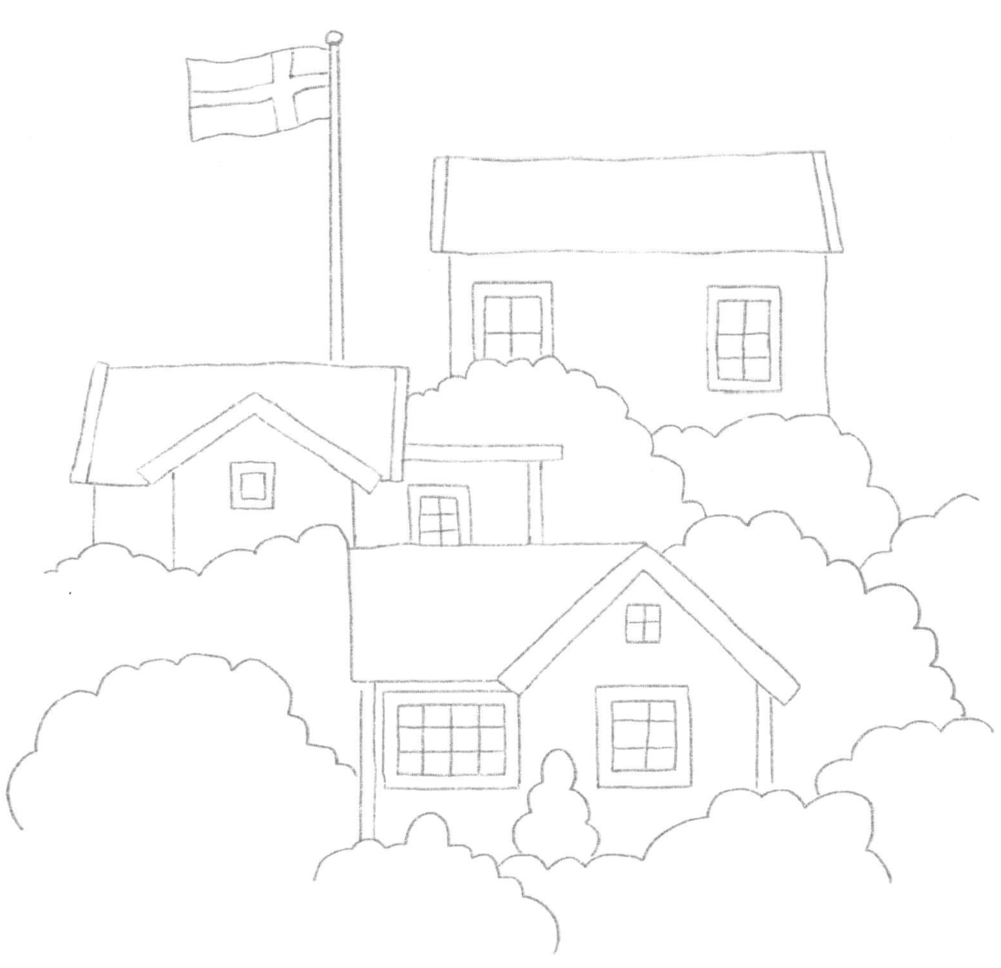

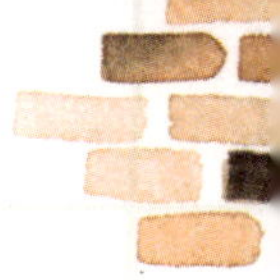

# TÜREN MALEN

Diese Türen warten darauf, von dir gestaltet zu werden. Dabei kannst du frei entscheiden, wie du sie kolorieren möchtest. Übertrage die Skizze auf Aquarellpapier, falls du das Motiv mit Aquarellfarben ausmalen möchtest. Oder male es mit Bleistift, Buntstift oder Marker direkt im Buch aus.

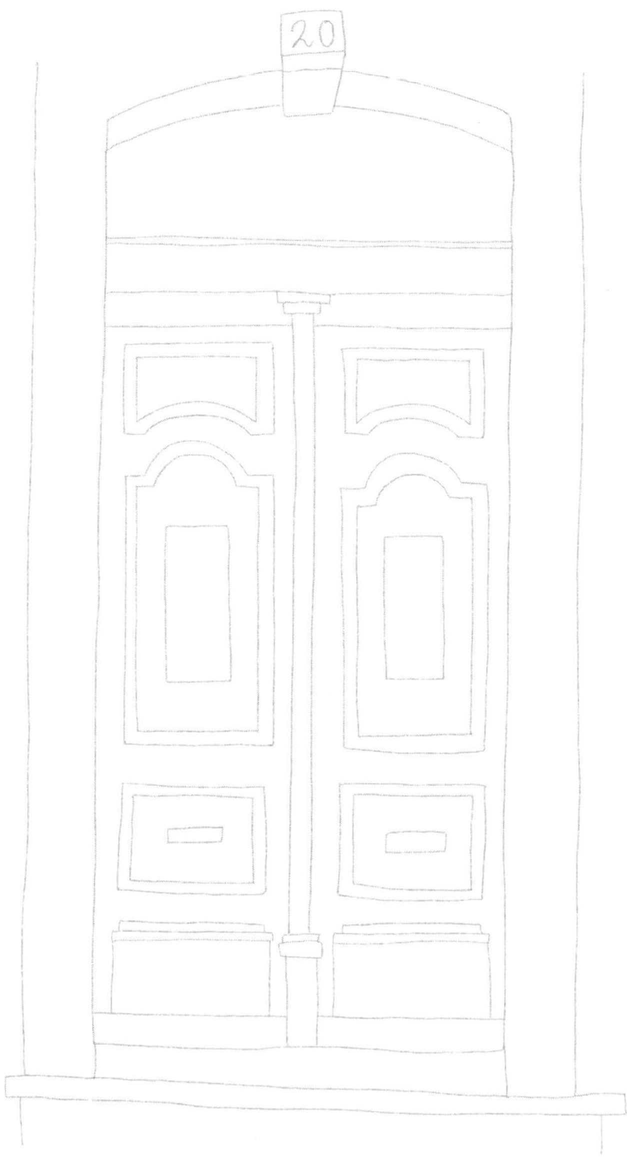


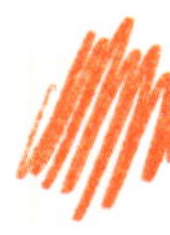

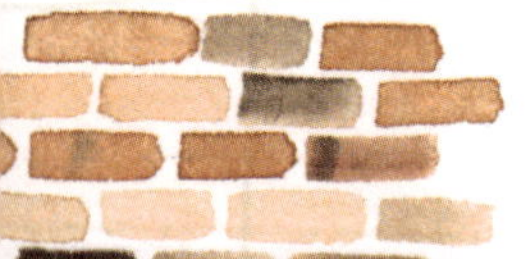

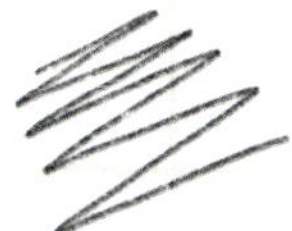

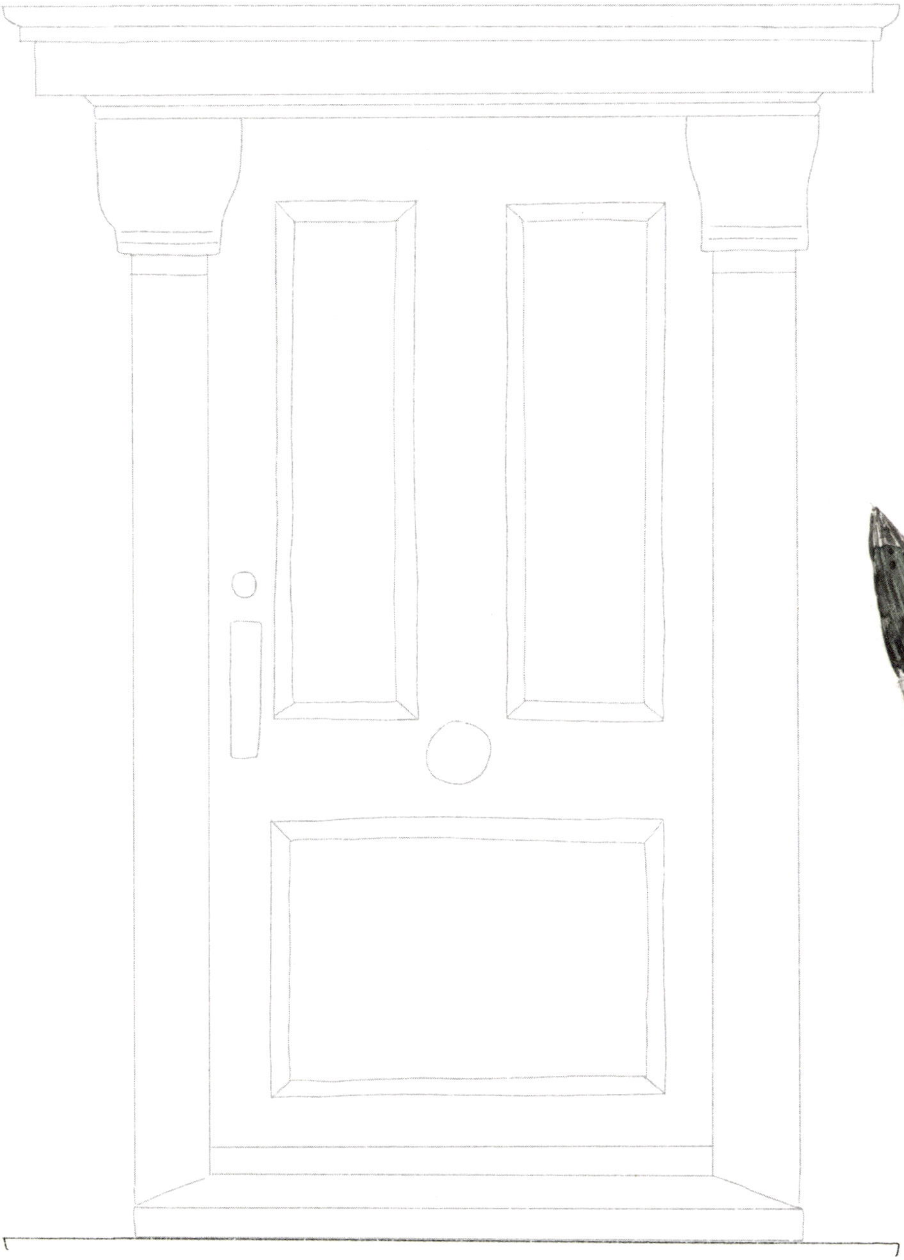

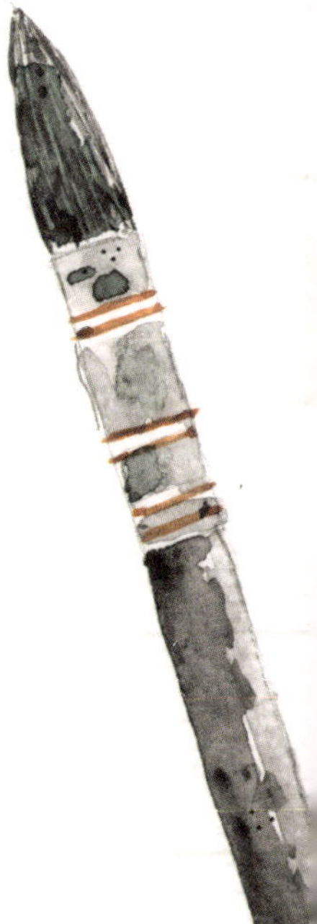

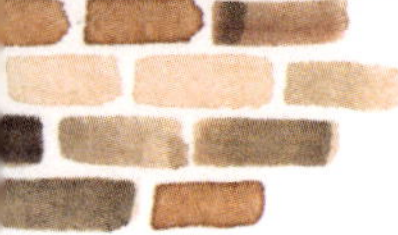

# FENSTER MALEN

Mithilfe dieser Skizzen kannst du weitere Mixed-Media-Kombinationen ausprobieren. Übertrage dafür das jeweilige Fenster entweder auf Aquarellpapier oder male es direkt im Buch aus.

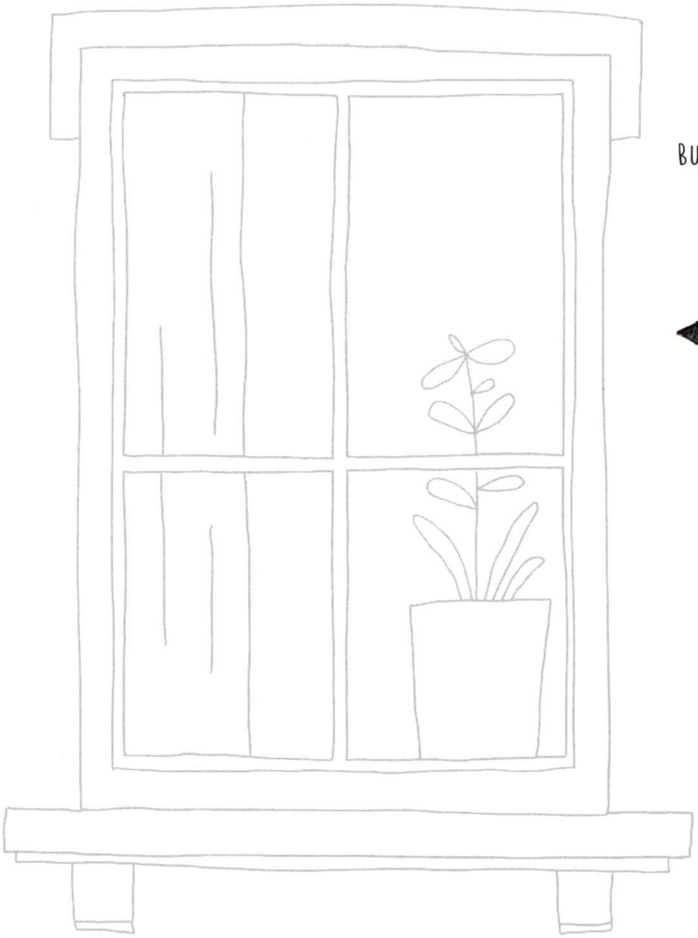

BUNTSTIFT UND MARKER

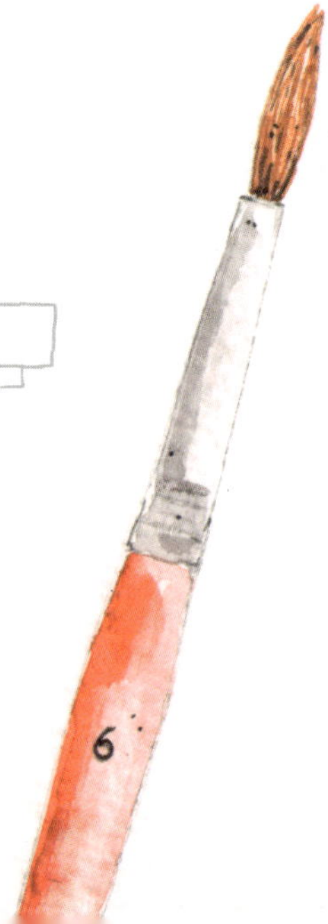

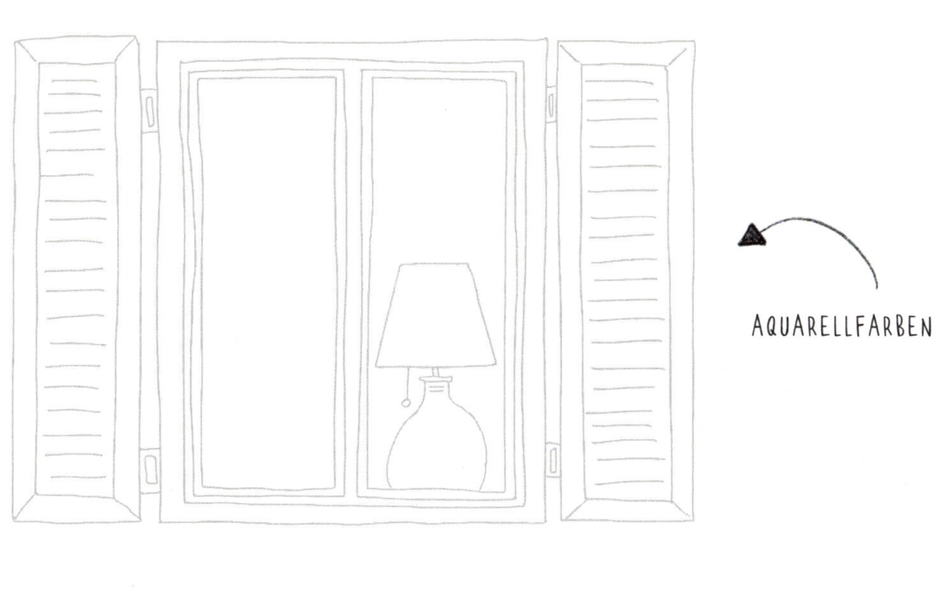

AQUARELLFARBEN

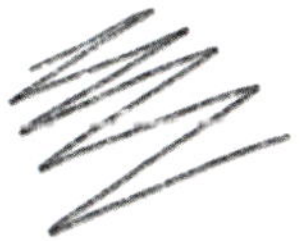

BLEISTIFT UND MARKER

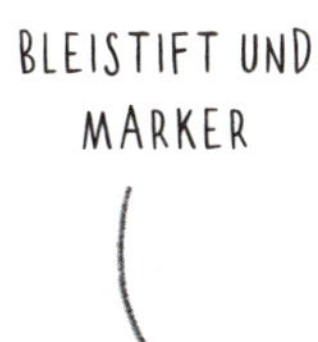

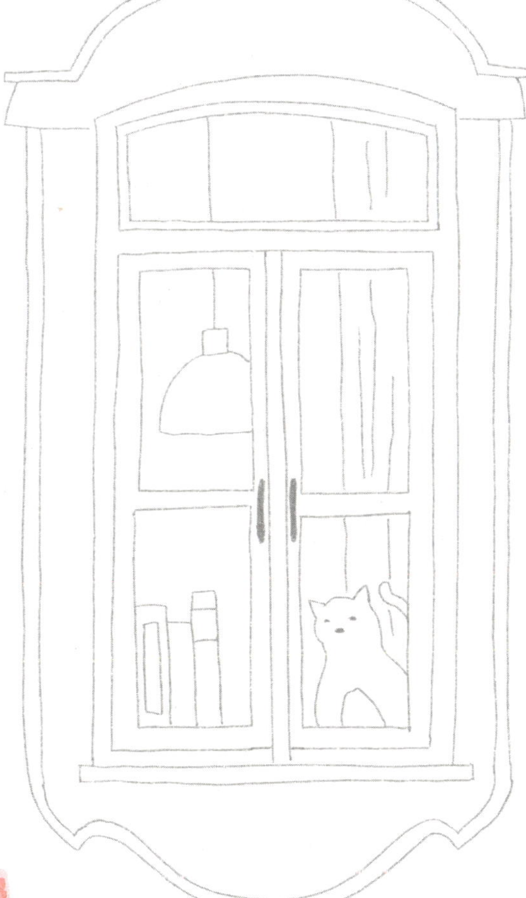

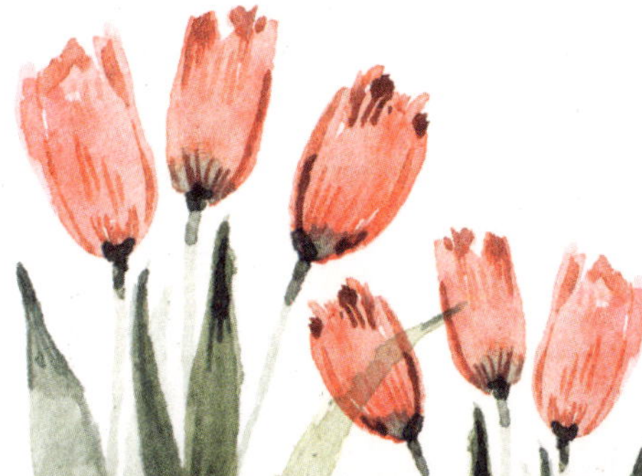

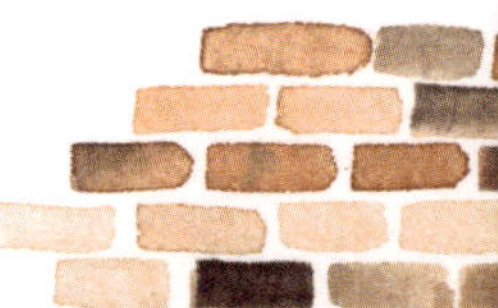

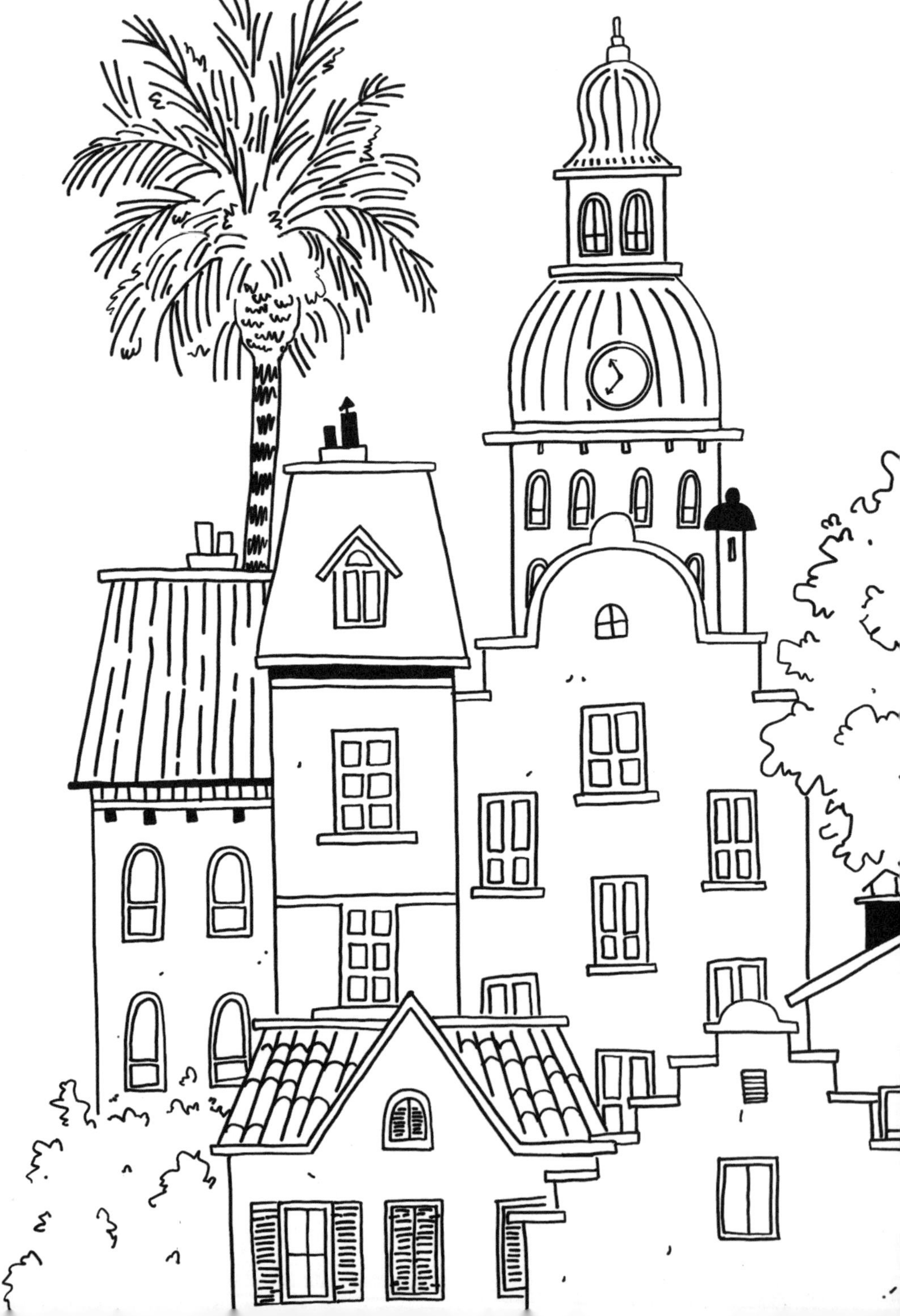

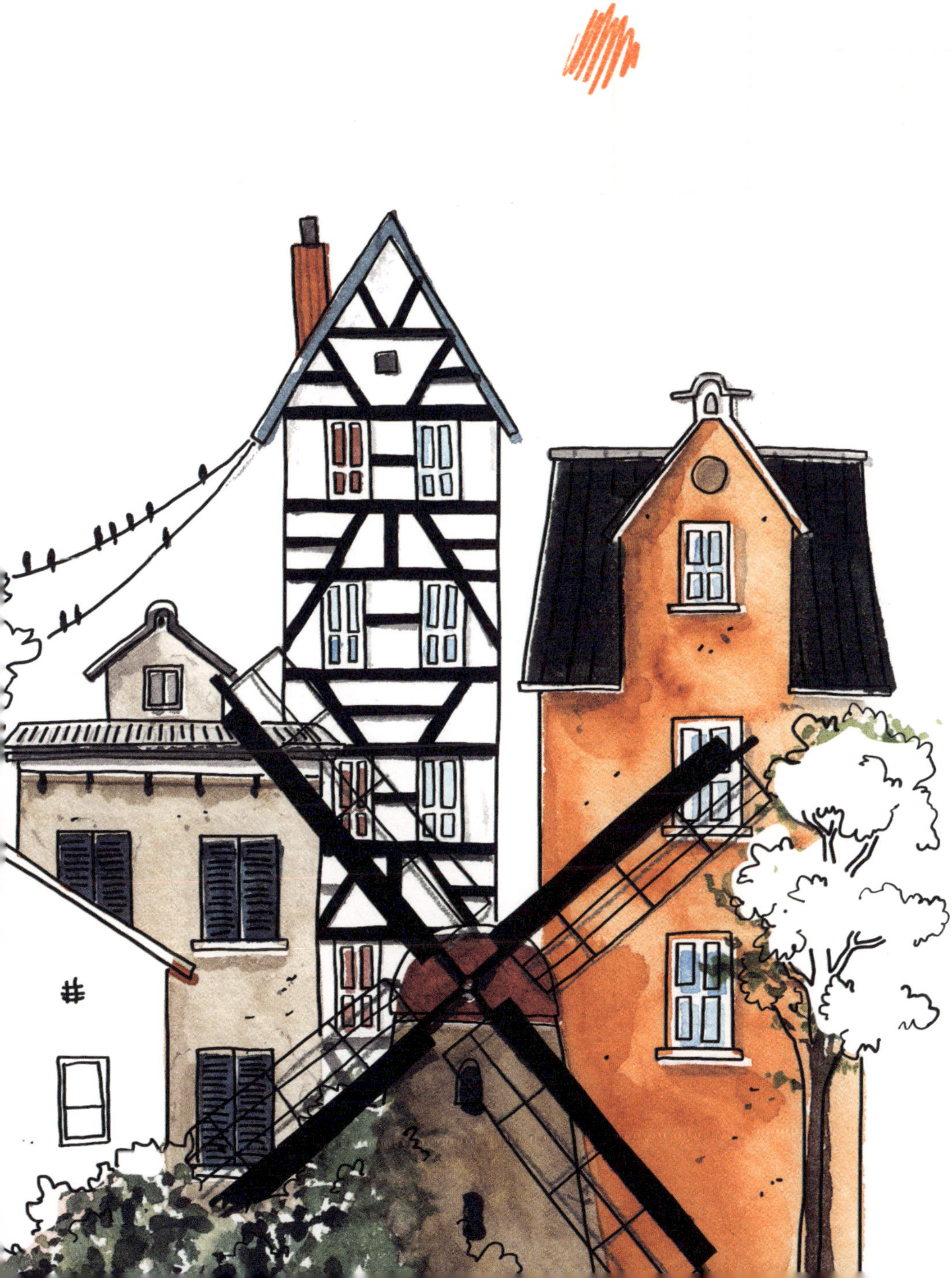

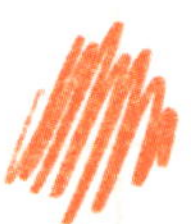

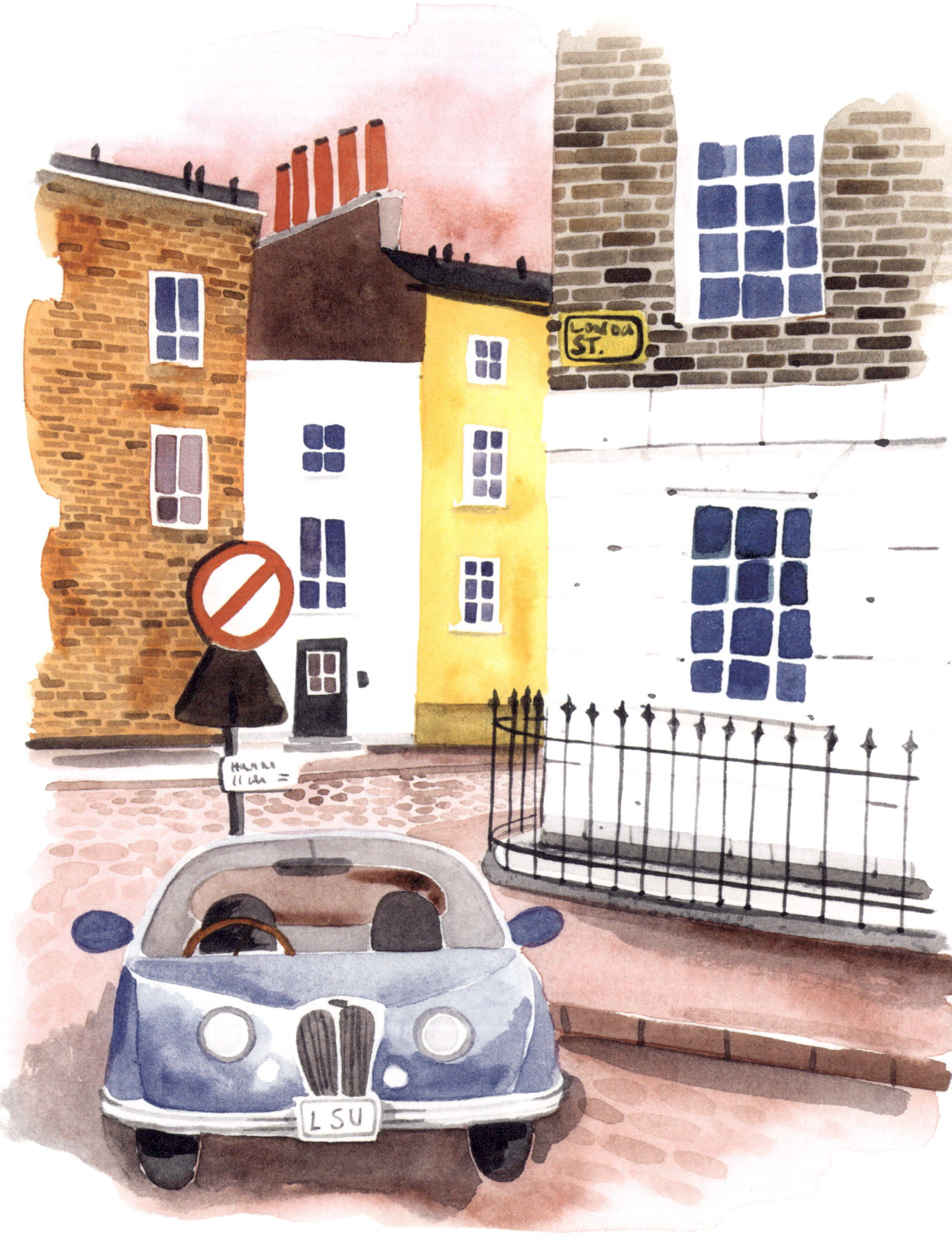
ST.
LSU

# DEINE FARBEN

Einer der wichtigsten Faktoren in deiner Stilfindung sind Farben. Diese fallen dem*der Betrachter*in nämlich als Erstes auf und können darüber entscheiden, ob eine Illustration mehr oder weniger gut ankommt. Hier spricht man auch von der Farbharmonie, die durch das gezielte Einsetzen bestimmter Farbtöne geschaffen werden kann. Bei alldem steht dein persönliches Empfinden natürlich im Vordergrund – denn die Farben, die du verwendest, sollen in erster Linie dir selbst gefallen. Dennoch gibt es einige Herangehensweisen, die dir dabei helfen können, die unterschiedlichen Wirkungen von Farben besser einzuschätzen und so deine eigene Farbpalette zu entwickeln. Denn die Auswahl deiner Farben hat unweigerlich Einfluss auf die Motive in deinem Bild. Sie entschiedet darüber, wie deine Illustrationen aufgenommen oder sogar interpretiert werden. So wirkt zum Beispiel eine Schwarz-Weiß-Illustration eher sentimental oder sogar düster, wohingegen eine Kombination von Rot, Blau und Gelb fröhlich und verspielt wirkt.

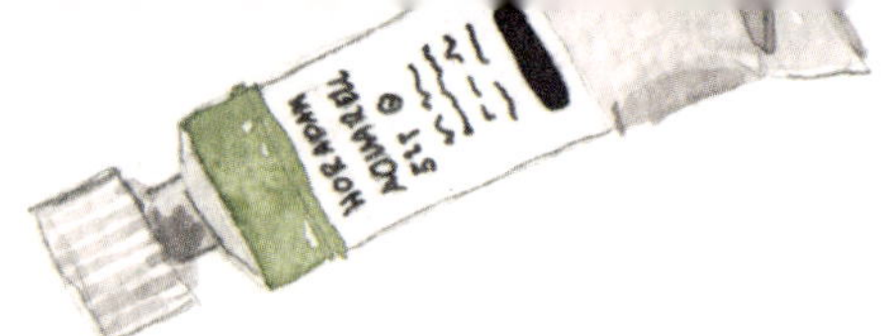

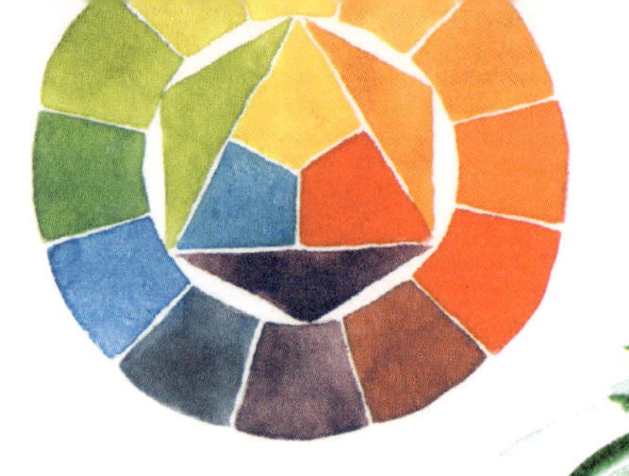

# FARBWIRKUNG

Um dir die Wahl der passenden Farben zu erleichtern, möchte ich dir einige interessante Gesichtspunkte aus der Farbpsychologie vorstellen. Diese können dir dabei helfen, die Wirkung von Farben auf das menschliche Auge besser zu verstehen.

Grundsätzlich lässt sich zwischen warmen und kalten Farben unterscheiden. Ganz grob gesagt wirken warme Töne wie Rot, Gelb und Orange eher anregend, wohingegen kalte Farben wie zum Beispiel Blau und Grün eine beruhigende Wirkung haben. Wobei diese Differenzierung sehr allgemein gehalten ist. Denn jeder Mensch hat ein subjektives Empfinden und verknüpft Farben mit unterschiedlichen Emotionen.

Dennoch kannst du darauf achten, in welchem Maß du knallige, warme Töne im Verhältnis zu ruhigen, kalten Farben nutzt. Ich persönlich setze beispielsweise sehr auffällige Farben gerne als kleine Highlights im Bild ein und kombiniere sie mit gedeckten, erdigen Tönen.

Ein klassisches Stilmittel ist die Monochromie. Dabei wird ein Bild aus nur einem Farbton erzeugt. Neben dem typischen Schwarz-Weiß-Bild kann auch eine andere Farbe Grundlage dafür sein. Die Schwierigkeit liegt darin, trotz der limitierten Farbgebung genug Tiefe in das Bild zu bringen. Starke Kontraste sind daher ein Muss. Die Monochromie wirkt auf das menschliche Auge sehr zurückgenommen.

Für manche Illustrationen ist vielleicht eine analoge Farbgebung gut geeignet. Hierbei werden ähnliche Farbtöne, die im Farbkreis nebeneinanderliegen, genutzt. Es entsteht ein typischer Ton-in-Ton-Effekt, der eher unauffällig wirkt. Gerade in urbanen Szenen ist eine solche Farbauswahl aber gar nicht so ungewöhnlich – viele aneinandergereihte braune und graue Hauswände ergeben schnell ein analoges Farbbild.

Für eine aufregende Farbgestaltung ist der Einsatz von Komplementärfarben sinnvoll. Wenn wir die klassiche Farbenlehre betrachten, sind das Farben, die sich im Farbkreis gegenüberstehen. Durch diese

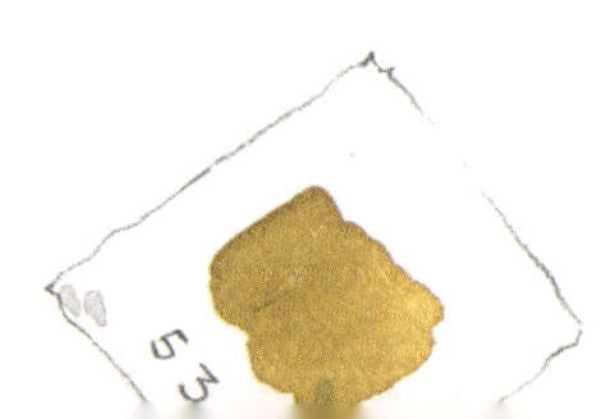

Farbkontraste entsteht eine Spannung im Bild und das Motiv wirkt, im Gegensatz zu einer analogen Farbgebung, aufregend und animierend. Finden sich in deiner Illustration neben den Komplementärfarben auch gedeckte, erdige Töne wieder, so ergibt es in meinen Augen in der Regel ein sehr stimmiges Gesamtbild.

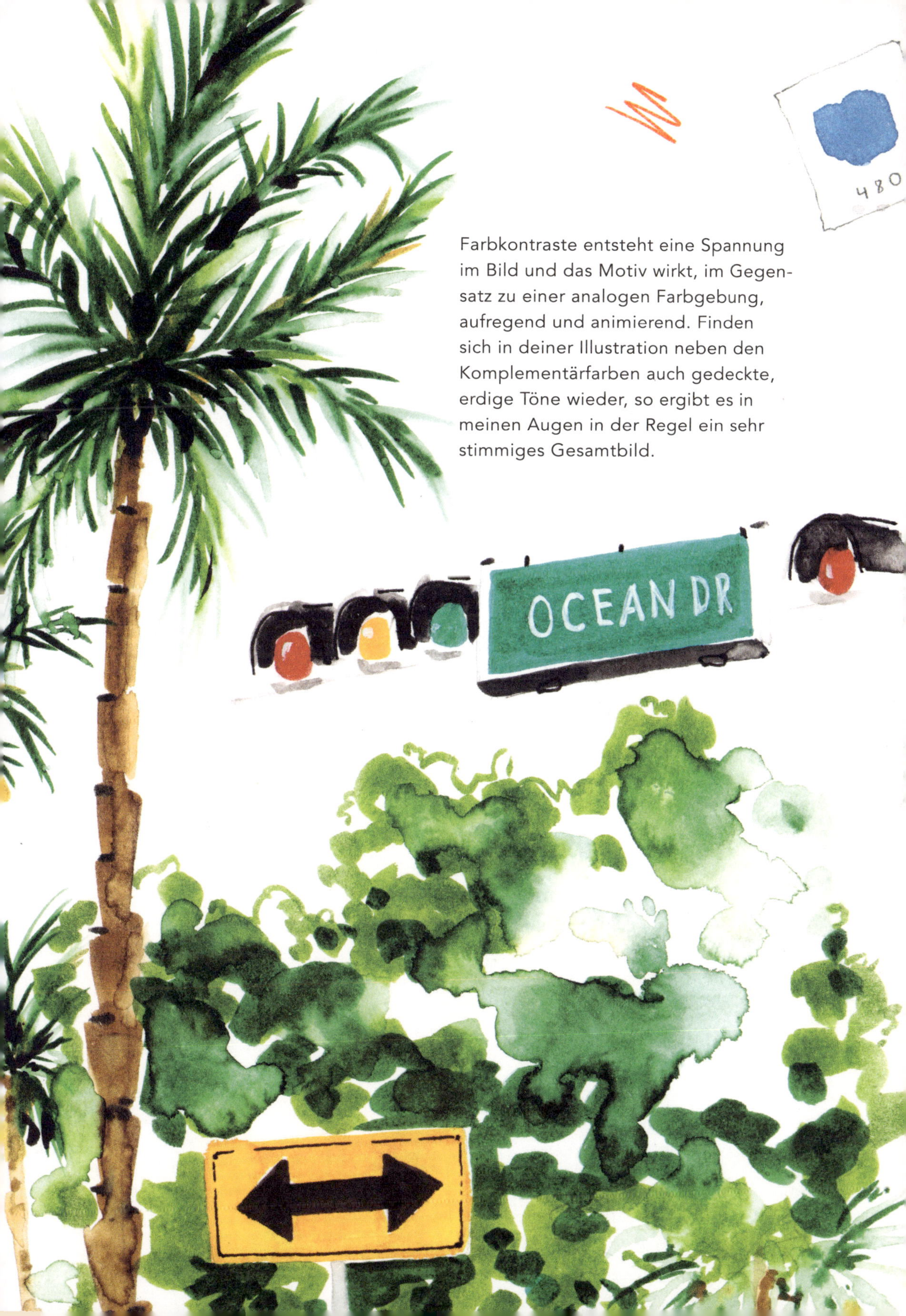

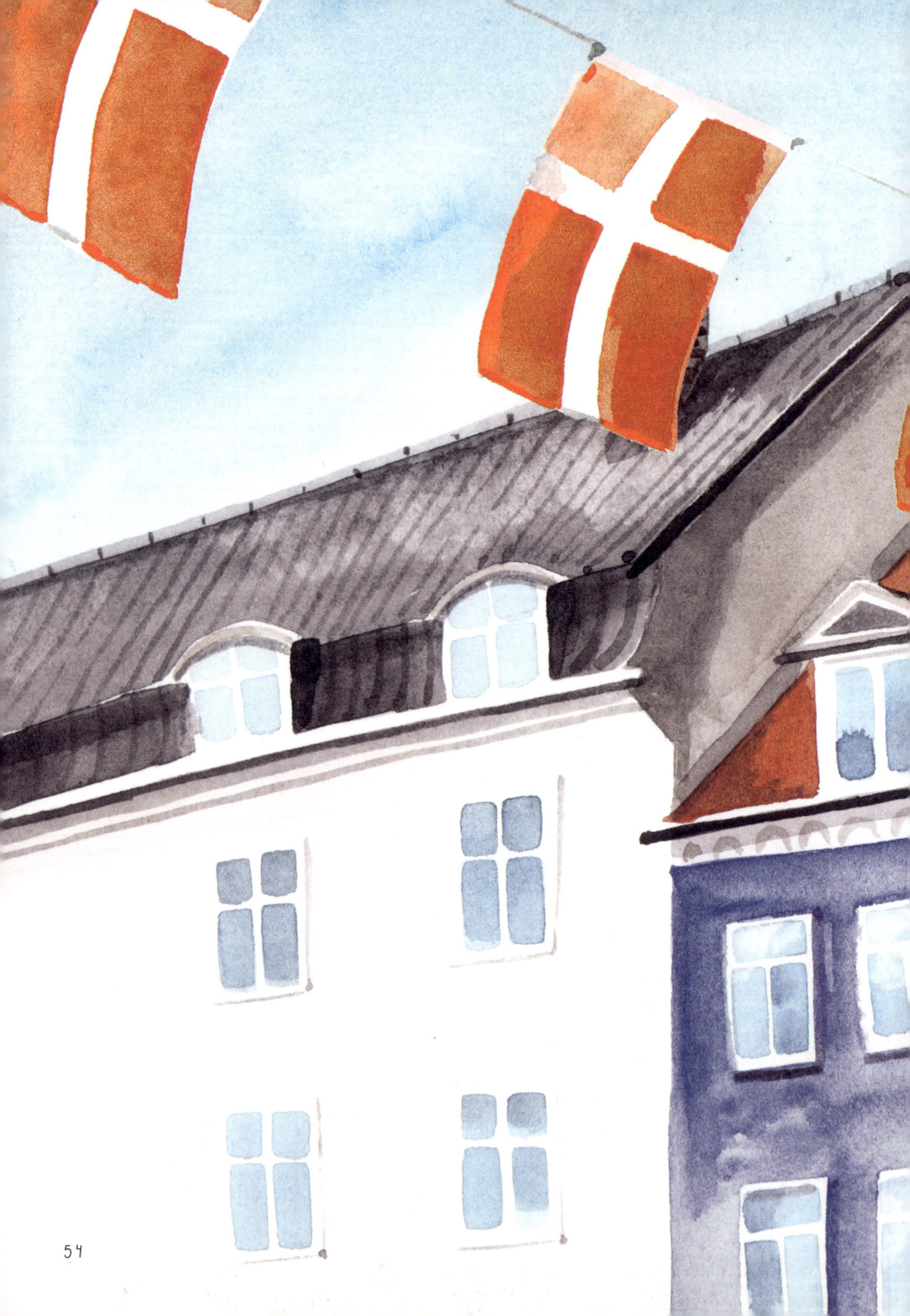

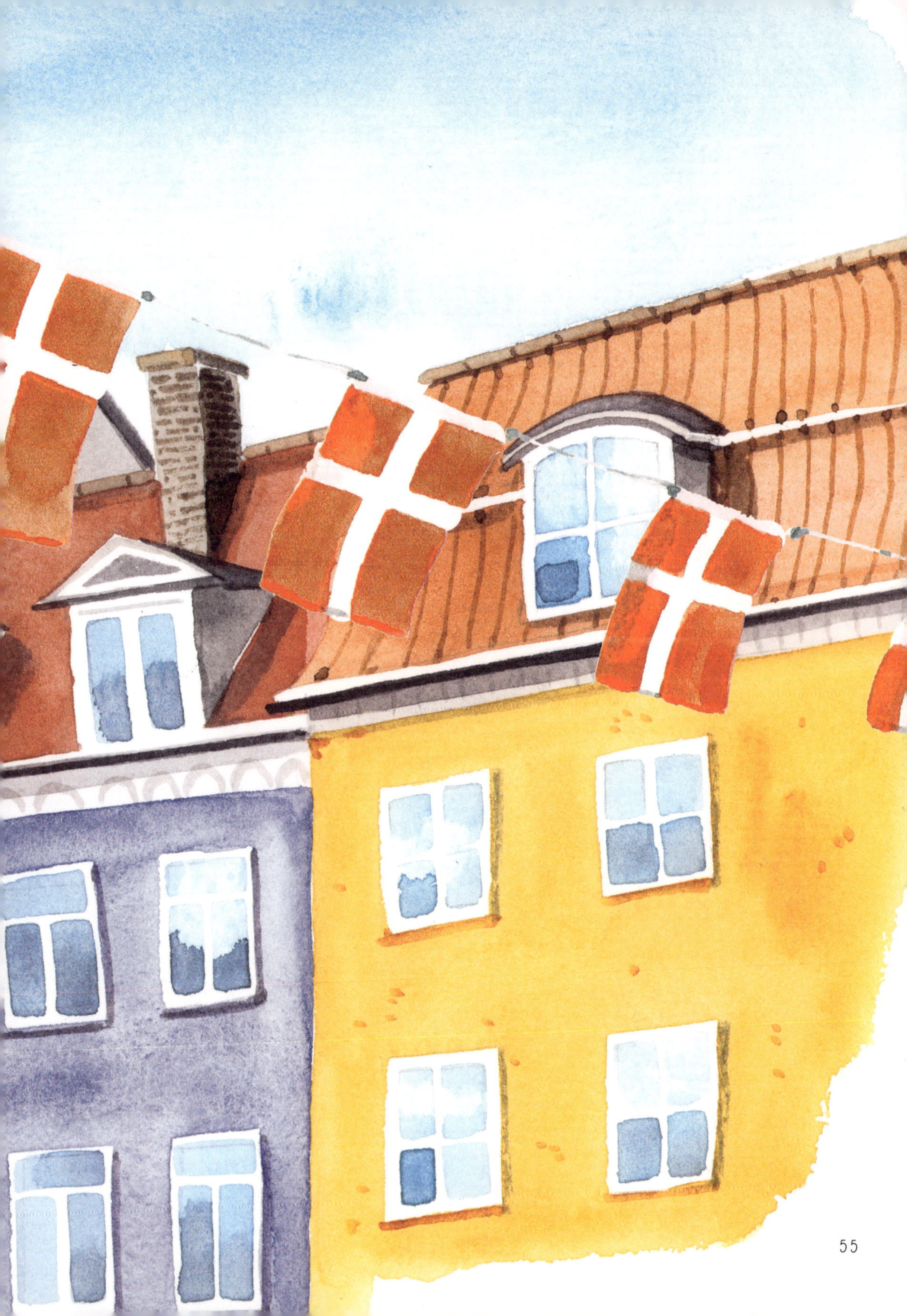

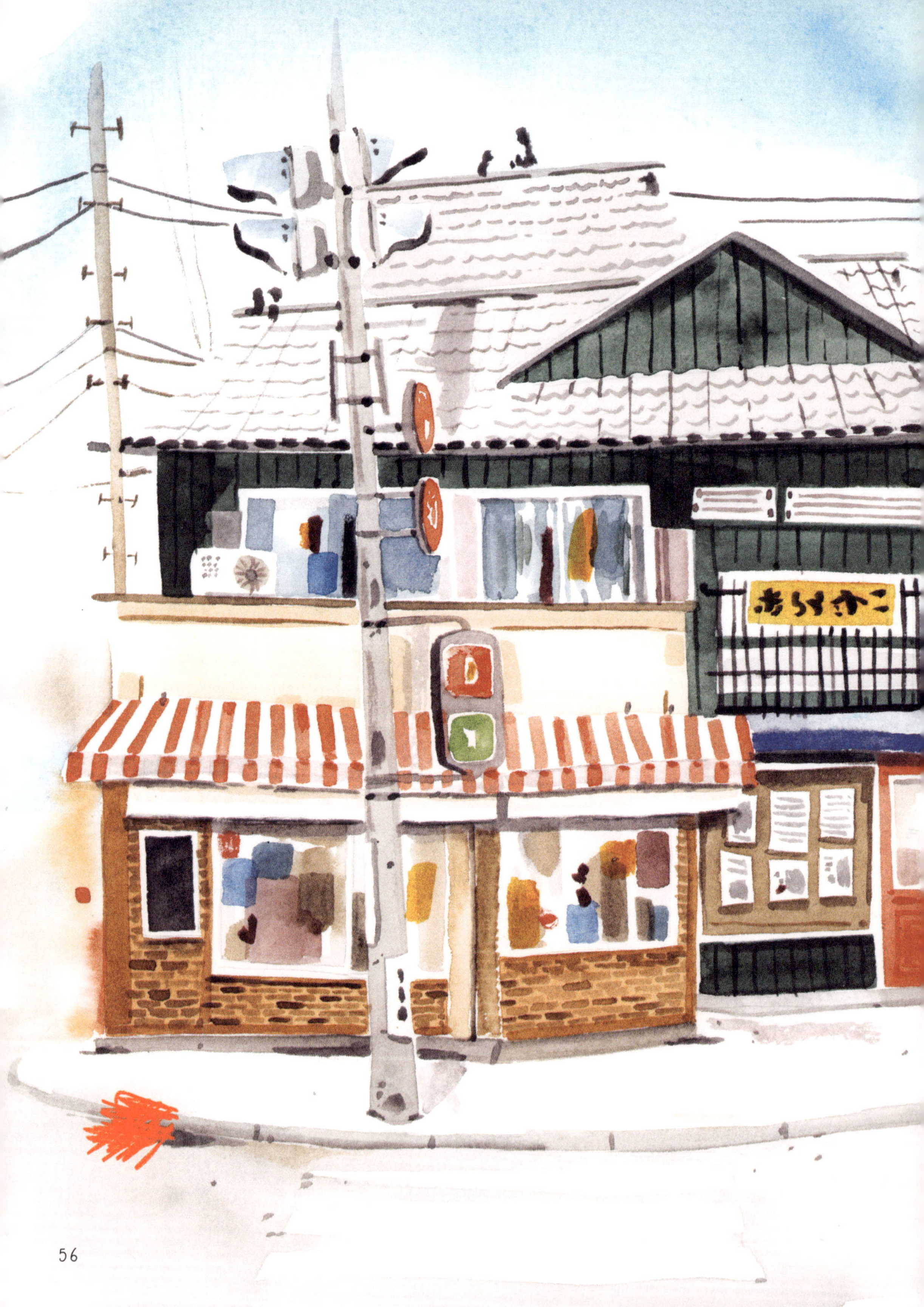

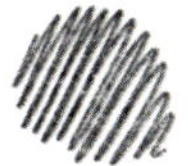

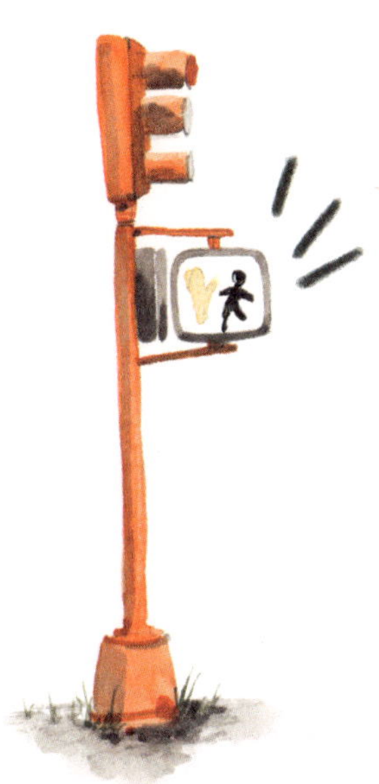

## AN DIE FARBEN, FERTIG, LOS!

Finde deine Lieblingsfarbkompositionen! Nutze die Aufgaben auf den nächsten Seiten, um verschiedene Möglichkeiten auszuprobieren und ein besseres Gefühl für deine individuelle Farbpalette zu bekommen. Bei der Umsetzung der Motive kannst du mit Buntstiften oder Markern direkt im Buch arbeiten oder die Skizzen auf ein separates Papier übertragen.

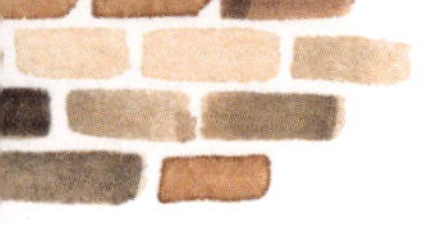

# BÜCHERREGAL

In der ersten Übung in diesem Kapitel kannst du dich mit richtig vielen Farben austoben. Bestücke dieses Regal mit verschiedenen bunten Büchern. Dafür reichen aneinandergereihte Balken, die die Buchrücken andeuten. Nutze dafür entweder Buntstifte oder Marker.

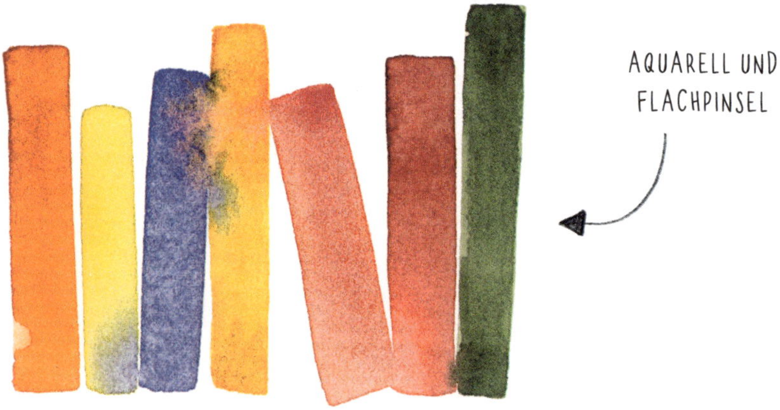

AQUARELL UND FLACHPINSEL

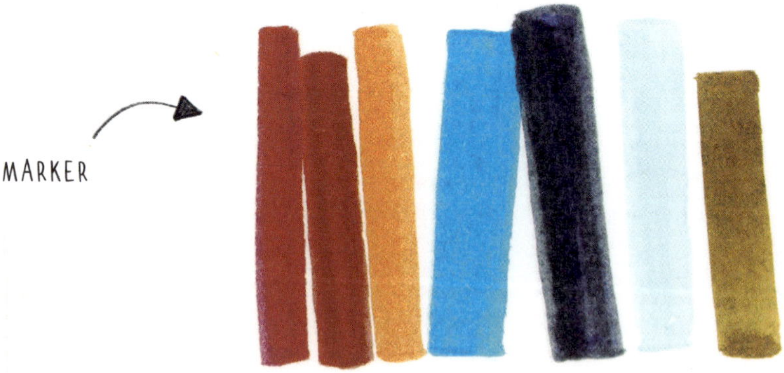

MARKER

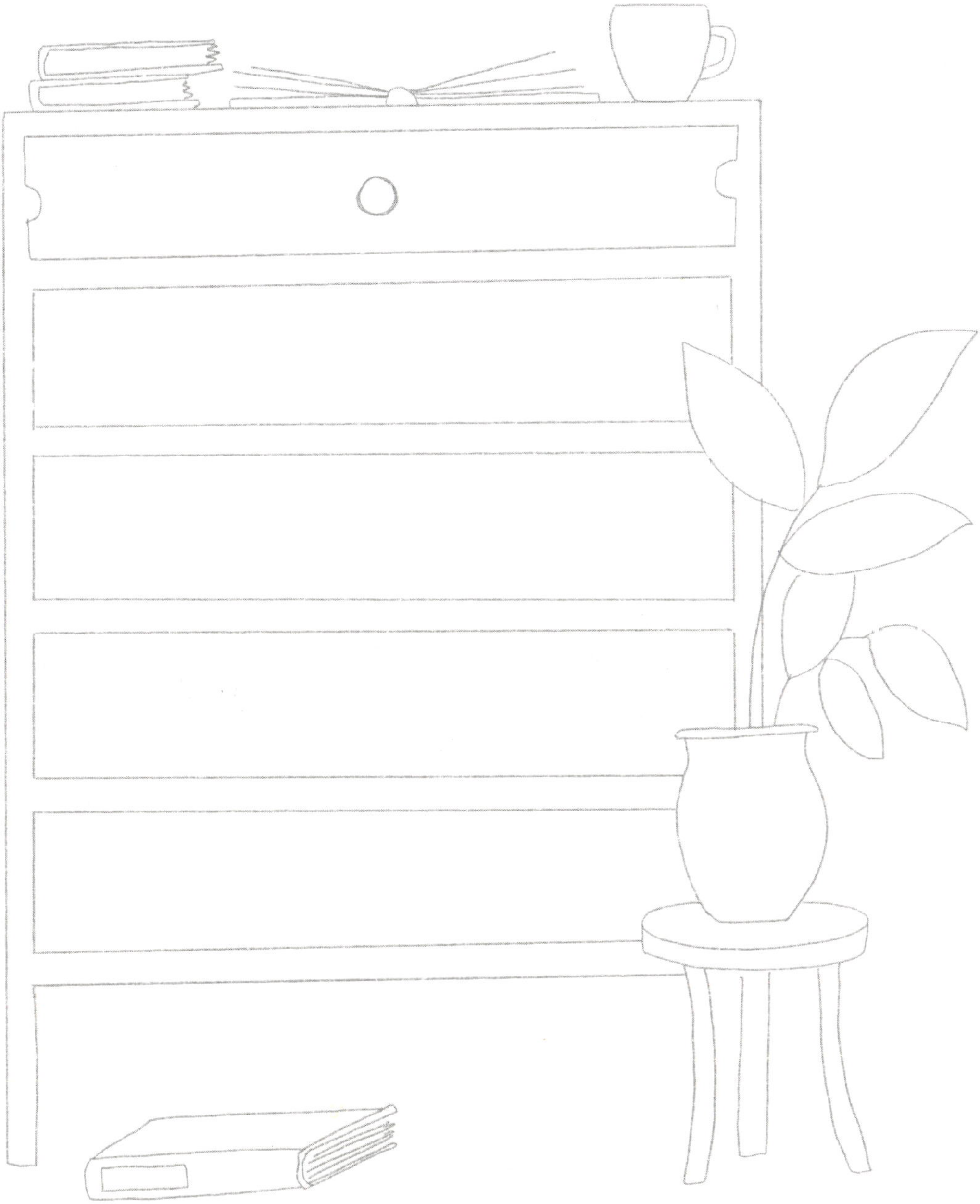

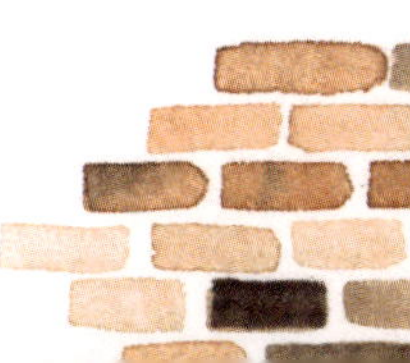

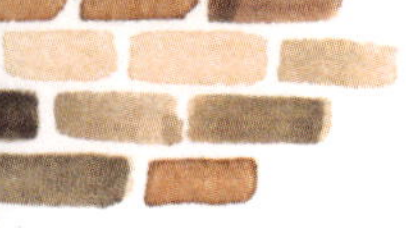

# MONOCHROMIE

Übertrage das Haus auf der rechten Seite auf Aquarellpapier und koloriere es anschließend mit Aquarellfarben. Nutze lediglich eine Farbe in verschiedenen Intensitäten, um das gesamte Bild auszumalen.

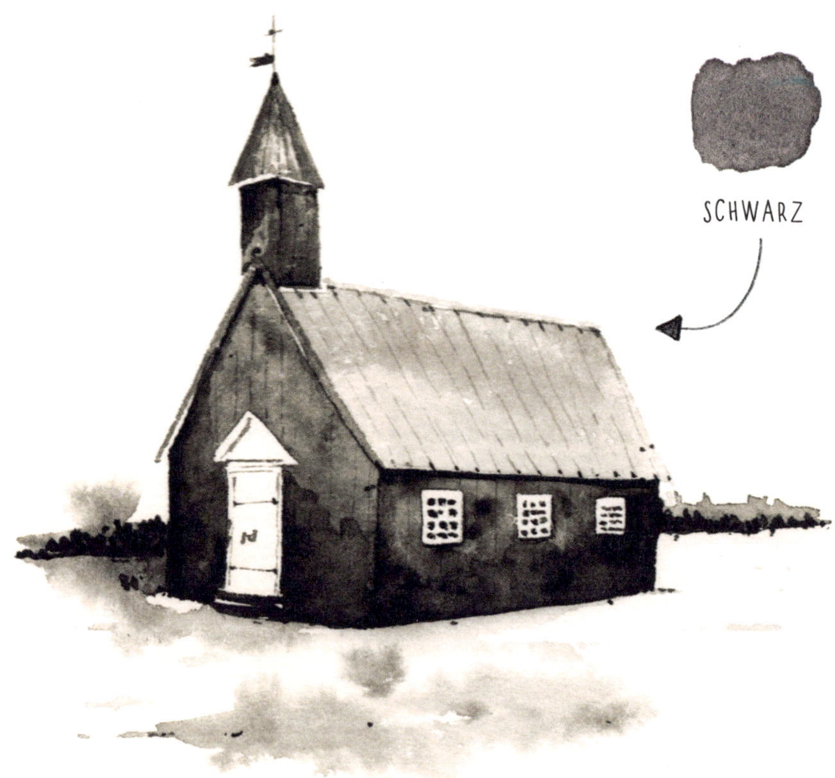


Das Wichtigste sind hierbei die Kontraste. Durch die Zugabe von viel Wasser kann ein Farbton sehr hell dargestellt werden. Nutzt du hingegen wenig Wasser im Verhältnis zu den Pigmenten, wird deine Farbmischung sehr dunkel und kräftig. Die hellste Stelle im Bild kannst du weiß lassen. Im Beispiel oben ist das die Tür der Kirche. Arbeite dich anschließend Stück für Stück von hell nach dunkel.

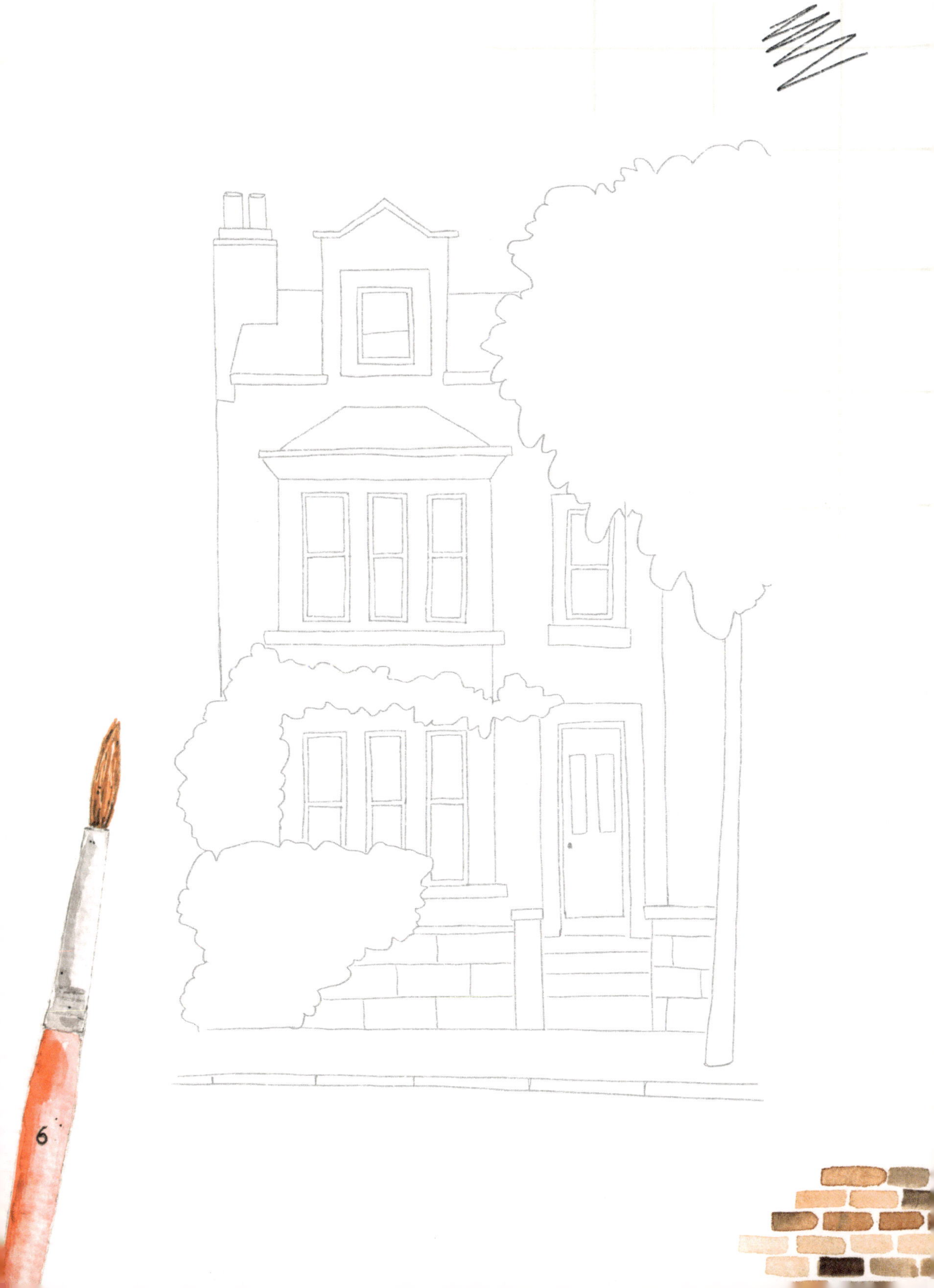

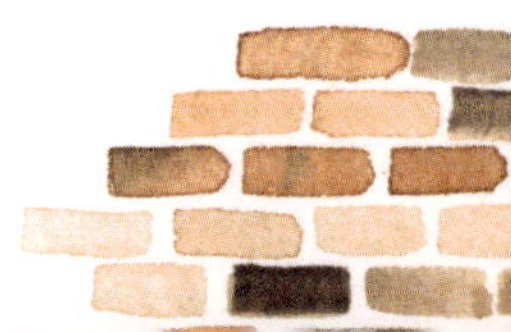

# NEW YORK

Eine Großstadt wie New York City besticht durch ihre unzähligen riesigen Wolkenkratzer. Um das Getümmel an Hochhäusern darzustellen, musst du nicht jedes Gebäude bis ins kleinste Detail zeichnen.

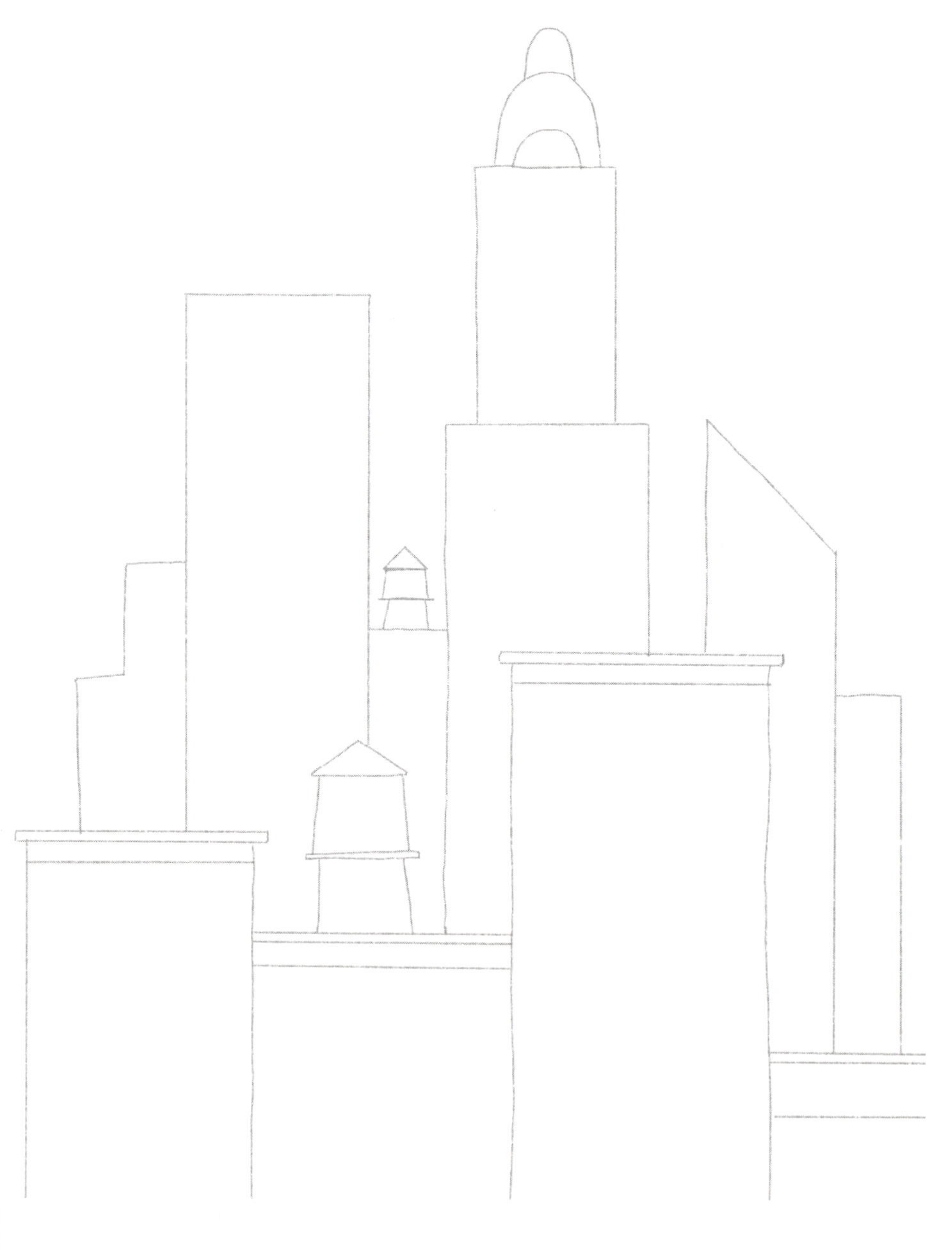

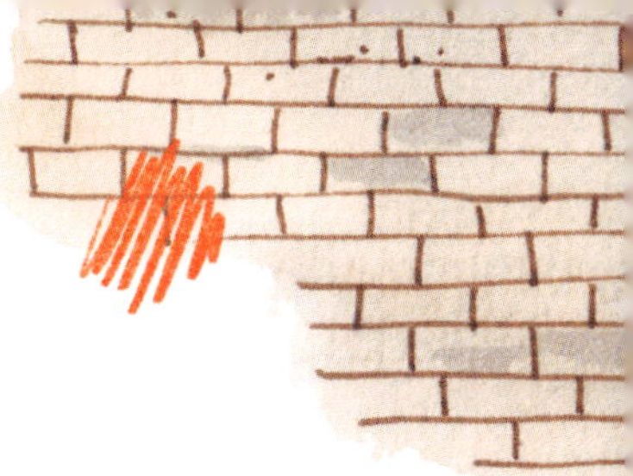

Einige Blöcke mit schemenhaften Fensterreihen reichen aus, um das Bild einer typischen Skyline zu zeigen. Nutze dieses Motiv, um die monochrome Farbgebung zu üben.

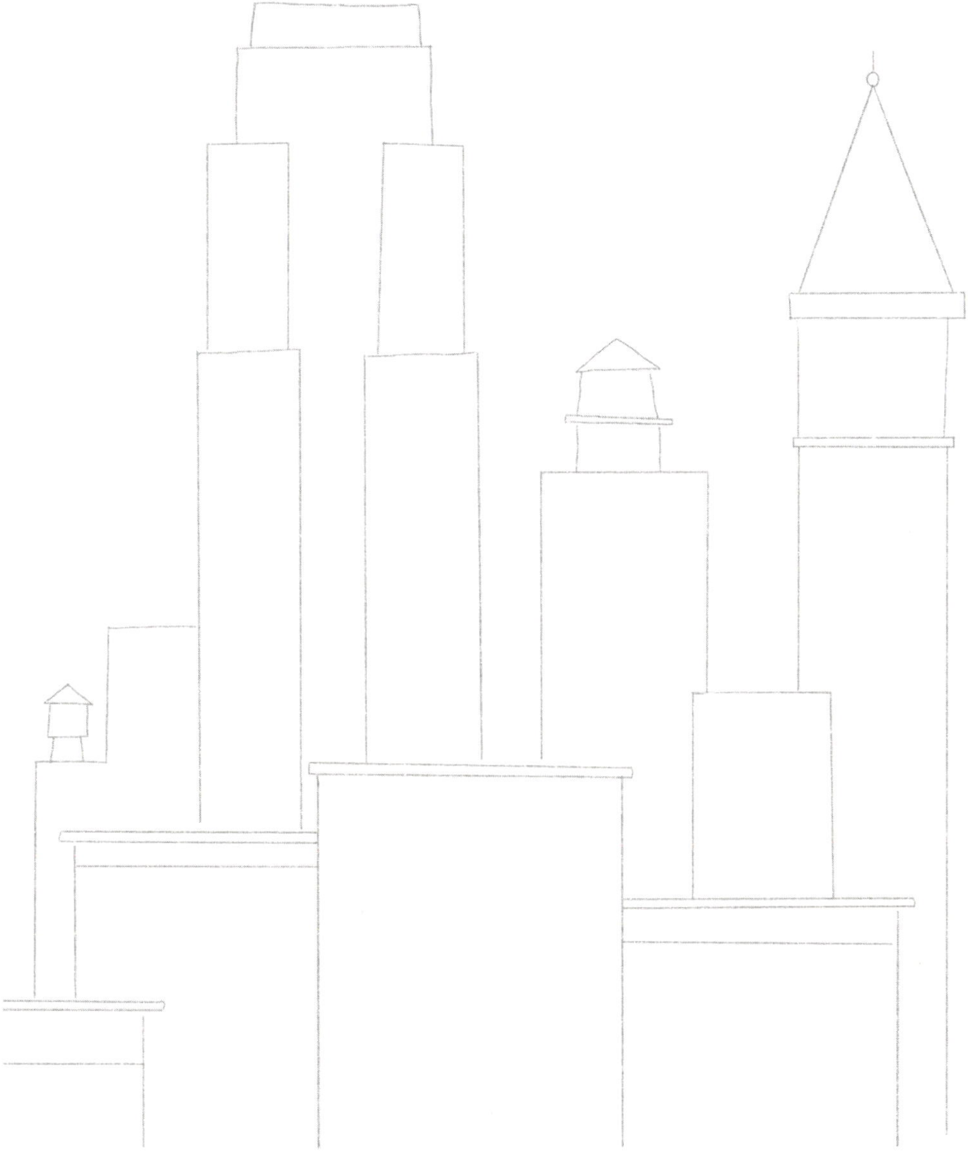

# ANALOGE FARBEN

Farben, die im Farbkreis nebeneinanderliegen, bezeichnet man als analog. Setzt man diese in einem Bild ein, so wirkt es durch den geringen Farbkontrast eher gedeckt und eindimensional. Dieses Farbschema lässt sich auch als „Ton in Ton" beschreiben. Es hat eine ruhige und zurückhaltende Wirkung.

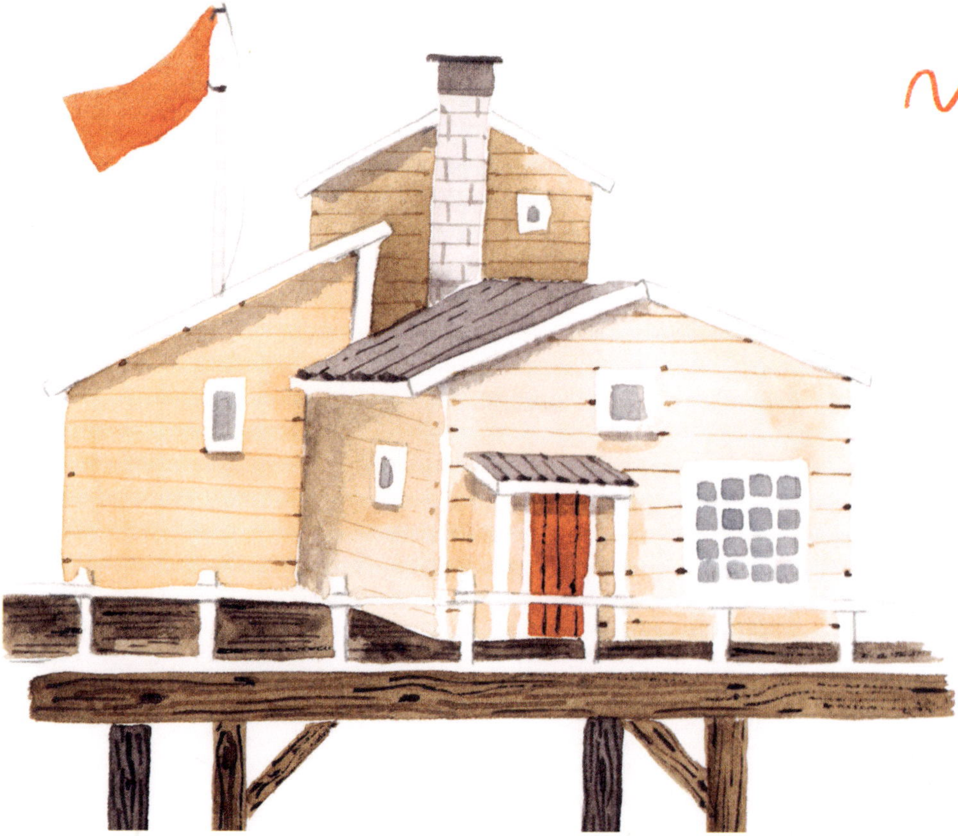

Ähnlich wie bei der Monochromie ist es auch bei der analogen Farbgebung wichtig, Hell-dunkel-Kontraste darzustellen, um die fehlenden Farbkontraste auszugleichen. Achte also darauf, sowohl sehr helle als auch sehr dunkle Stellen in das Bild zu integrieren.

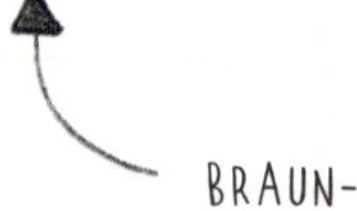

BRAUN- & ROTTÖNE

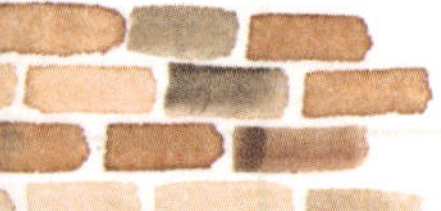

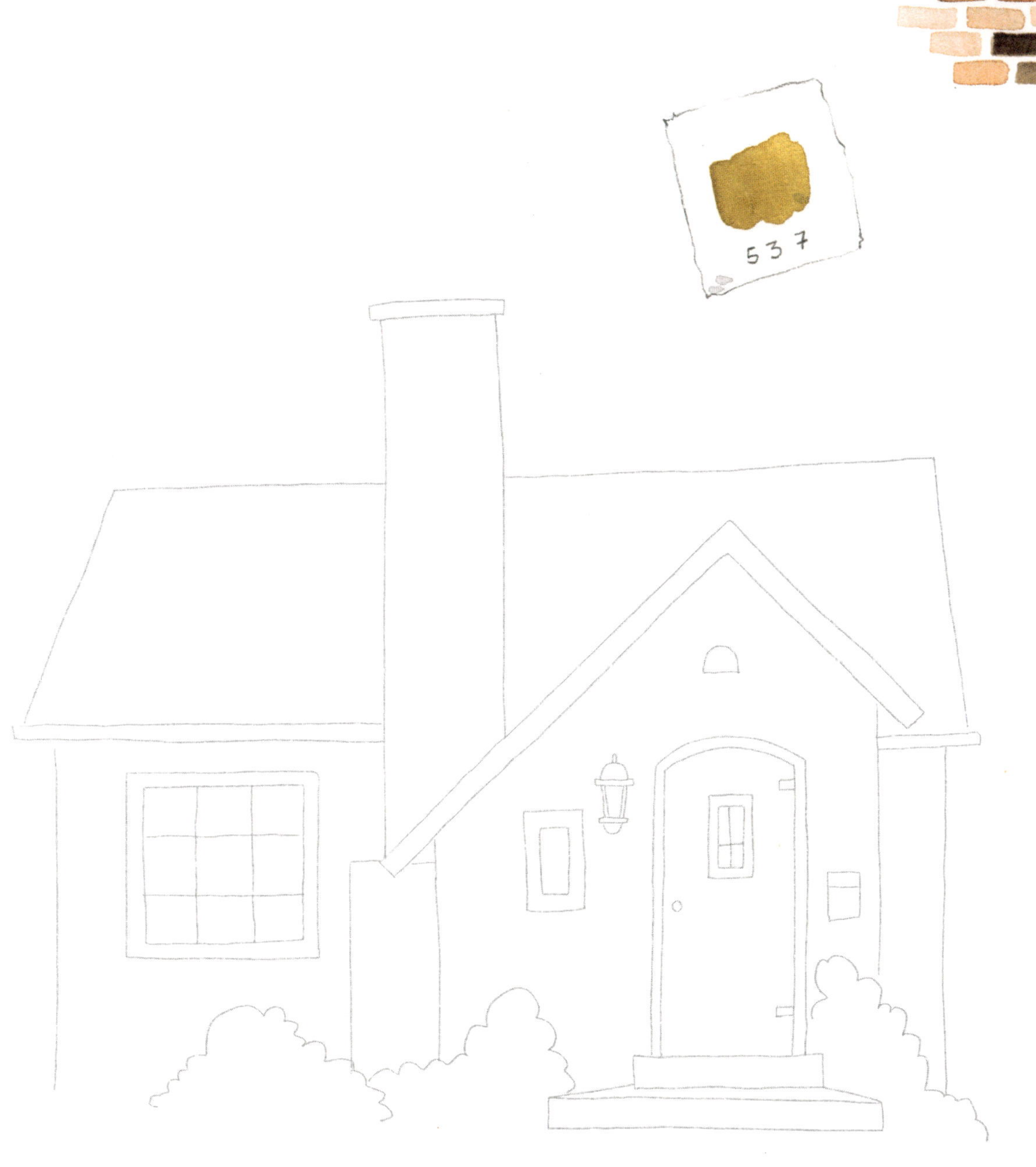


Nutze diese und die folgenden Seiten, um dich mit der analogen Farbgebung anzufreunden. Suche dir dafür drei Farben aus, die im Farbkreis nebeneinanderliegen, und koloriere damit das Haus auf dieser Seite.

# Amsterdam

Amsterdam, wir kommen! Diese idyllische Häuserfront erinnert auf den ersten Blick an diese wunderschöne Stadt – große Fenster, enge Bauweise und meist direkt am Kanal gelegen. Koloriere dieses Motiv mit einer analogen Farbgebung. Nutze dafür Brauntöne und kombiniere sie mit weißen und schwarzen Akzenten.

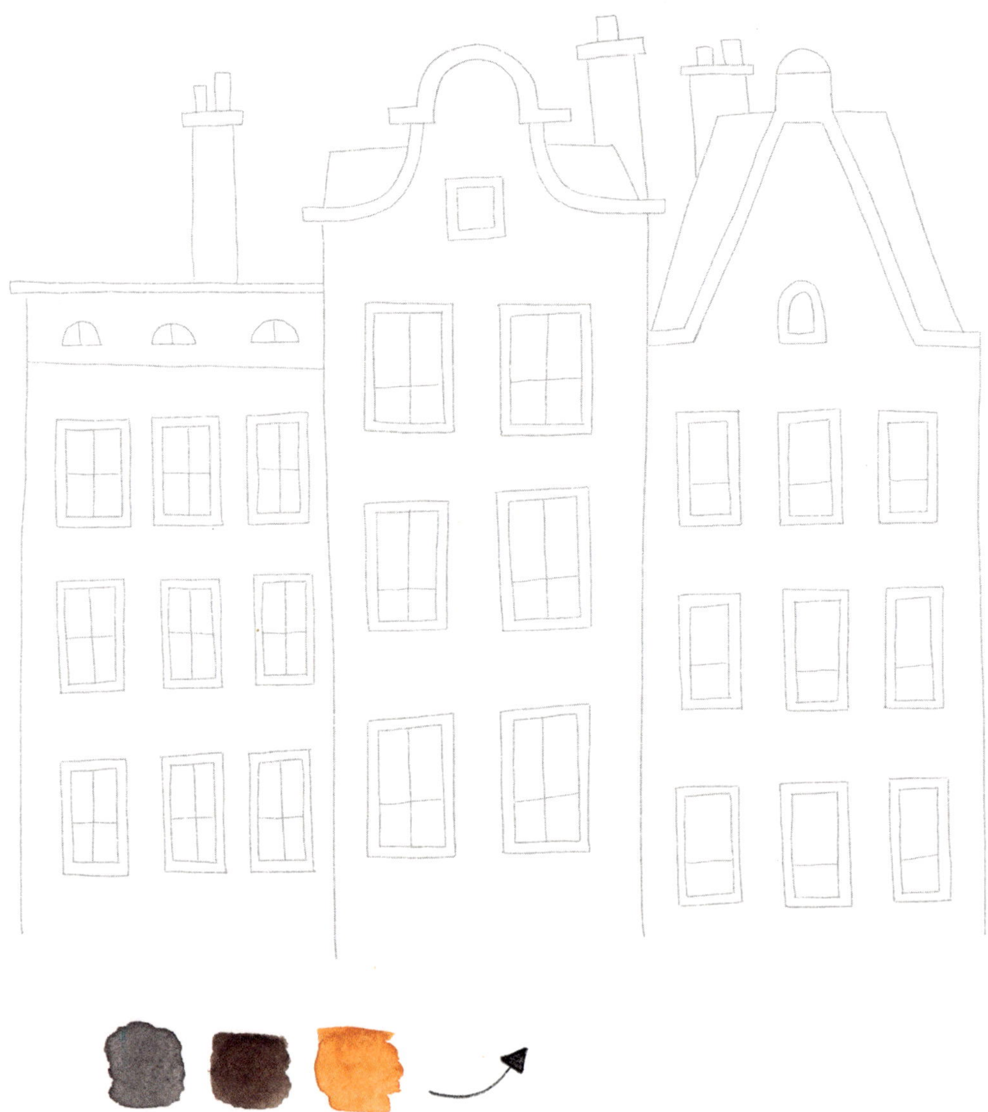

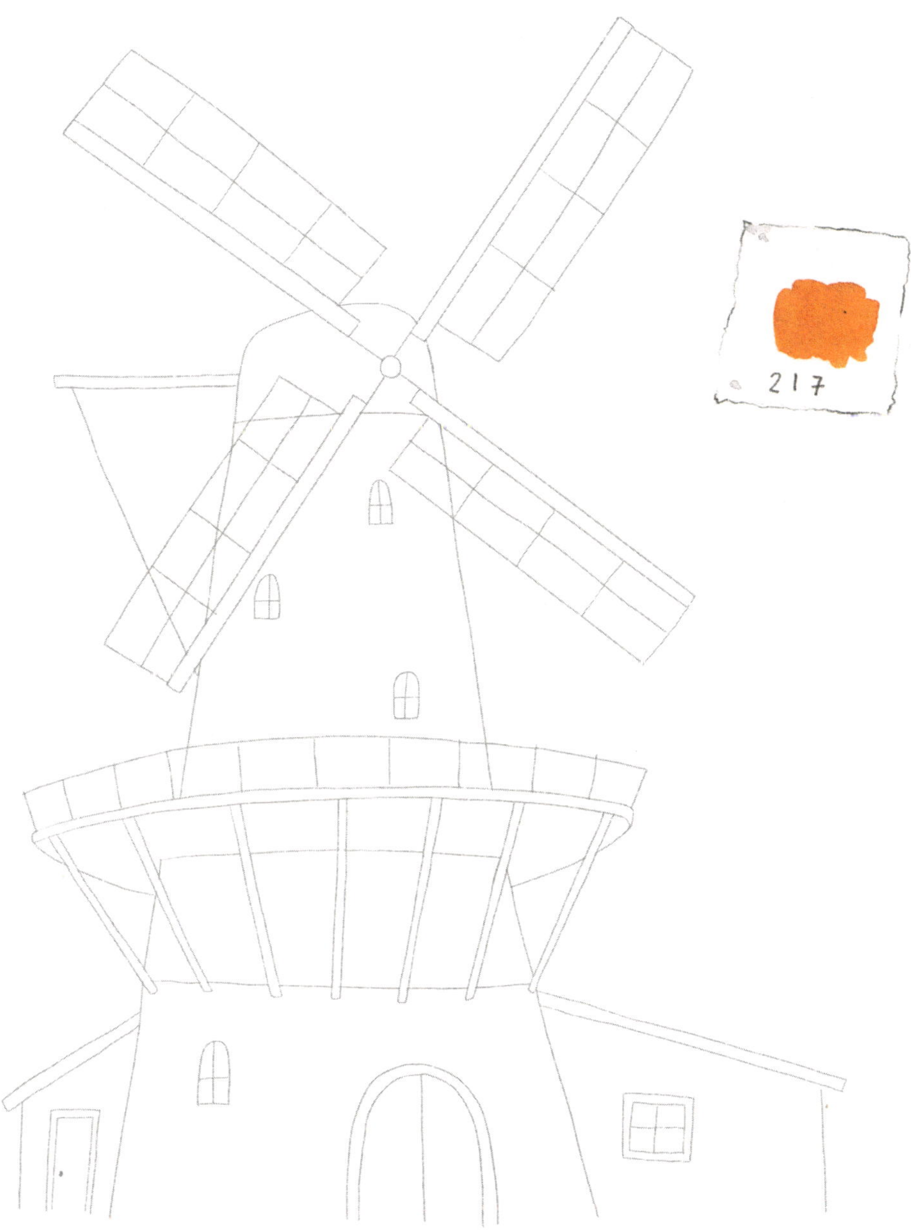


# WINDMÜHLE

Wir bleiben in Holland und widmen uns als Nächstes dieser schönen Windmühle. Passend zu den analog eingefärbten Häusern auf der linken Seite kannst du auch hier versuchen, das Motiv mit wenigen ähnlichen Farbtönen zu kolorieren.

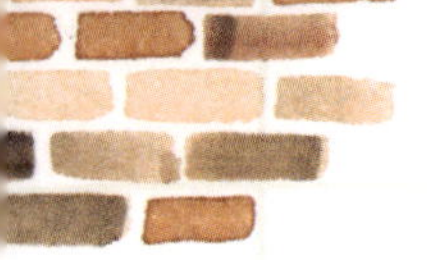

# KOMPLEMENTÄRFARBEN

Farben, die sich im Farbkreis gegenüberliegen, harmonieren besonders gut. Teste auf den nächsten Seiten verschiedene Farbkombinationen, indem du Komplementärfarben nutzt.

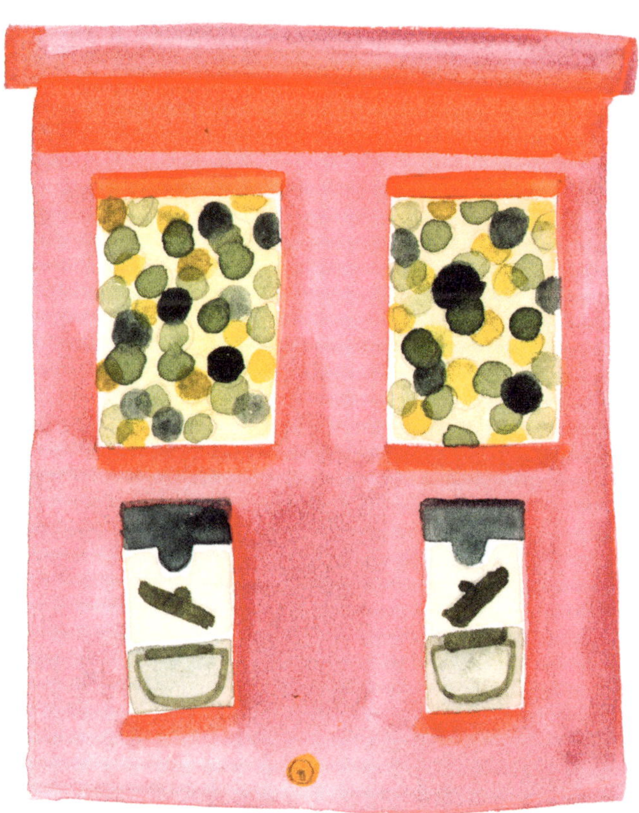

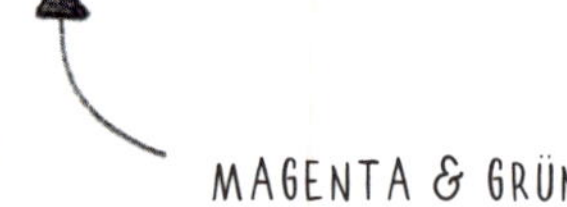

MAGENTA & GRÜN

Im ersten Moment wirken Komplementärfarben sehr bunt und knallig. Um diesen Effekt abzuschwächen, kannst du erdige Töne damit kombinieren. Gerade in urbanen Szenen bietet sich diese Möglichkeit an.

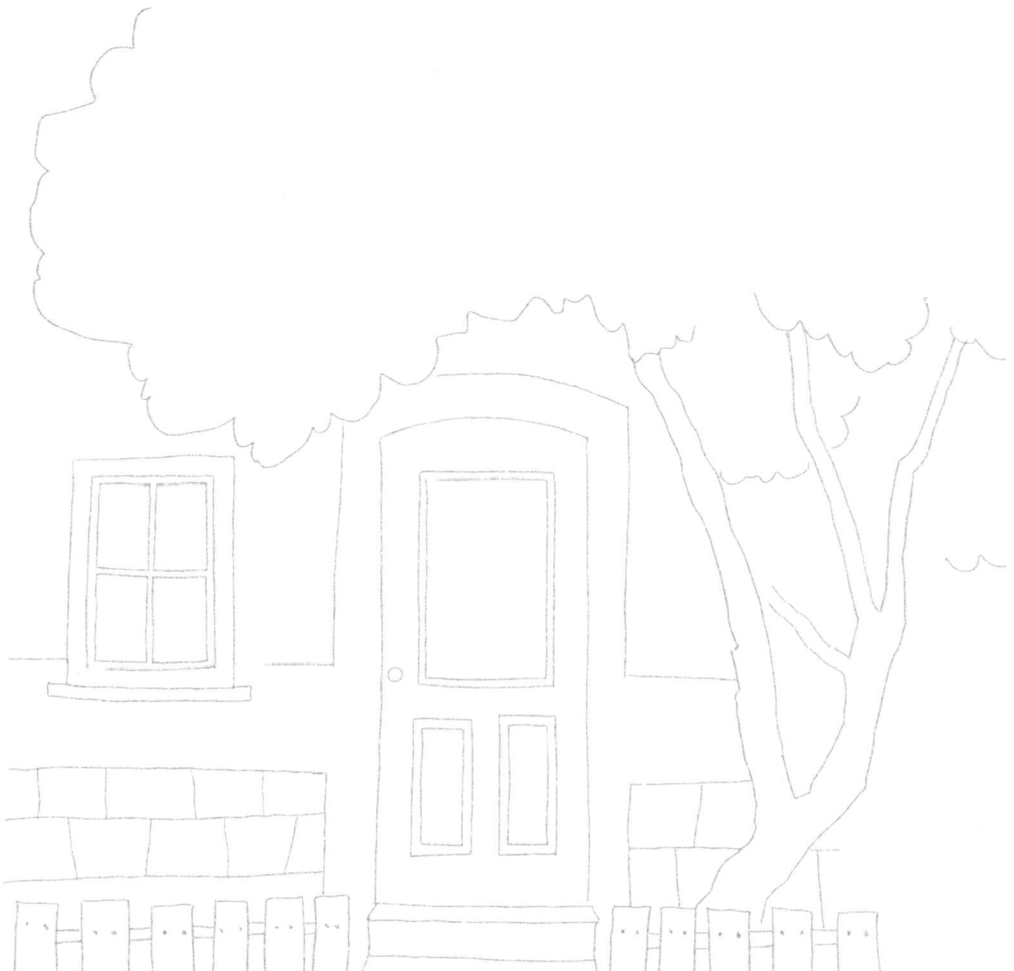

Übertrage diese Skizze auf Aquarellpapier und gestalte das Motiv mit Komplementärfarben. Nutze Braun- und Schwarztöne, um die knallige Farbgebung abzuschwächen.

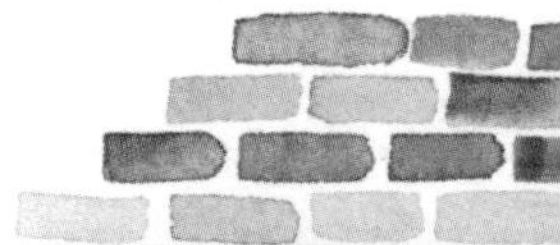

# RODEO DRIVE

Dieses Haus könnte glatt am berühmten Rodeo Drive in Miami stehen. Nutze das Motiv, um eine fantasievolle Farbgebung auszuprobieren. Male dafür die Elemente im Bild mit ungewöhnlichen Farben aus. So könnten der Himmel beispielsweise pink und die Palmen dunkelblau werden.

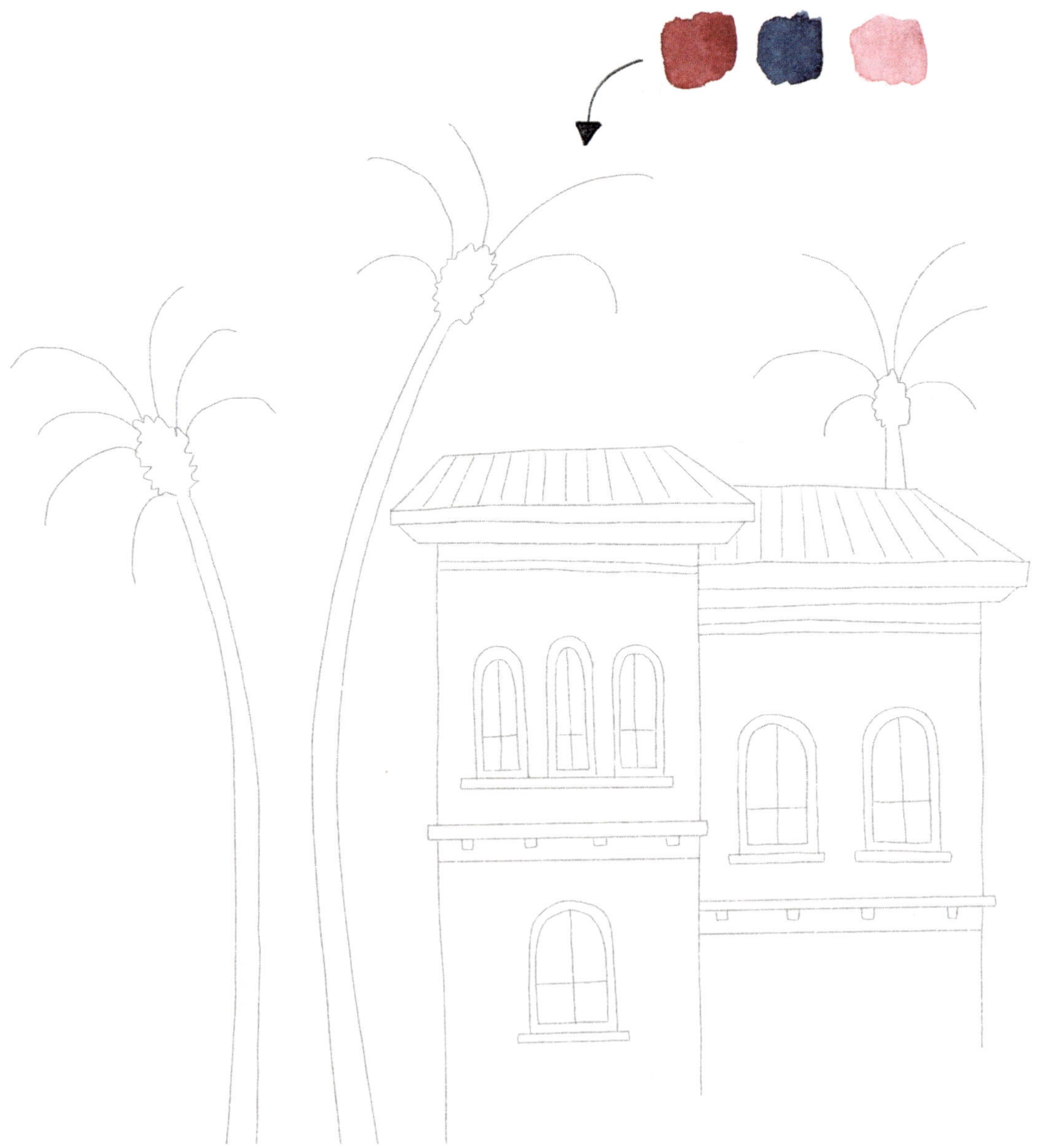

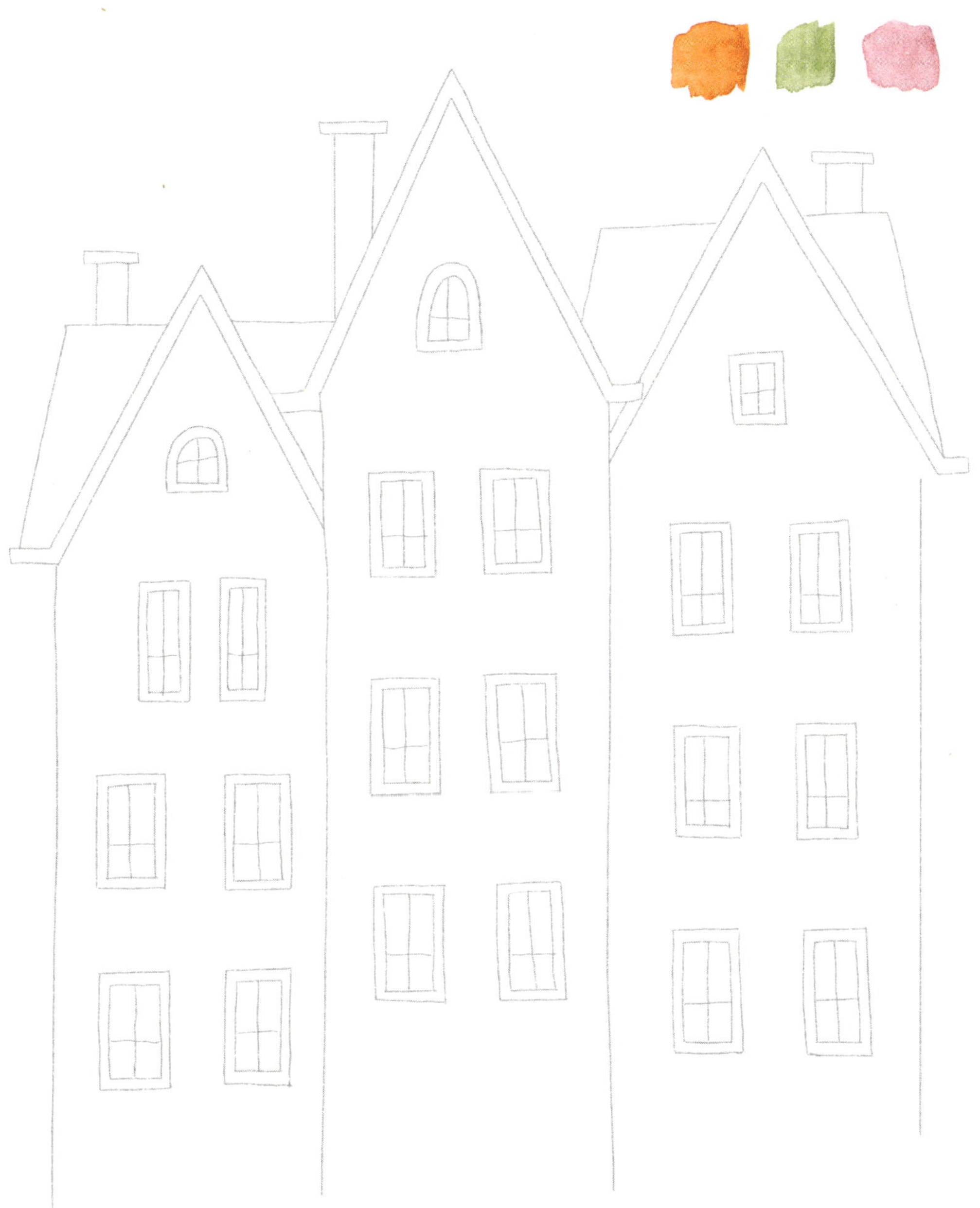

## BUNTE HÄUSER

So schöne Häuser finden sich zum Beispiel in der Kölner Altstadt wieder. Eine perfekte Übung, um viele knallige Farbtöne zu kombinieren. Übertrage dafür die Skizze auf Aquarellpapier und koloriere das Motiv in kräftigen bunten Aquarellfarben.

# LA BOCA

Eine besonders bunte Gegend ist der Stadtteil La Boca in der Hauptstadt Argentiniens, Buenos Aires. Hier leuchten die Fassaden in allen Farben des Regenbogens. Nutze für dieses Motiv eine sehr bunte, knallige Farbpalette. Dafür kannst du entweder mit Markern oder Buntstiften direkt ins Buch malen oder das Ganze vorher auf Aquarellpapier übertragen.

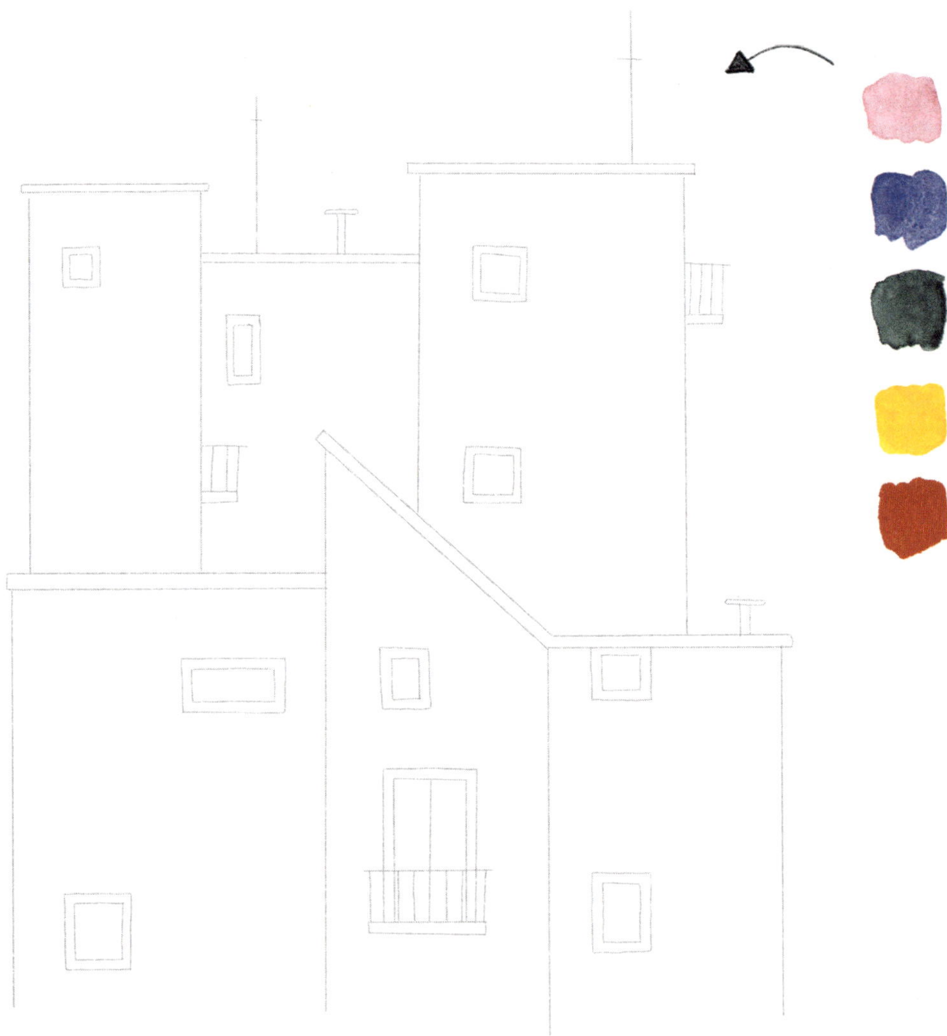

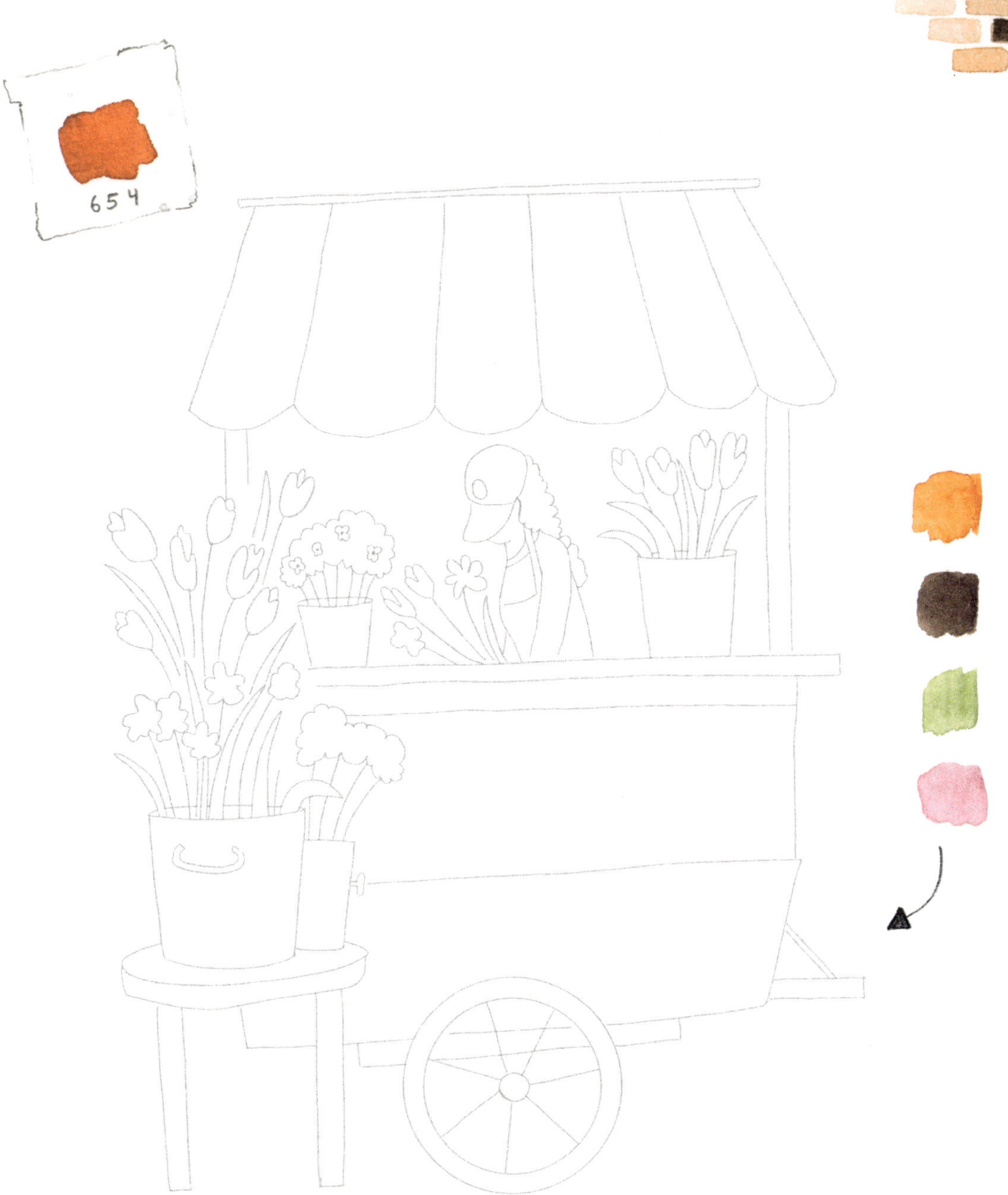


# BLUMENSTAND

Dieser kleine Blumenstand wartet darauf, von dir in die schönsten Farben getaucht zu werden. Nutze gezielt knallige Töne, um Highlights zu setzen, und gedeckte, erdige Farben, um Ruhe in das Motiv zu bringen.

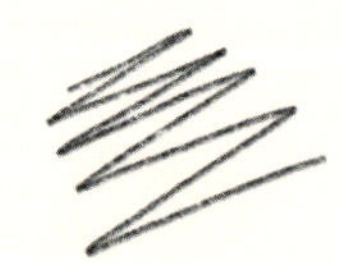

# DEINE LIEBLINGSFARBPALETTEN

Schnapp dir deine Buntstifte oder Marker und sammle auf diesen Seiten Farbkombinationen, die dir besonders gut gefallen.

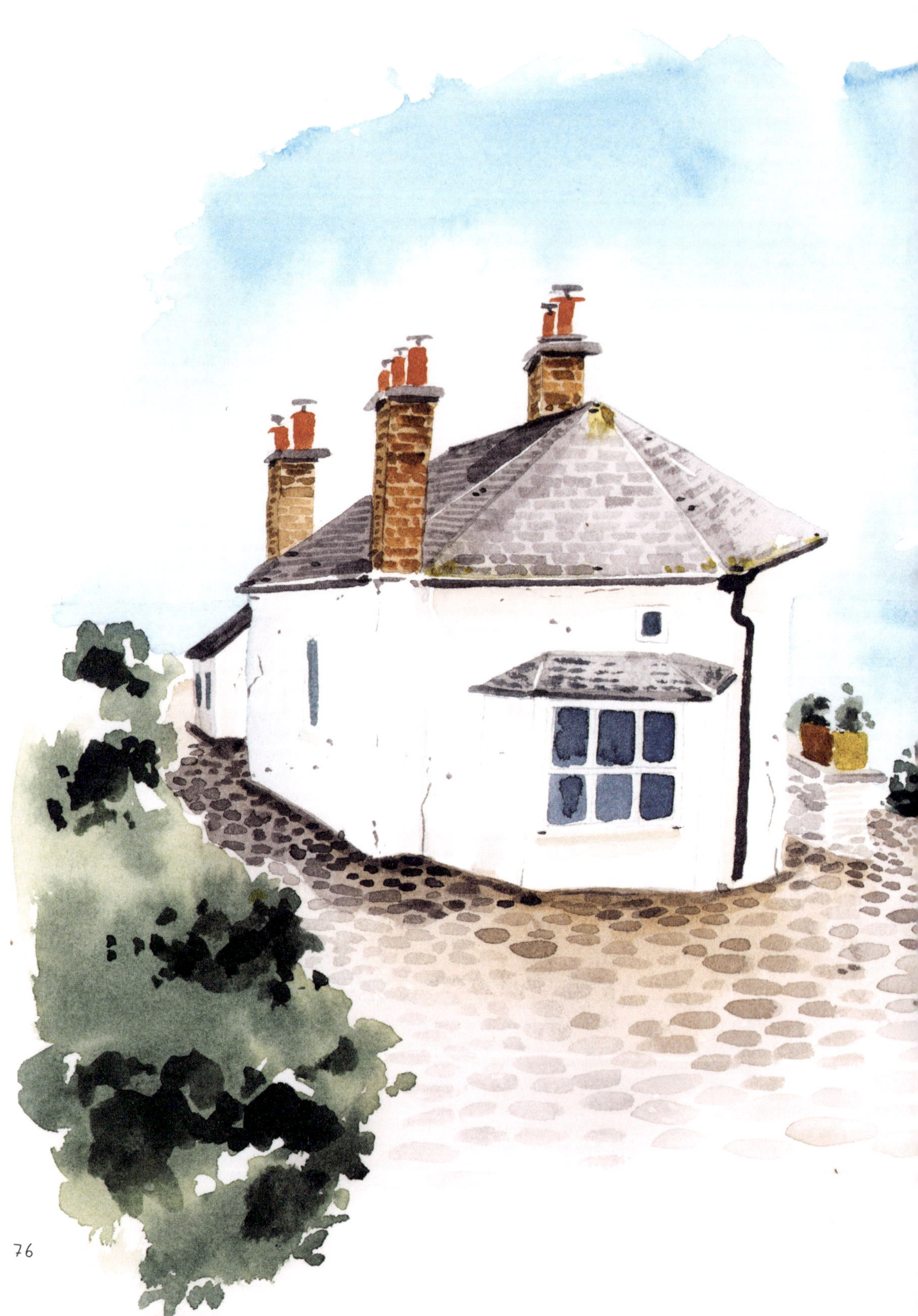

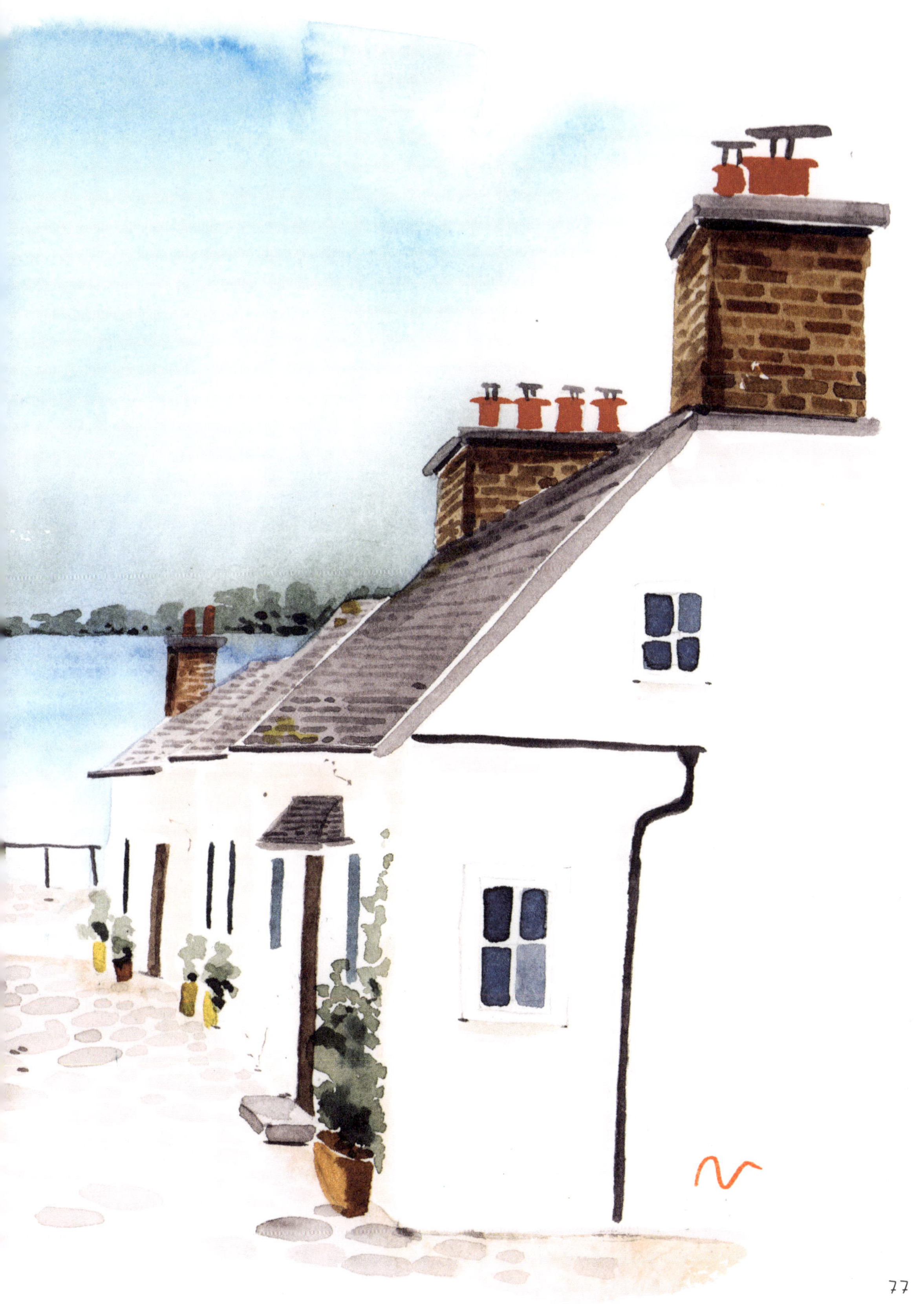

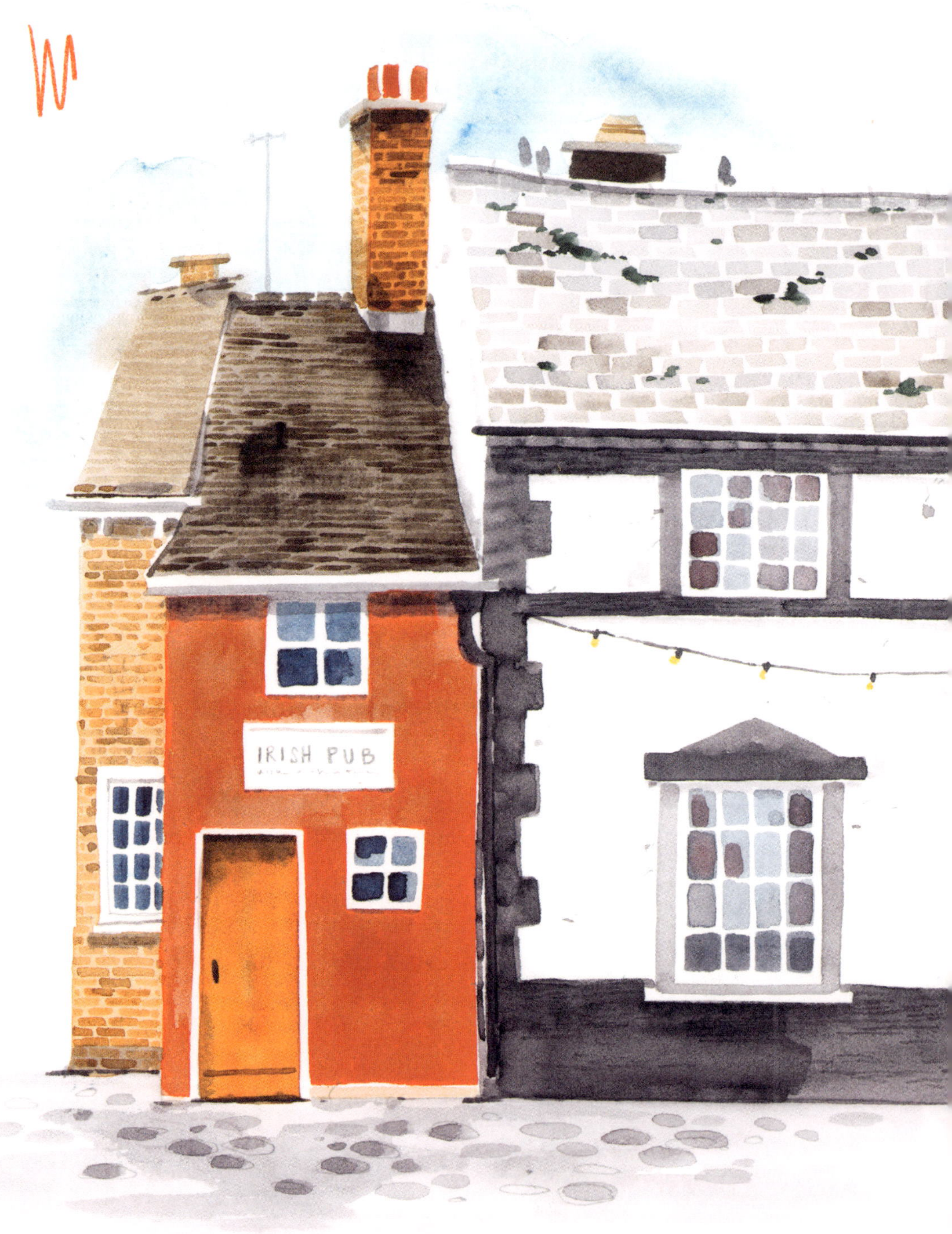
W
IRISH PUB

# DEIN STRICH

Dein eigener Strich ist das, was deine Zeichnungen am Ende so einzigartig macht. Dabei hast du selbst schon ganz automatisch eine individuelle Linienführung, eine bestimmte Art zu malen – unbewusst, ohne dass du es aktiv beeinflusst. Legt man einige deiner Bilder nebeneinander, so wird sich ein Muster erkennen lassen.

Allerdings gibt es auch einige Dinge, die du aktiv beeinflussen kannst, um deinen Stil noch individueller zu machen. So kannst du Objekte beispielsweise sehr akkurat und genau darstellen oder locker und dynamisch. Du kannst Motive durch viele Details sehr lebendig gestalten oder durch grobe Formen auflockern.

In diesem Kapitel möchte ich dir zeigen, wie du typische Elemente, die in urbanen Szenen immer wieder auftauchen, auf unterschiedliche Weise gestalten kannst. Schnapp dir deine Lieblingstools und probier dich aus.

# FLIESEN

Heute wirst du offiziell zum oder zur Fliesenleger*in. Überlege dir für die Fliesen auf der rechten Seite verschiedene Muster und male sie mit Buntstiften oder Markern aus.

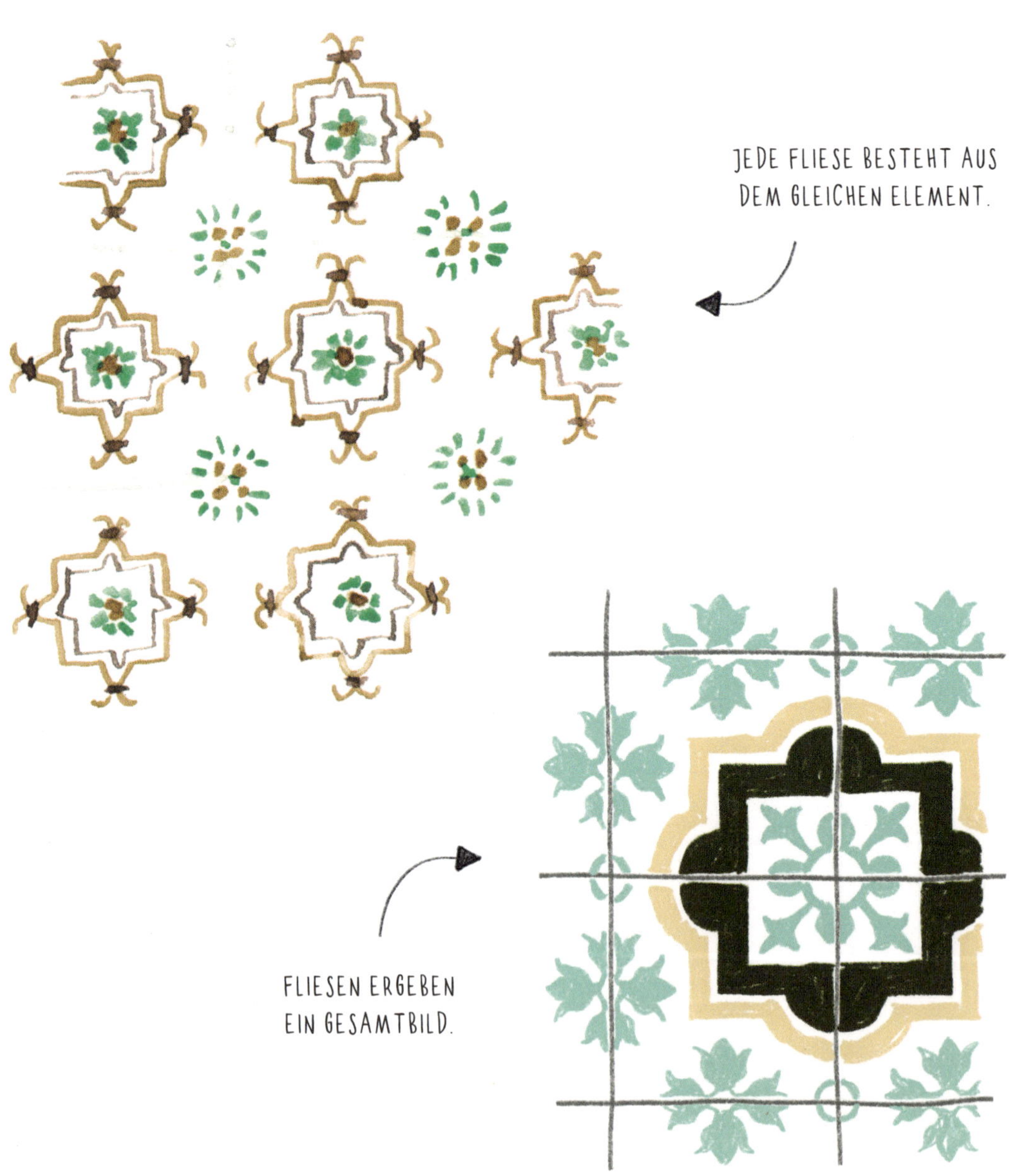

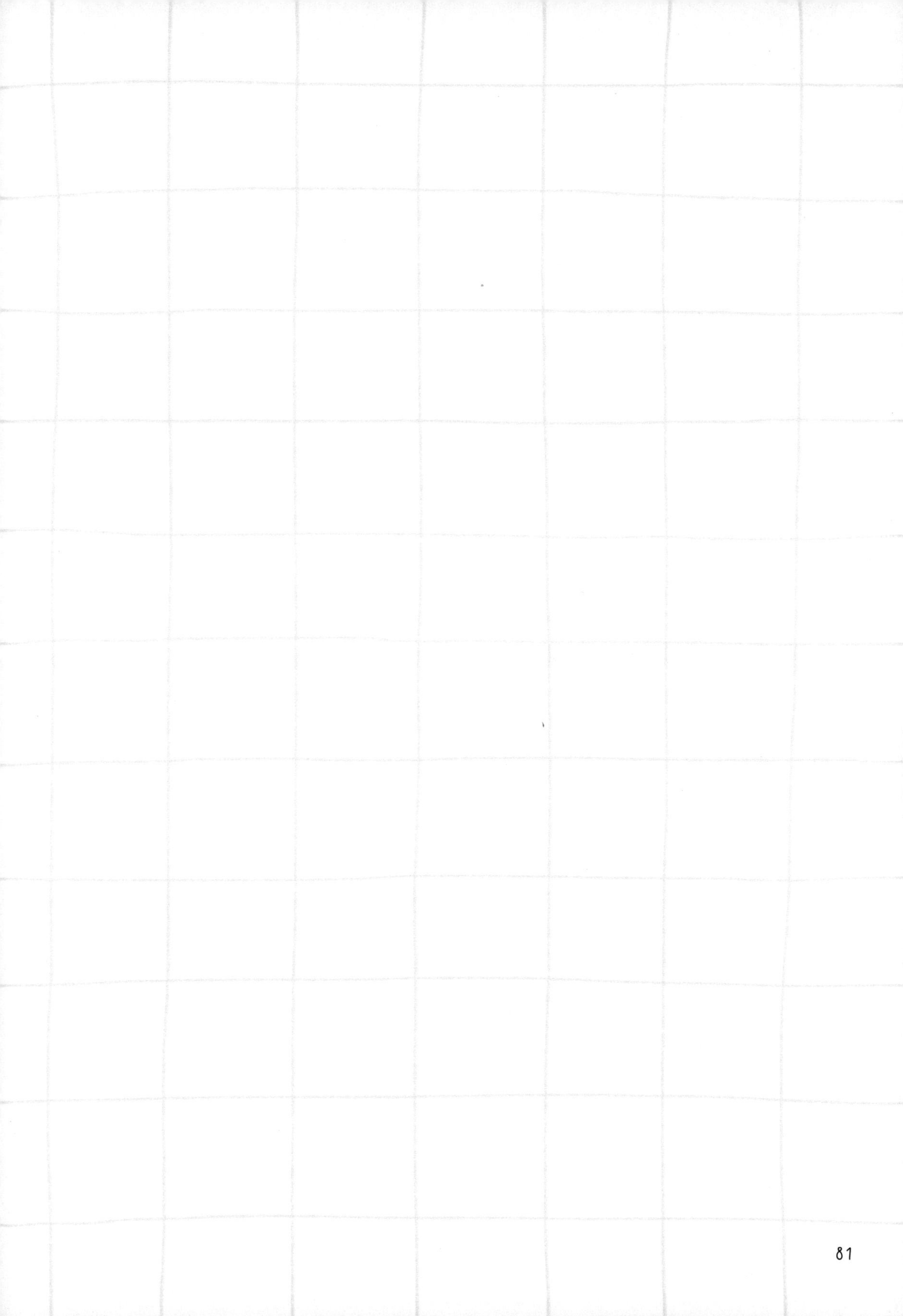

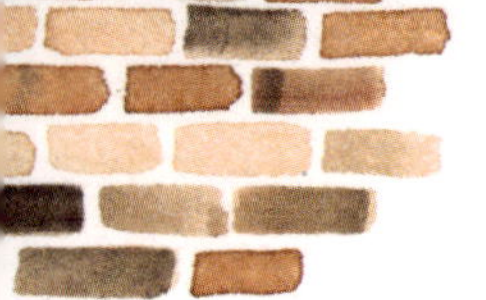

# BESUCH IN PORTUGAL

Fliesen finden sich auch im Stadtbild von Lissabon überall wieder. Die prächtigen alten Stadthäuser ziehen mit ihren bunten Fassaden alle Blicke auf sich. Vervollständige dieses Motiv mit einem schönen Fliesenmuster.

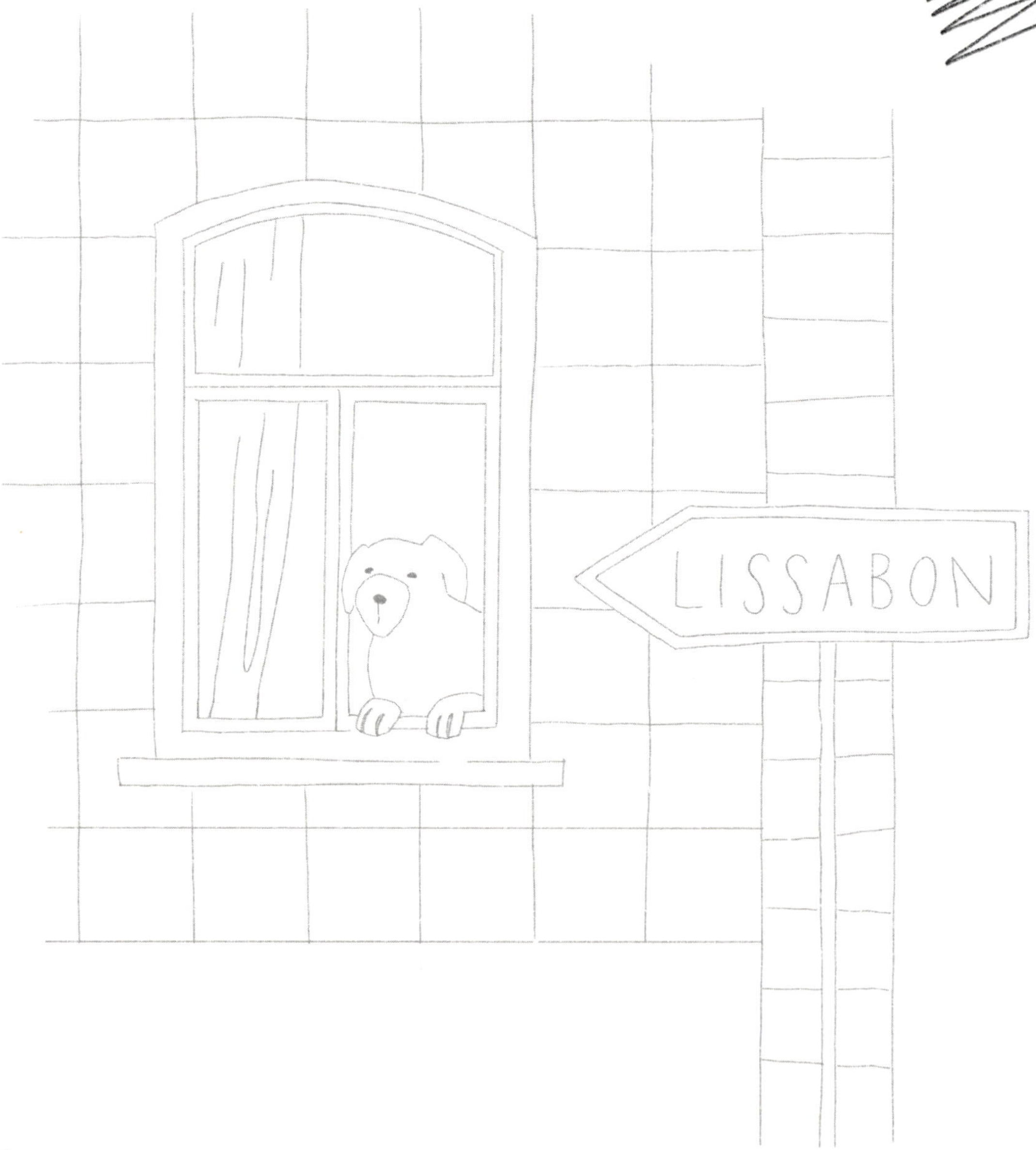

LISSABON

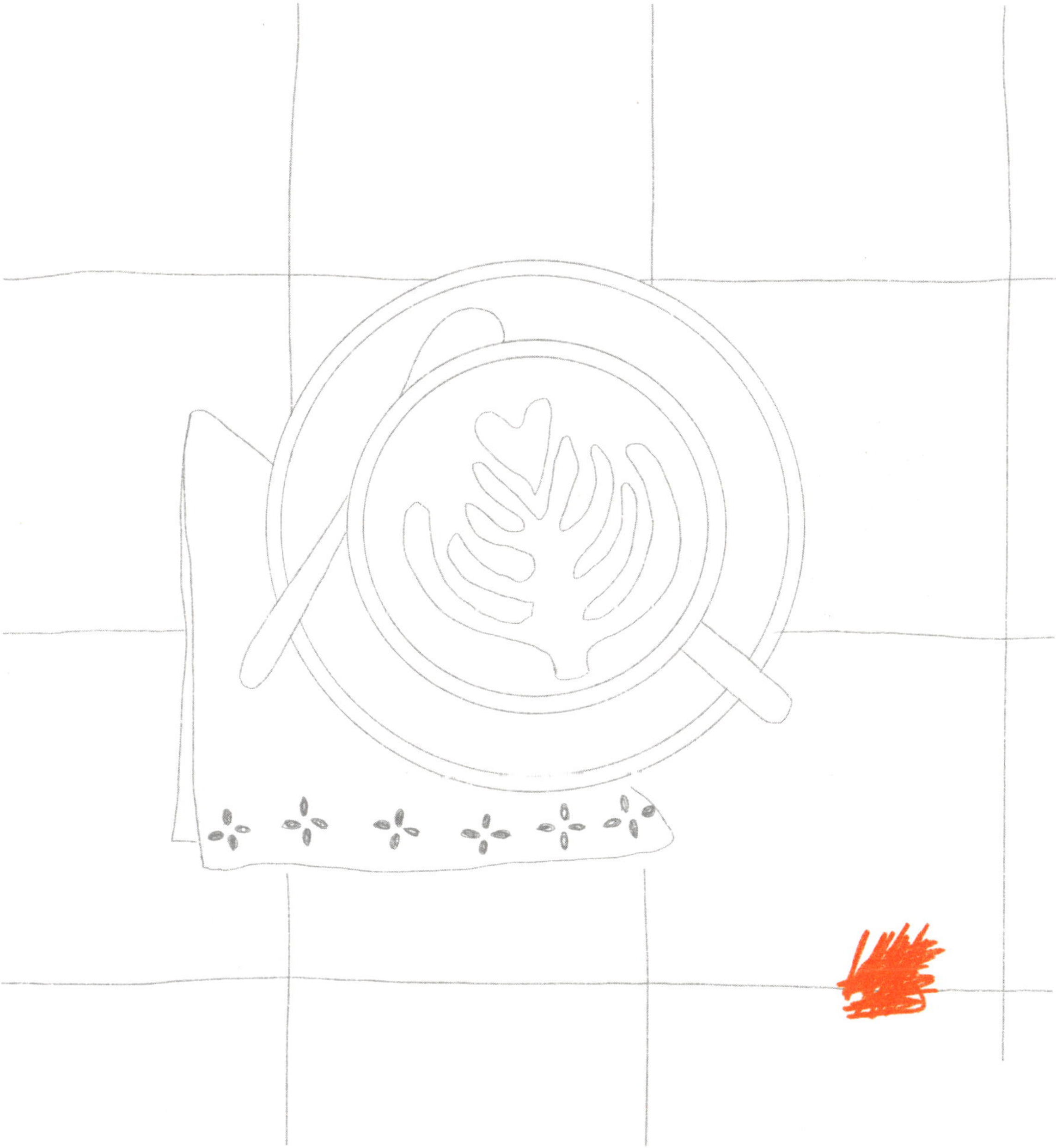

# KAFFEEPAUSE

Dieser Kaffee steht auf einem wunderschönen alten Tresen, der mit Fliesen verkleidet ist. Überlege dir ein Muster, das zu diesem Motiv passen könnte, und skizziere es mit Bleistift hier im Buch. Übertrage die Zeichnung anschließend auf Aquarellpapier, um sie zu kolorieren.

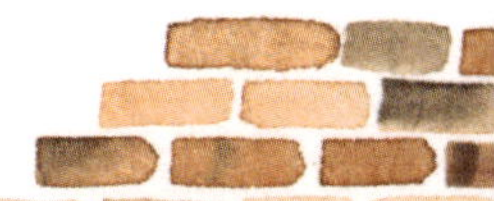

# BÄUME

Jedes Bild gewinnt durch Bäume an Lebendigkeit und Atmosphäre. Dabei kannst du selbst entscheiden, wie naturalistisch diese sein sollen. Von grafischen Formen bis hin zu filigranen Baumkronen kannst du deiner Kreativität freien Lauf lassen.

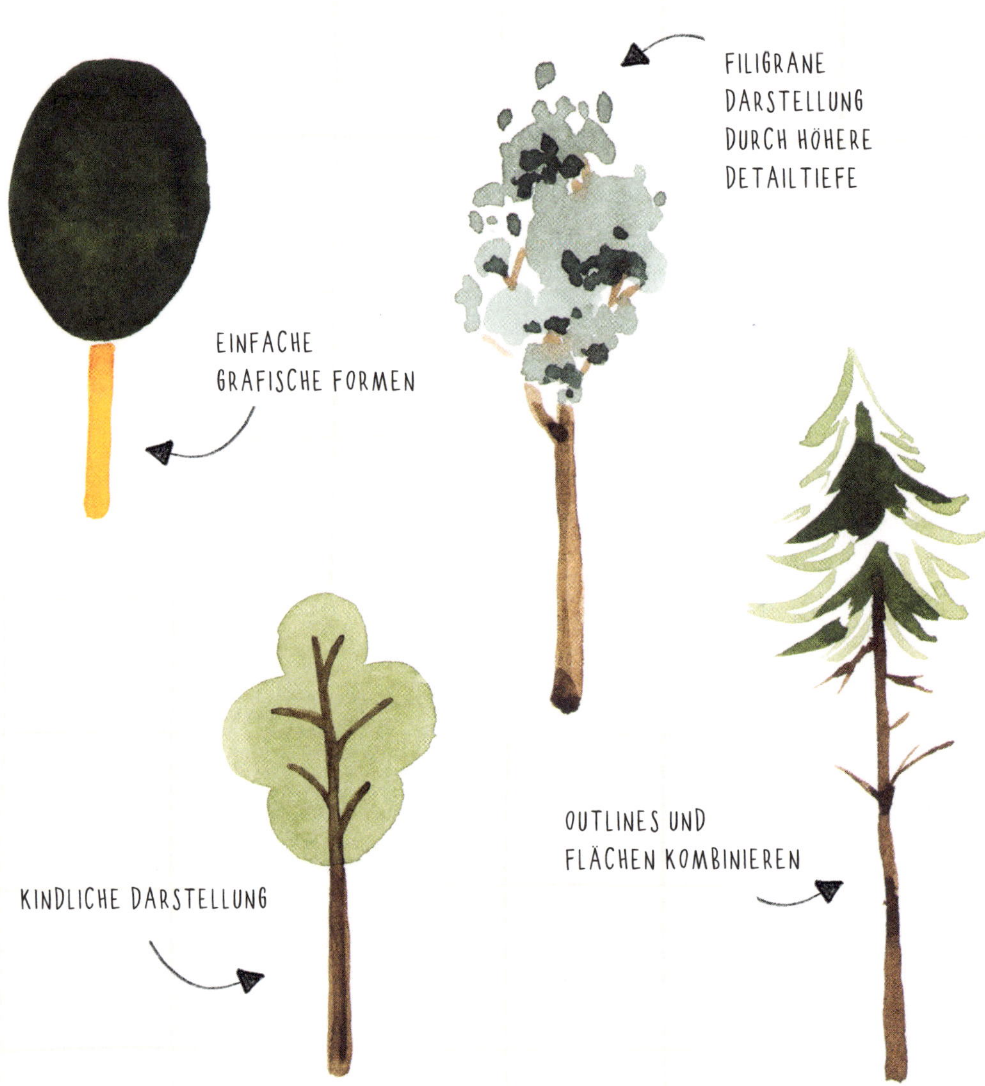

Nutze diese Seite, um mit Bleistift einige Baumstudien anzufertigen. Teste dich dabei durch verschiedene Formen, um herauszufinden, was dir am besten gefällt. Experimentiere auch gerne mit Buntstiften, damit du ein Gefühl für Form und Farbe bekommst. Diese Skizzen kannst du anschließend als Vorlage nehmen, um Bäume mit Aquarellfarben auf Aquarellpapier zu üben.

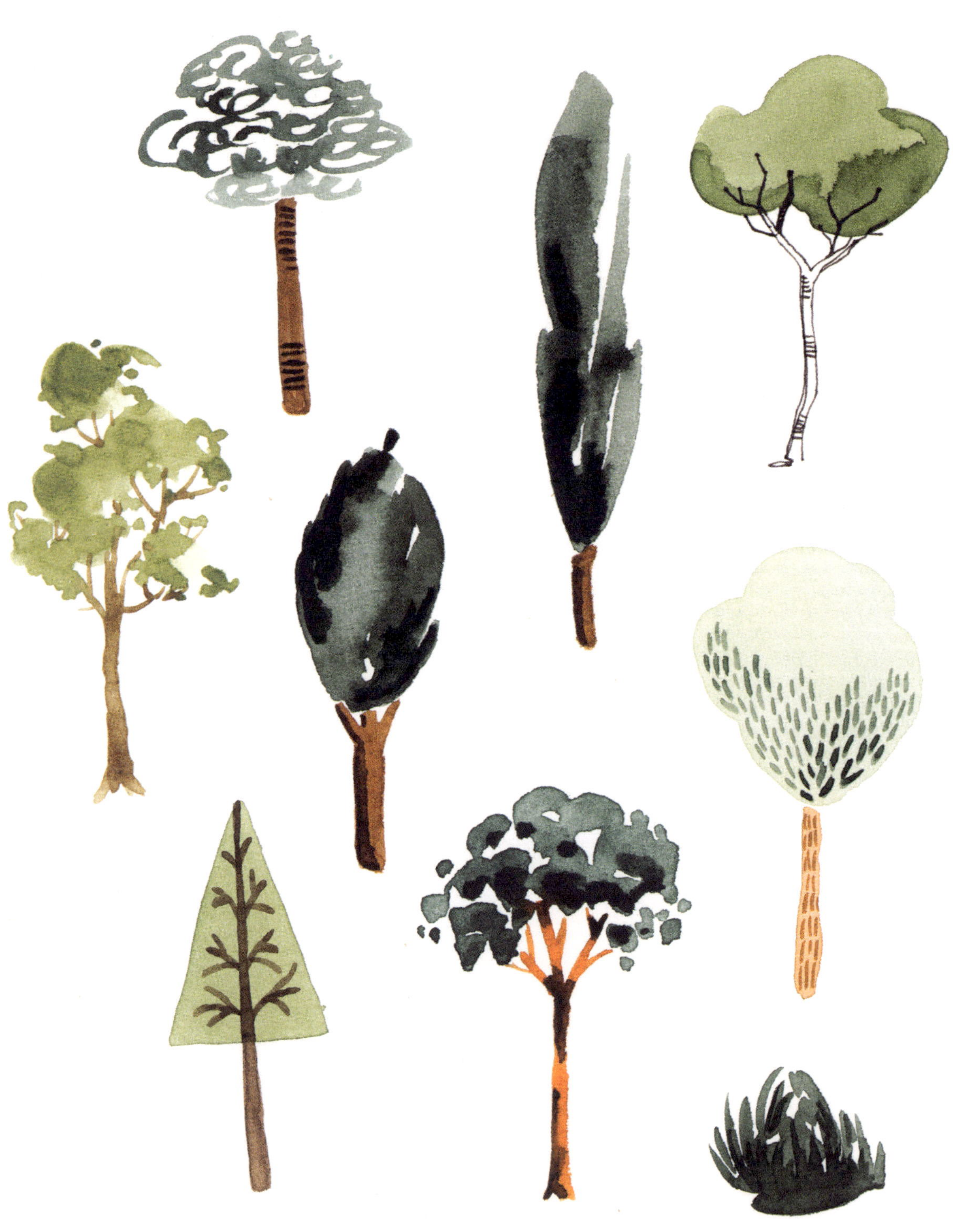

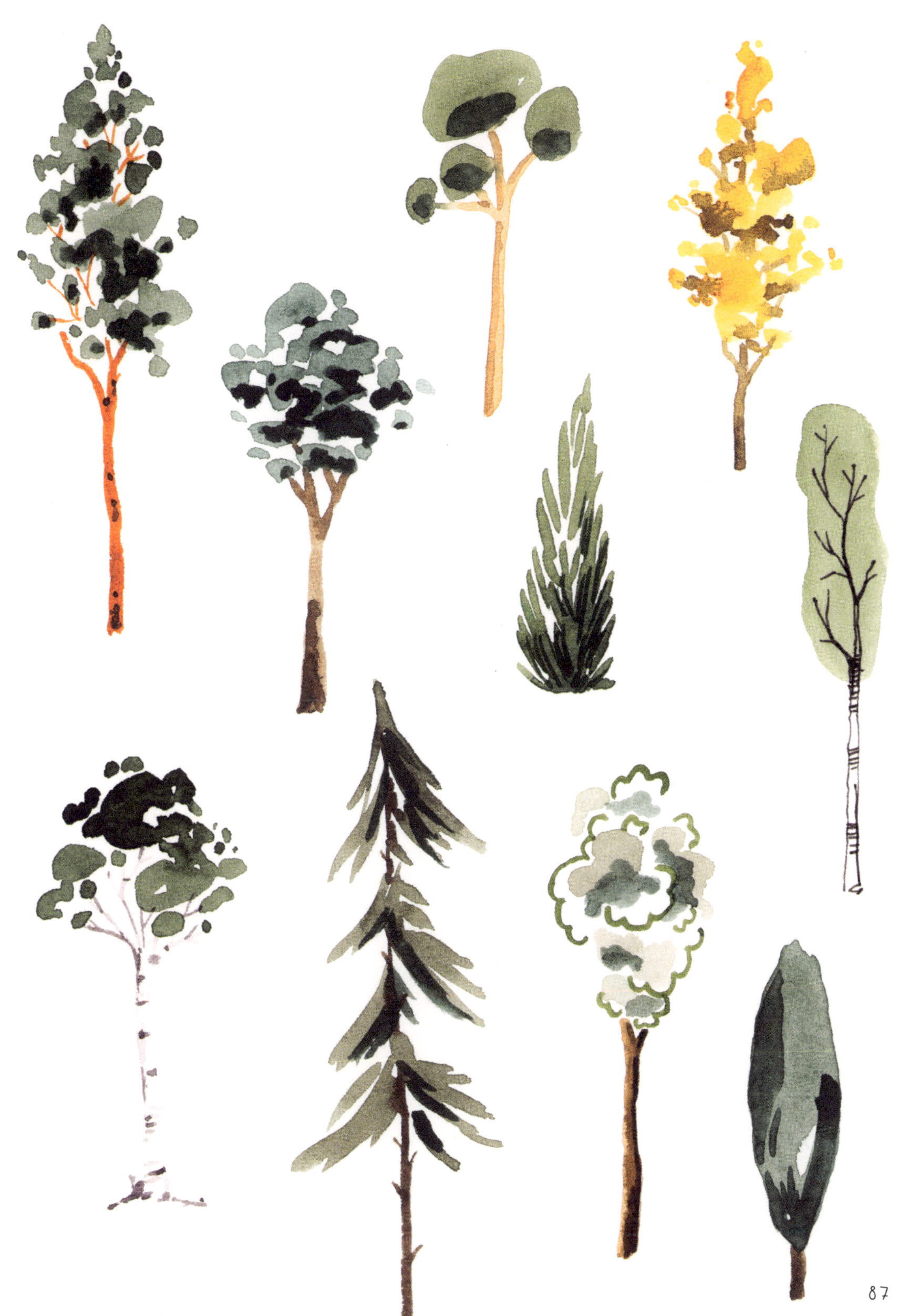

# HAUS IM WALD

Male einen idyllischen Wald um dieses kleine Häuschen. Skizziere die Bäume dafür zunächst im Buch und übertrage deine Skizze anschließend auf Aquarellpapier. Dort kannst du das Motiv in deinem Stil mit Aquarellfarbe und Pinsel umsetzen.

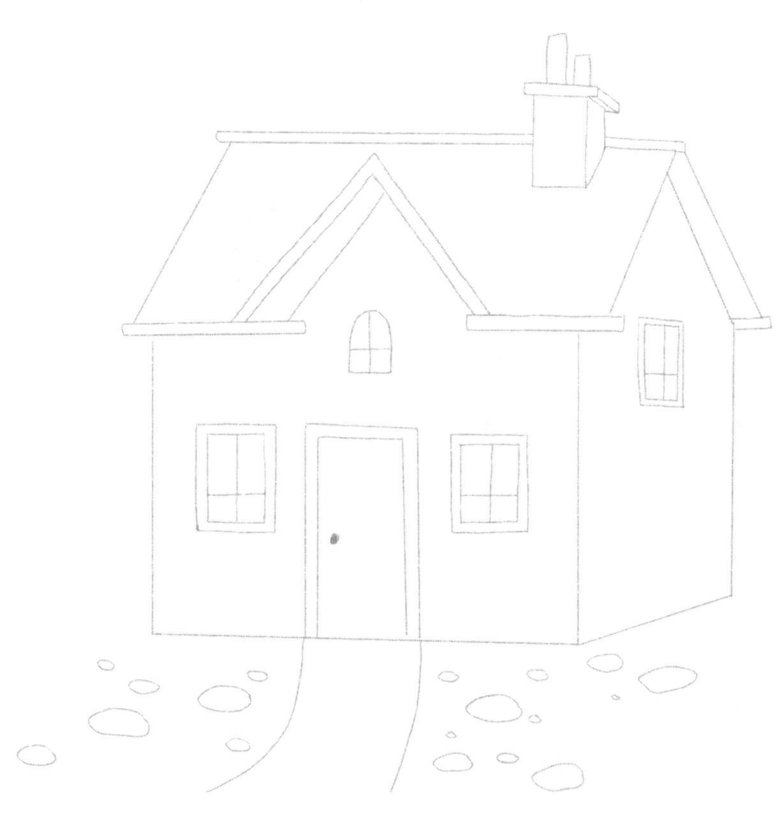

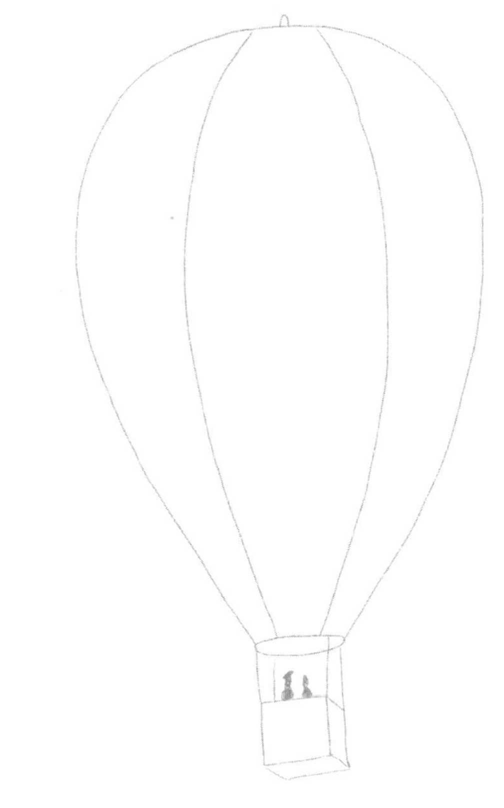

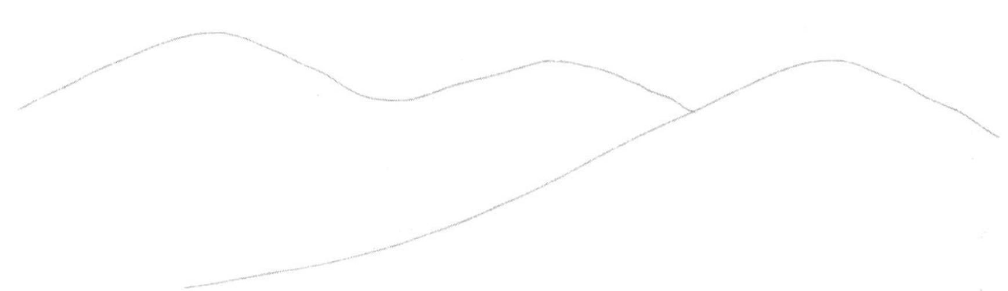

# BALLONFAHRT

Dieser farbenfrohe Heißluftballon soll über einen Wald fahren. Ergänze dafür eine Vielzahl von Bäumen unterhalb des Ballons. Übertrage die Skizze anschließend auf Aquarellpapier und koloriere sie mit Aquarellfarben.

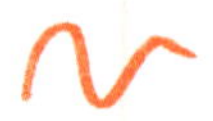

# PFLANZEN

Neben Bäumen kannst du urbane Szenen auch mit kleineren Pflanzen schmücken. Egal ob Topfpflanzen, Efeu oder andere Zierpflanzen – sie alle verleihen deiner Illustration mehr Lebendigkeit.

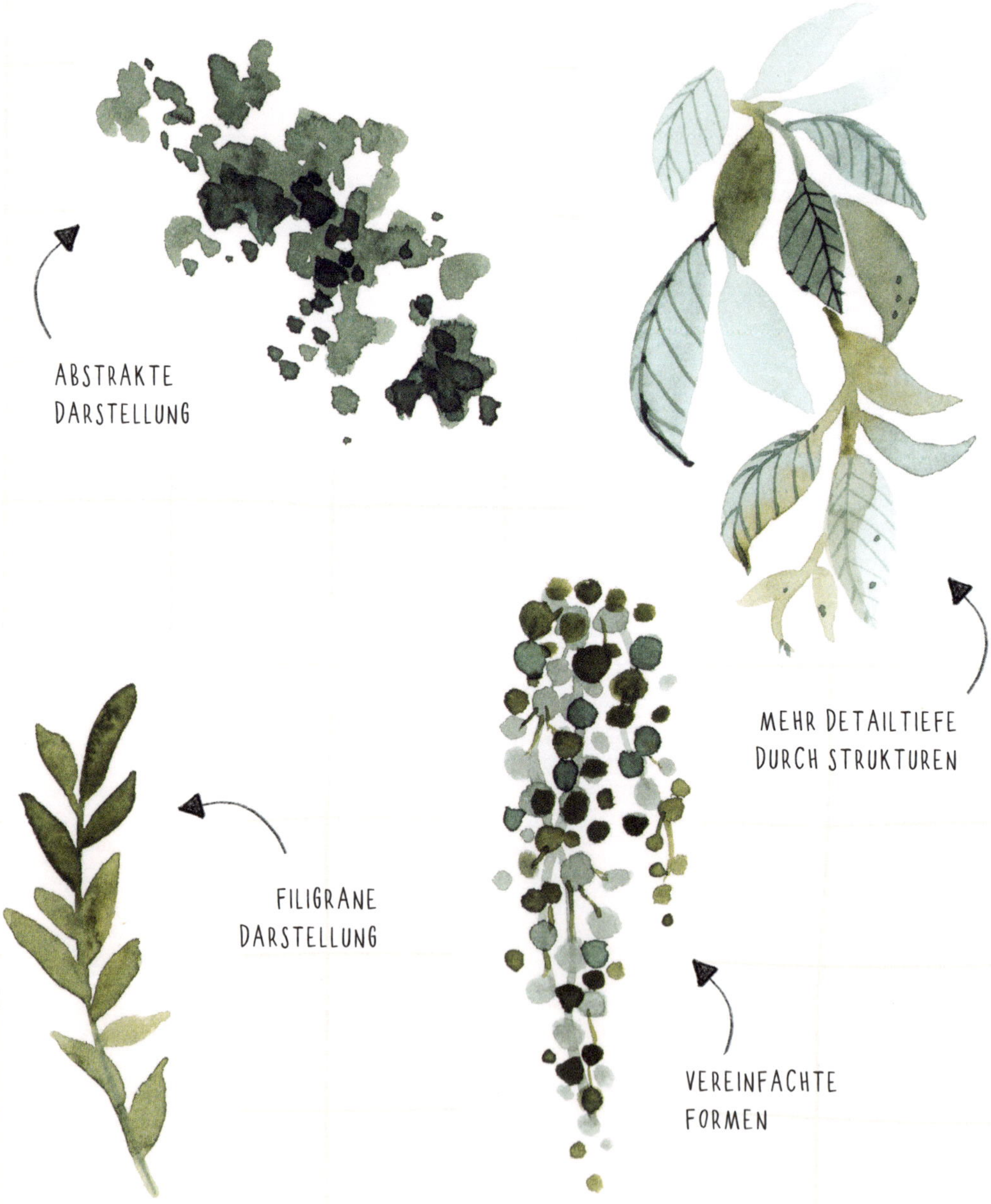

ABSTRAKTE DARSTELLUNG

MEHR DETAILTIEFE DURCH STRUKTUREN

FILIGRANE DARSTELLUNG

VEREINFACHTE FORMEN

Auf dieser Seite kannst du mit Bleistift ein paar Skizzen zu verschiedenen Pflanzen anfertigen und sie anschließend auf Aquarellpapier übertragen. Koloriere sie dann mit Aquarellfarben und anderen Tools.

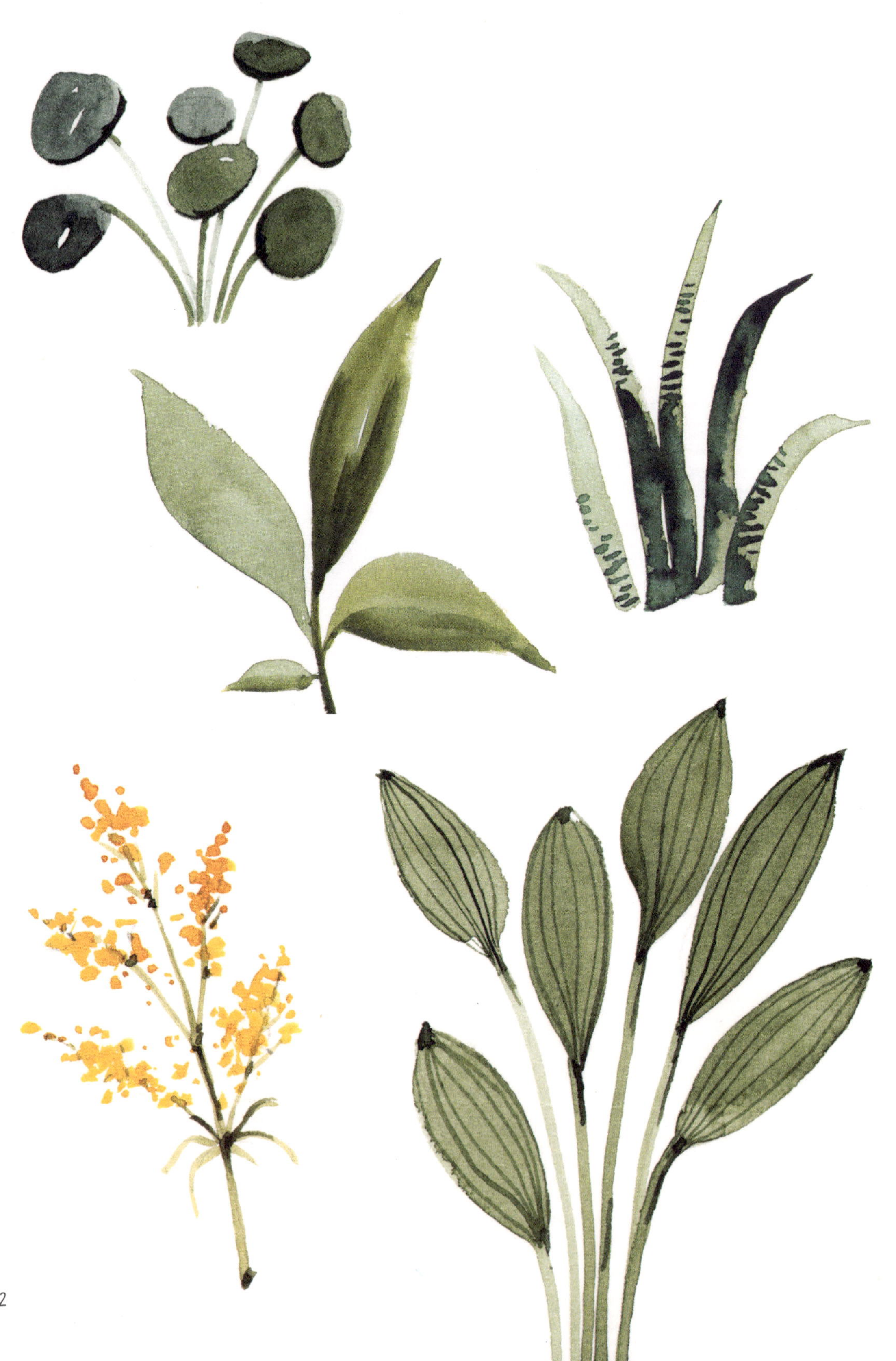

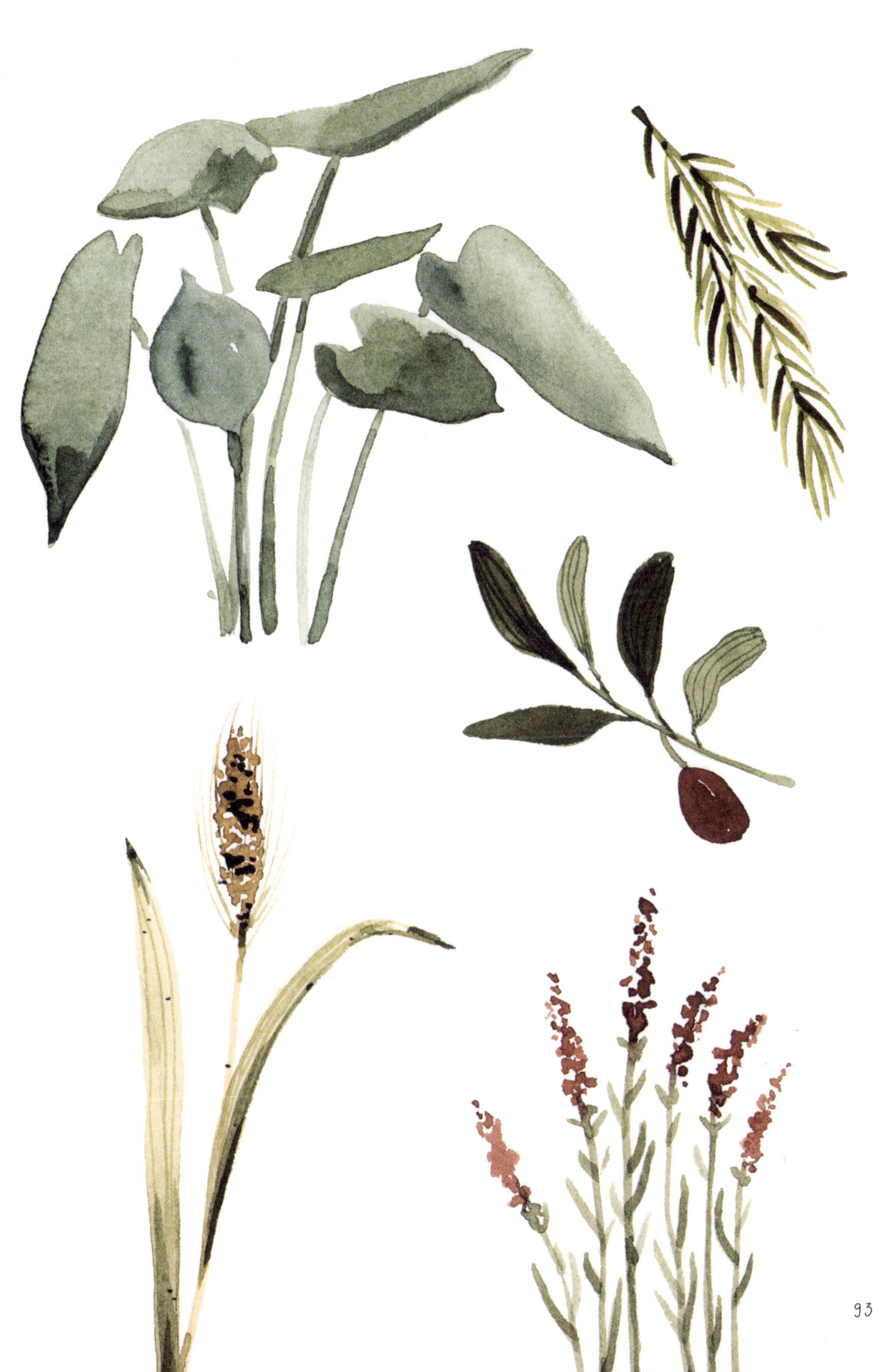

# GARTENHAUS

Befülle diese Gefäße mit verschiedenen Pflanzen. Skizziere dafür mit Bleistift direkt ins Buch und koloriere anschließend alles mit Markern oder Buntstiften.

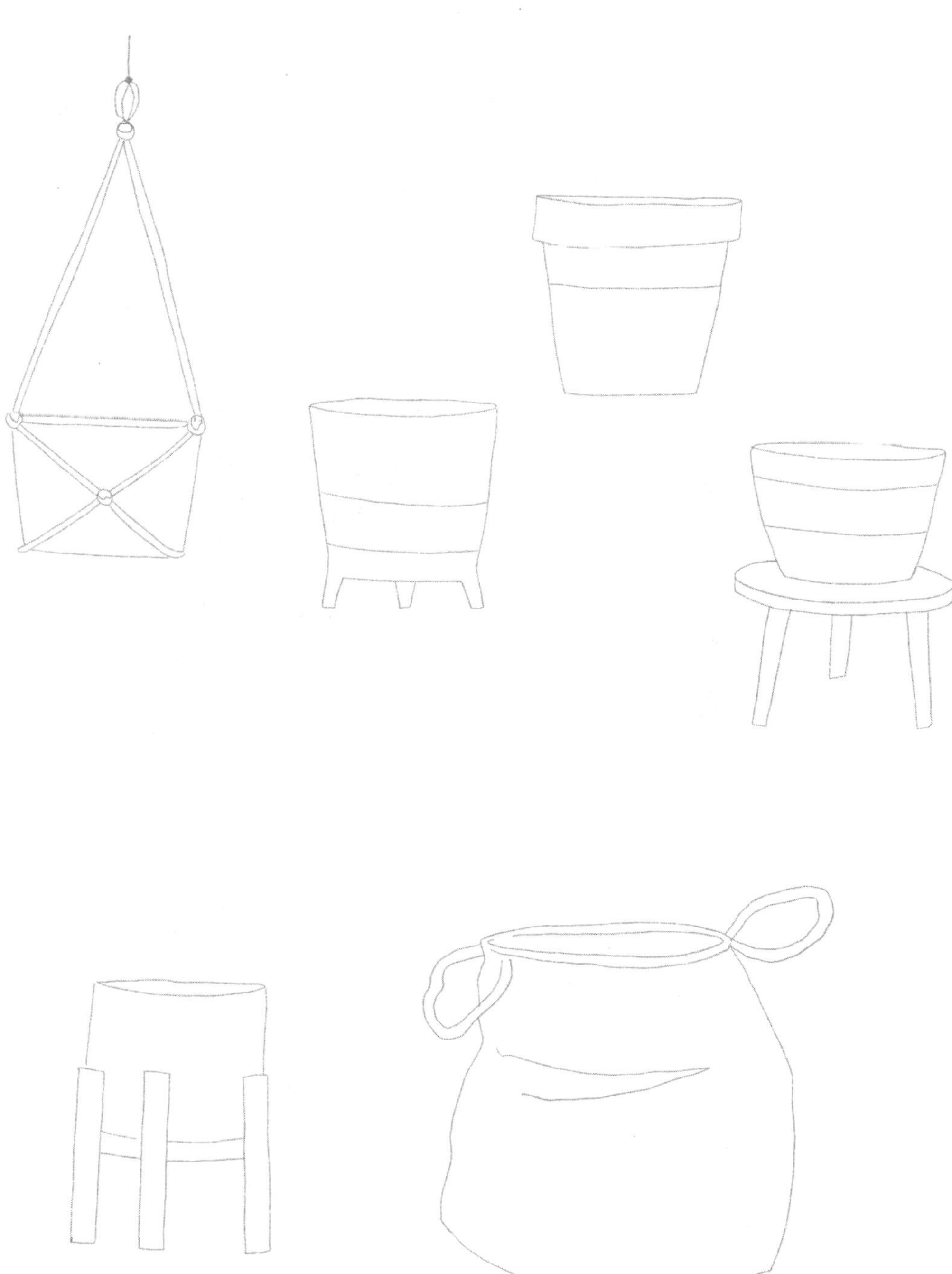

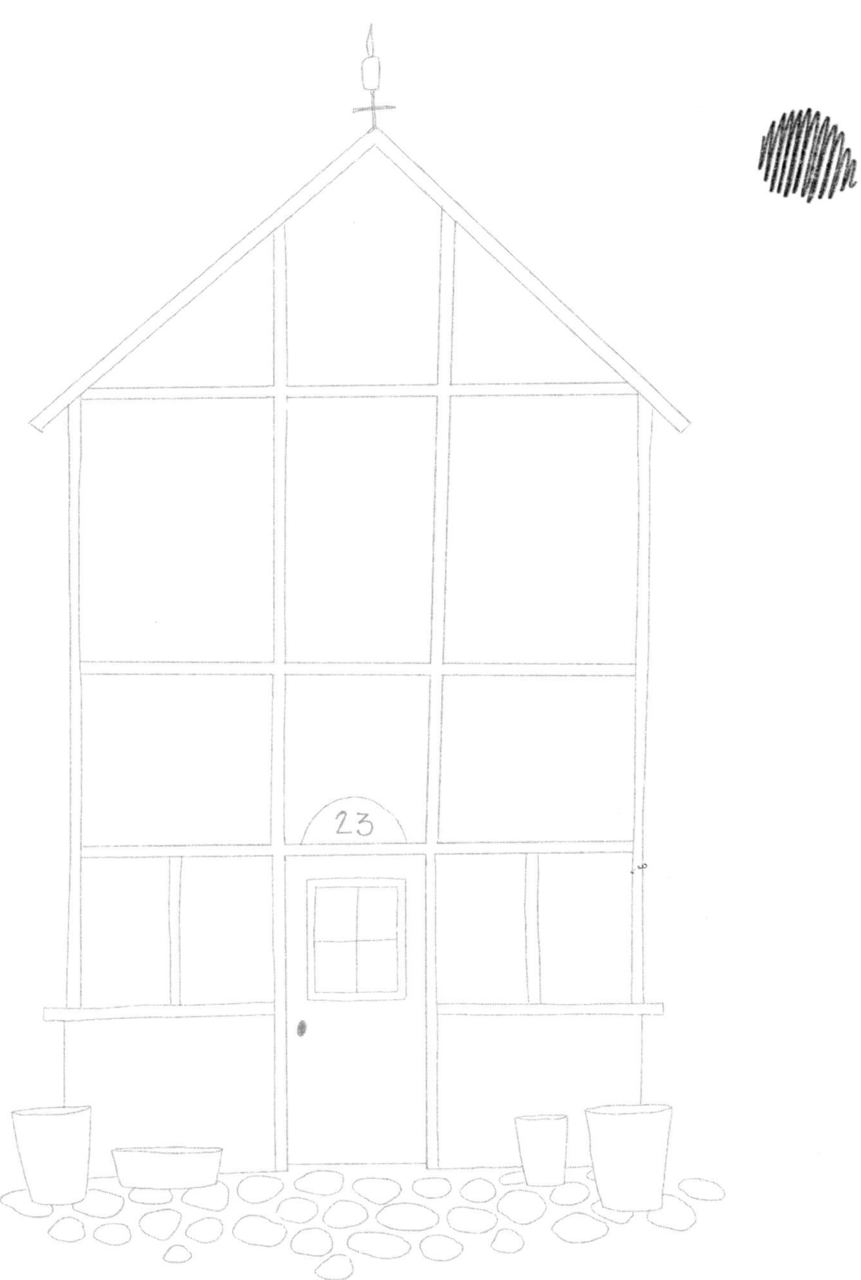


## GEWÄCHSHAUS

Belebe dieses Gewächshaus mit Pflanzen. Ergänze dafür zunächst im Buch die Pflanzen mit Bleistift und übertrage anschließend alles auf Aquarellpapier. Egal ob mit Aquarellfarben, Fineliner oder Marker – setze die Illustration so um, wie es dir am besten gefällt.

# BACKSTEINE

Urbane Motive weisen immer wieder ähnliche Strukturen auf. Backsteine, Dachziegel oder Beton finden sich in beinahe jeder Urban-Watercolor-Illustration wieder. Auch dabei kannst du mithilfe von verschiedenen Techniken einen Wiedererkennungswert in deinen Bildern schaffen. Teste einige Herangehensweisen mit unterschiedlichen Pinseln auf Aquarellpapier.

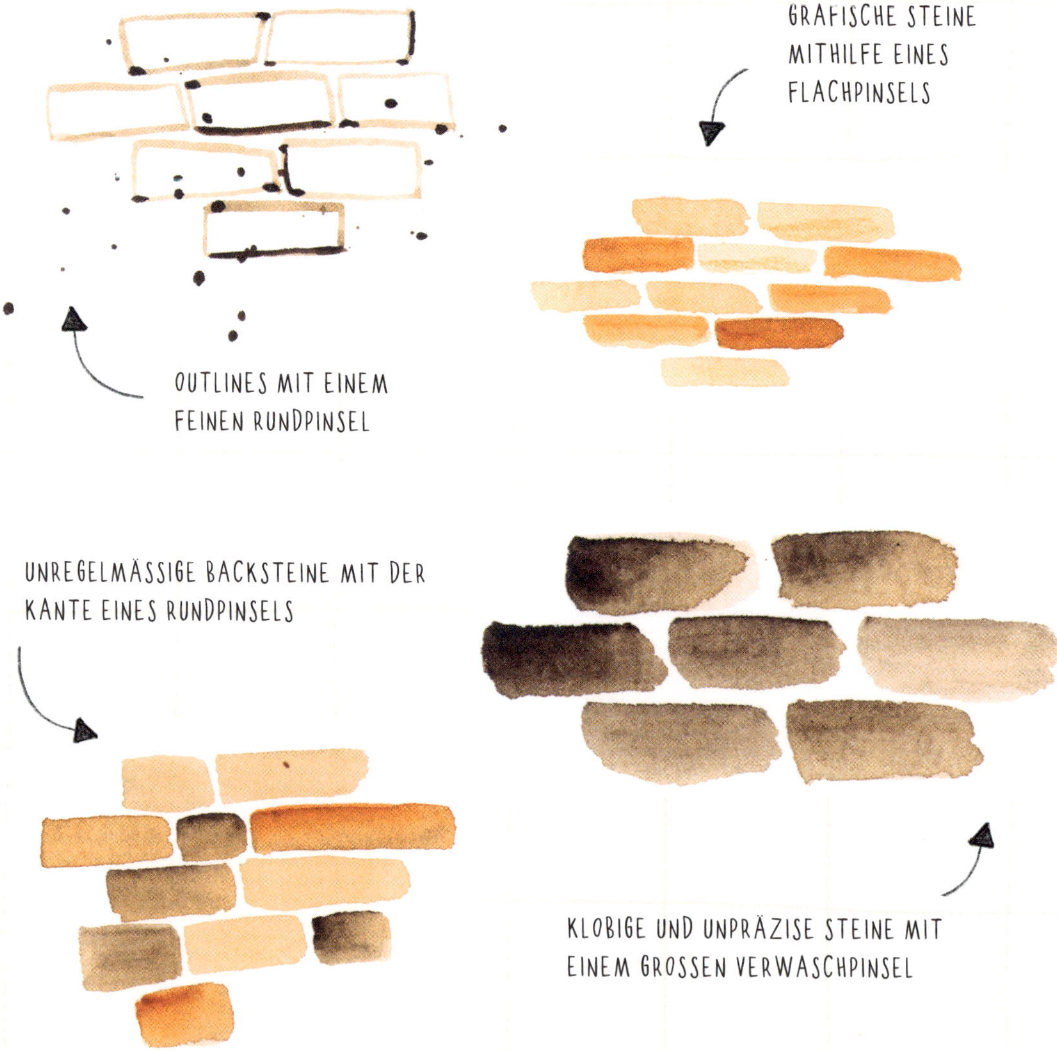

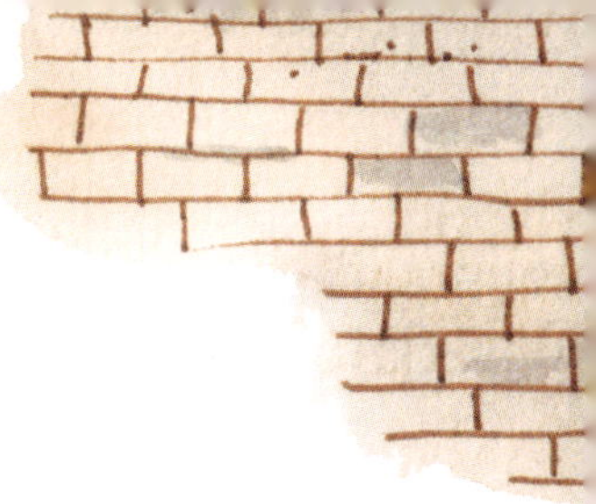

Nutze diese Seite, um mit Bleistift, Buntstiften oder Markern verschiedene Backsteintechniken auszuprobieren. Schnapp dir anschließend Aquarellpapier und adaptiere deine Entwürfe mit Aquarellfarben.

# FASSADEN

MARKER
BRUSHPEN-
SPITZE

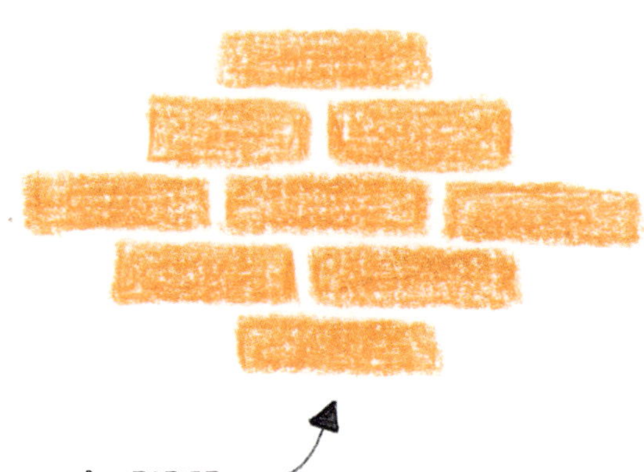

BUNTSTIFT

MARKER
DÜNNE
SPITZE

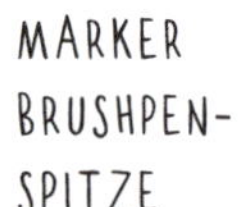

MARKER
BRUSHPEN-
SPITZE

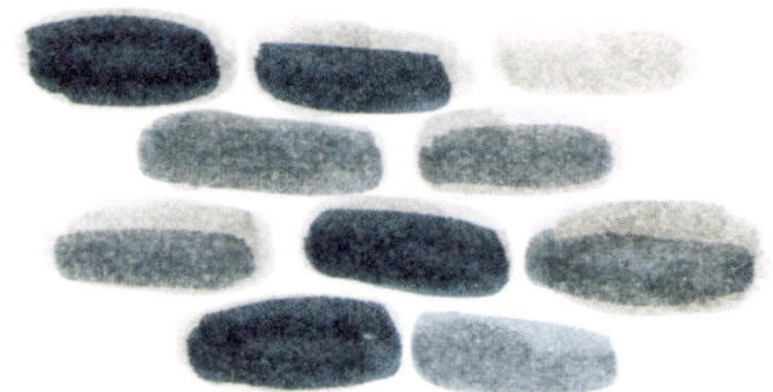

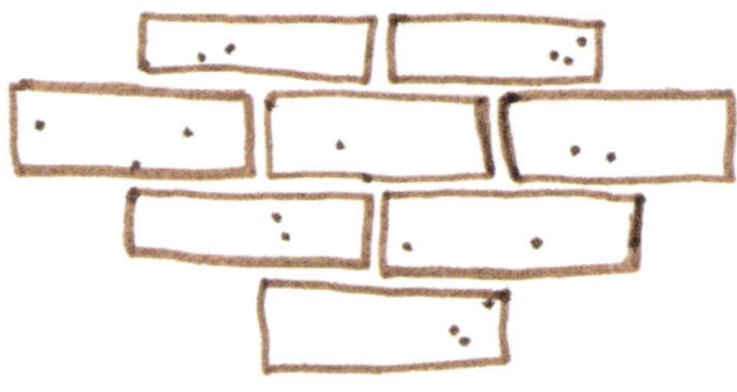

AQUARELL MIT EINEM
FEINEN RUNDPINSEL

AQUARELL MIT EINEM
FLACHPINSEL

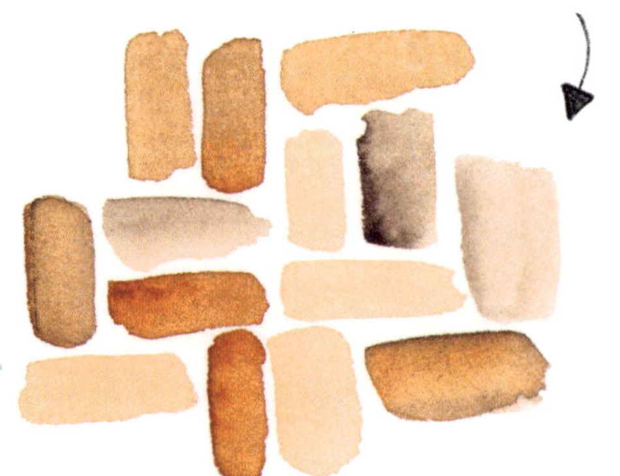

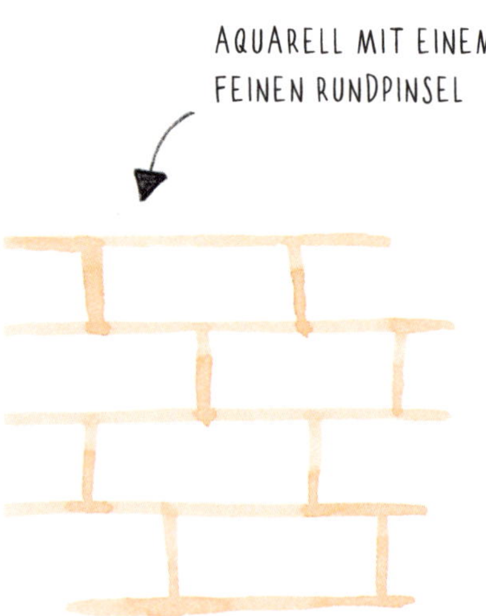

# BODEN

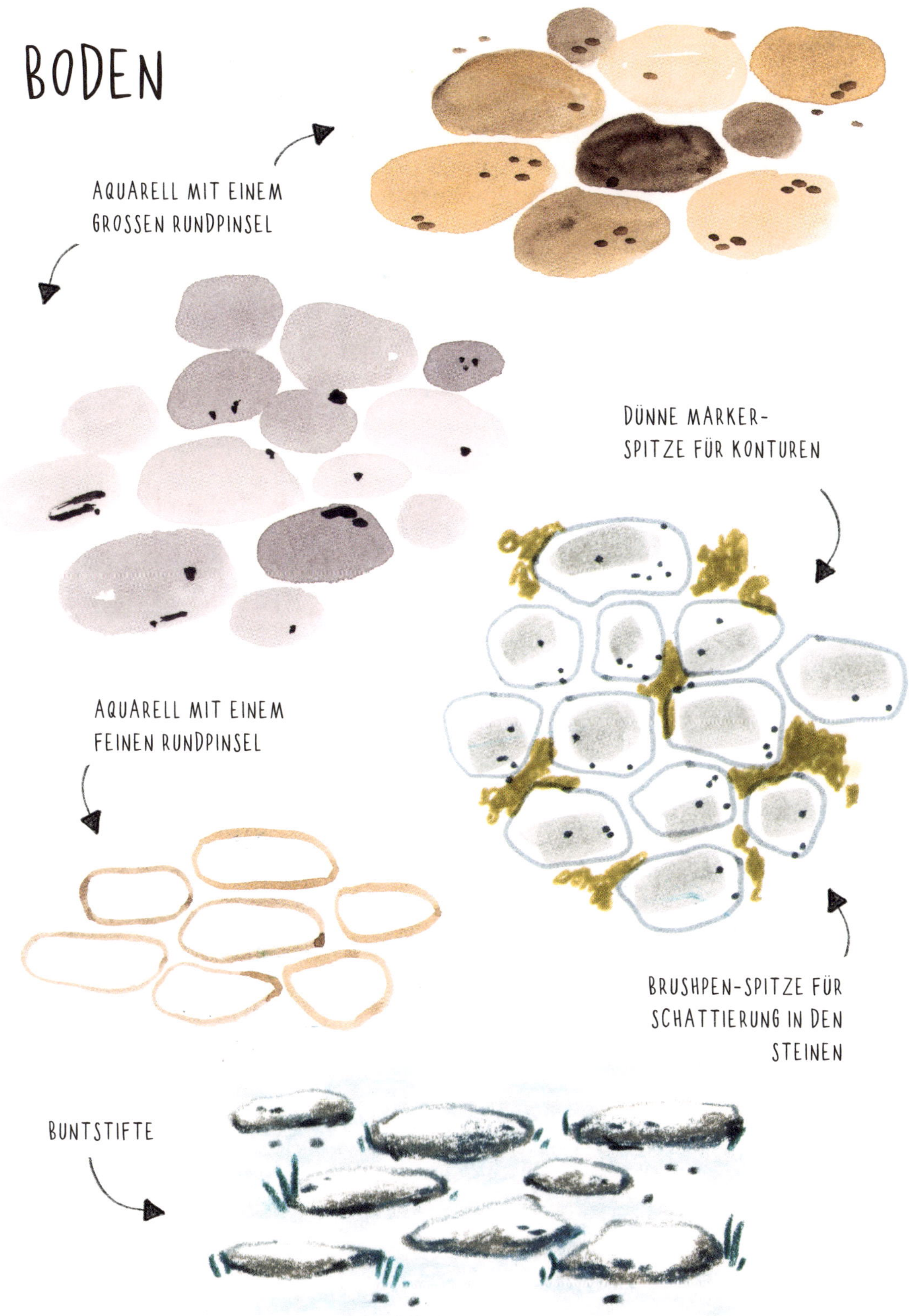
AQUARELL MIT EINEM
GROSSEN RUNDPINSEL
DÜNNE MARKER-
SPITZE FÜR KONTUREN
AQUARELL MIT EINEM
FEINEN RUNDPINSEL
BRUSHPEN-SPITZE FÜR
SCHATTIERUNG IN DEN
STEINEN
BUNTSTIFTE

# STADTHAUS

Ergänze in dieser Skizze verschiedene Texturen, um die Hauswände und den Boden interessanter zu gestalten. Skizziere deine Idee zuerst ins Buch. Übertrage dann alles auf Aquarellpapier und koloriere es mit Aquarell.

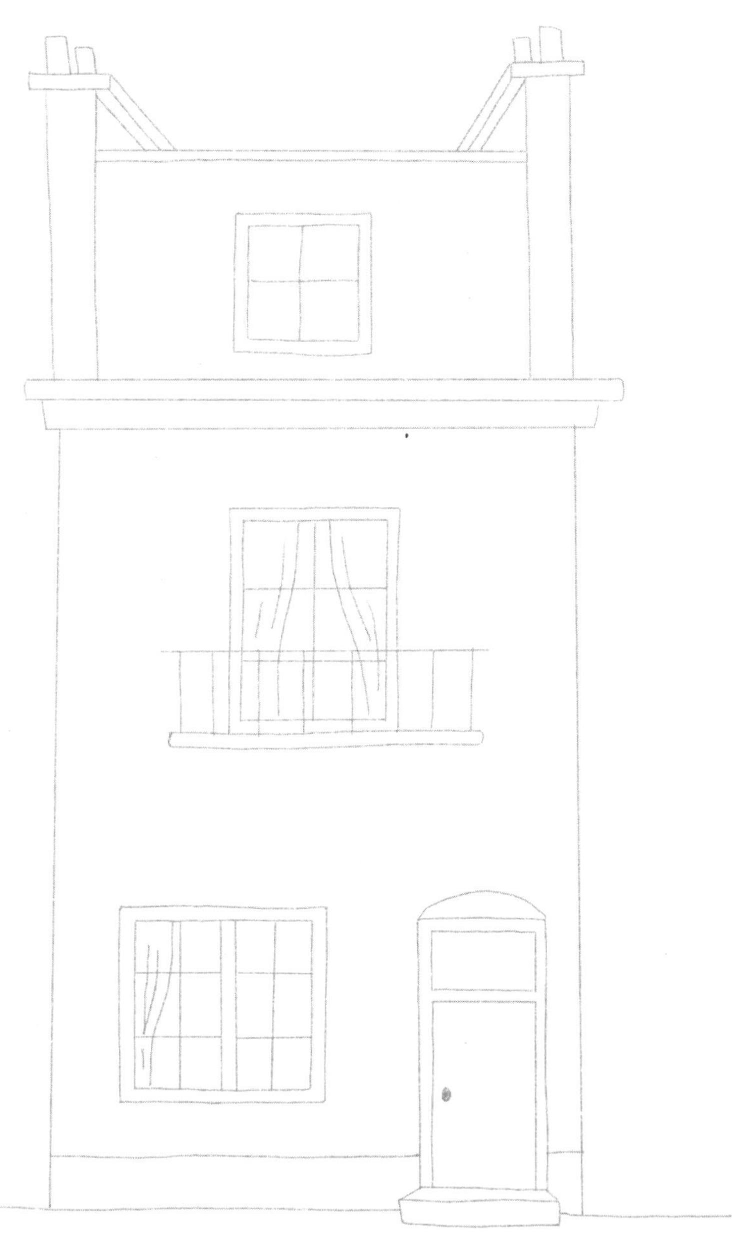

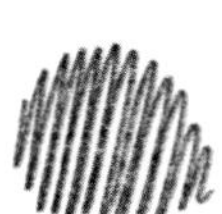

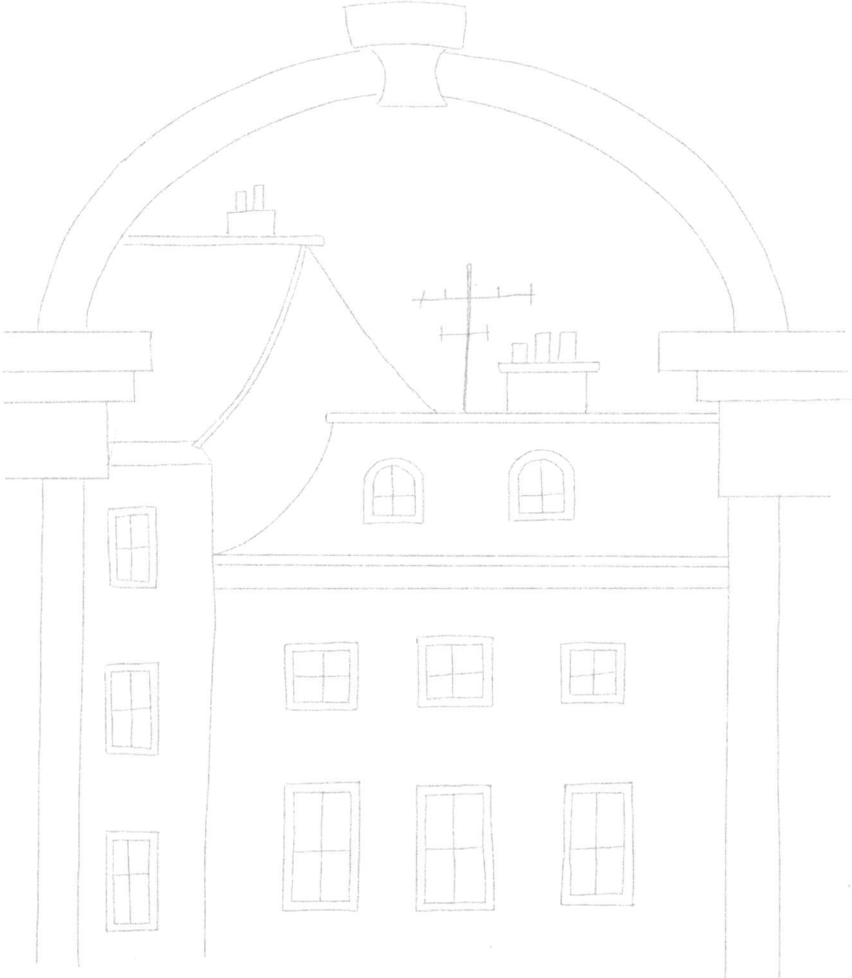

## MAUERBOGEN

Dieser Mauerbogen wartet darauf, von dir mit Backsteinen bestückt zu werden. Übertrage die Skizze auf Aquarellpapier und wende deine Lieblingstechnik an, um die Mauer mit Backsteinen zu versehen.

# VERWITTERUNG

Hauswände mit perfekt angeordneten Backsteinen sehen natürlich nur bedingt realistisch aus. Je nachdem, welche urbane Szene du gerne zeigen möchtest, können ein paar schmutzige Hauswände und andere verwitterte Elemente dein Bild noch authentischer machen.

MIT AQUARELLFARBE UND EINEM FAST TROCKENEN RUNDPINSEL FLACH ÜBER DAS PAPIER FAHREN UND SCHLIEREN ZIEHEN ...

... ODER PINSEL AUFRECHT HALTEN UND TUPFEN

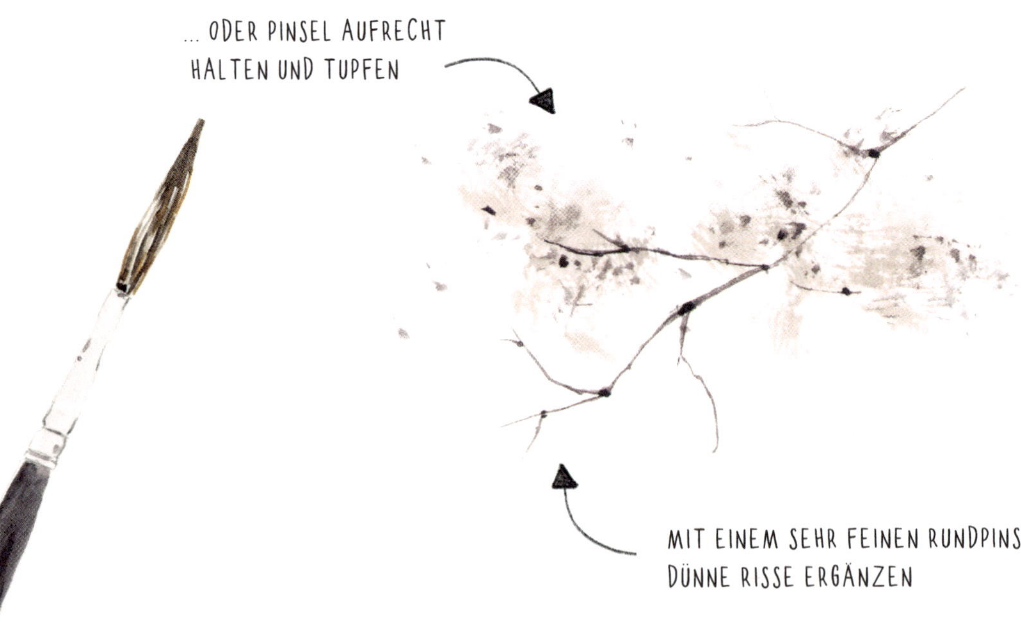

MIT EINEM SEHR FEINEN RUNDPINSEL DÜNNE RISSE ERGÄNZEN

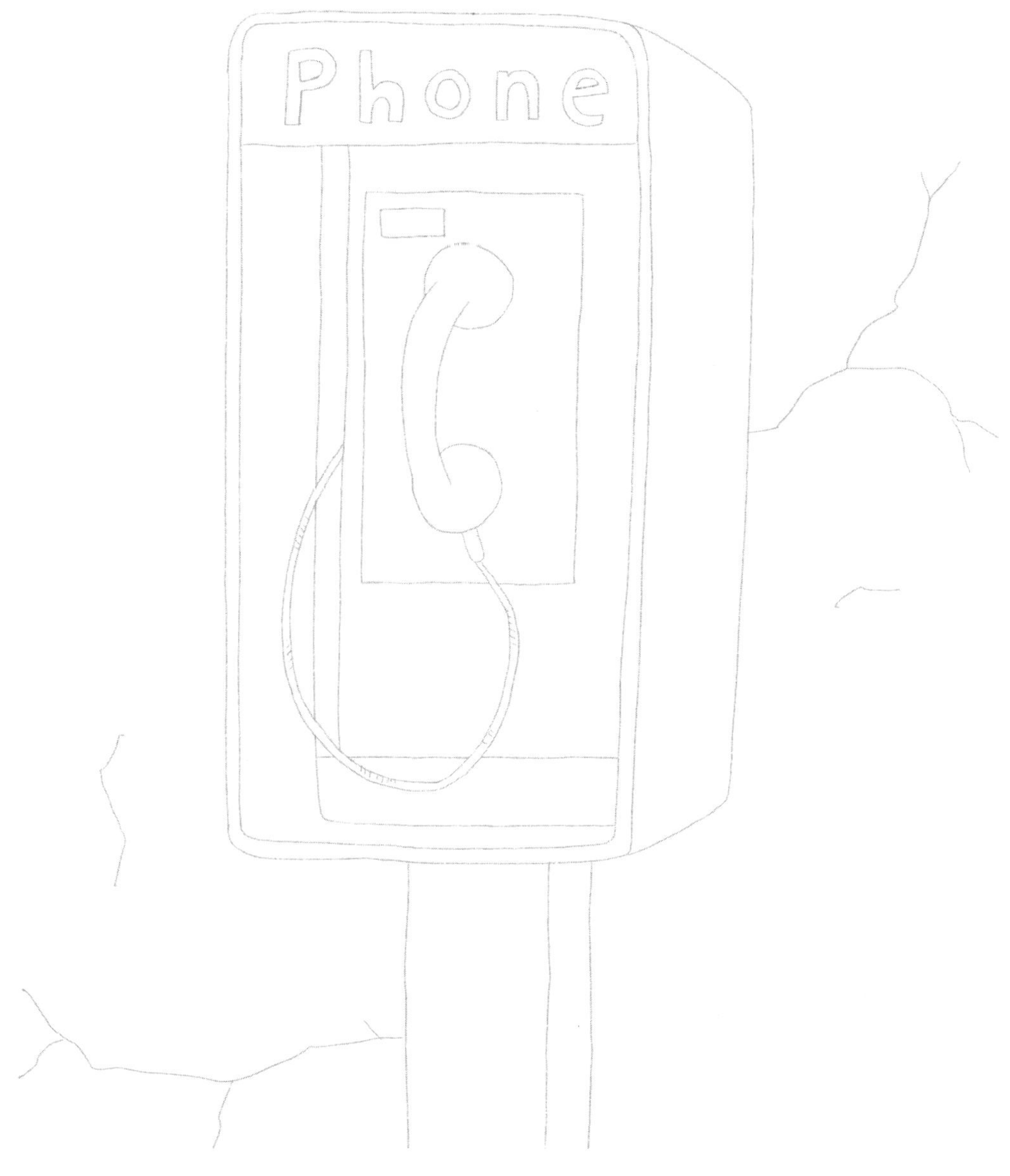


Übertrage diese Skizze auf Aquarellpapier und koloriere sie mit den Tools deiner Wahl. Versuche dabei, das Telefon und die Wand dahinter verwittert darzustellen.

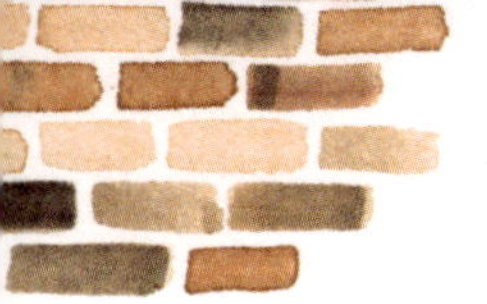

# BRIEFKÄSTEN

Diese alten Briefkästen hängen schon eine ganze Weile an der Hauswand und trotzen Wind und Wetter. Das geht natürlich nicht spurlos an ihnen vorüber – Rost, Schrammen oder Dreck machen sich bemerkbar. Übertrage die Skizze auf Aquarellpapier und verleihe den Briefkästen und der Wand dahiner einen verwitterten Look.

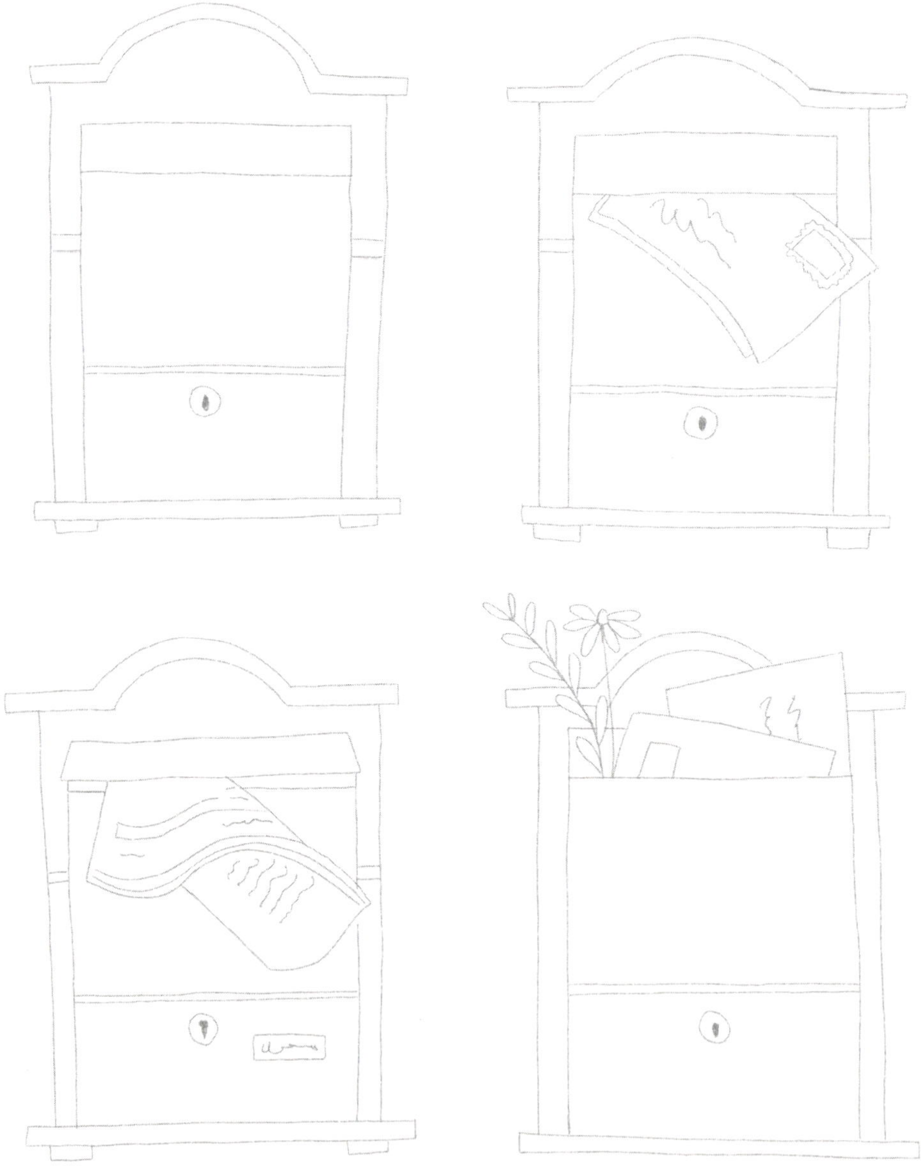

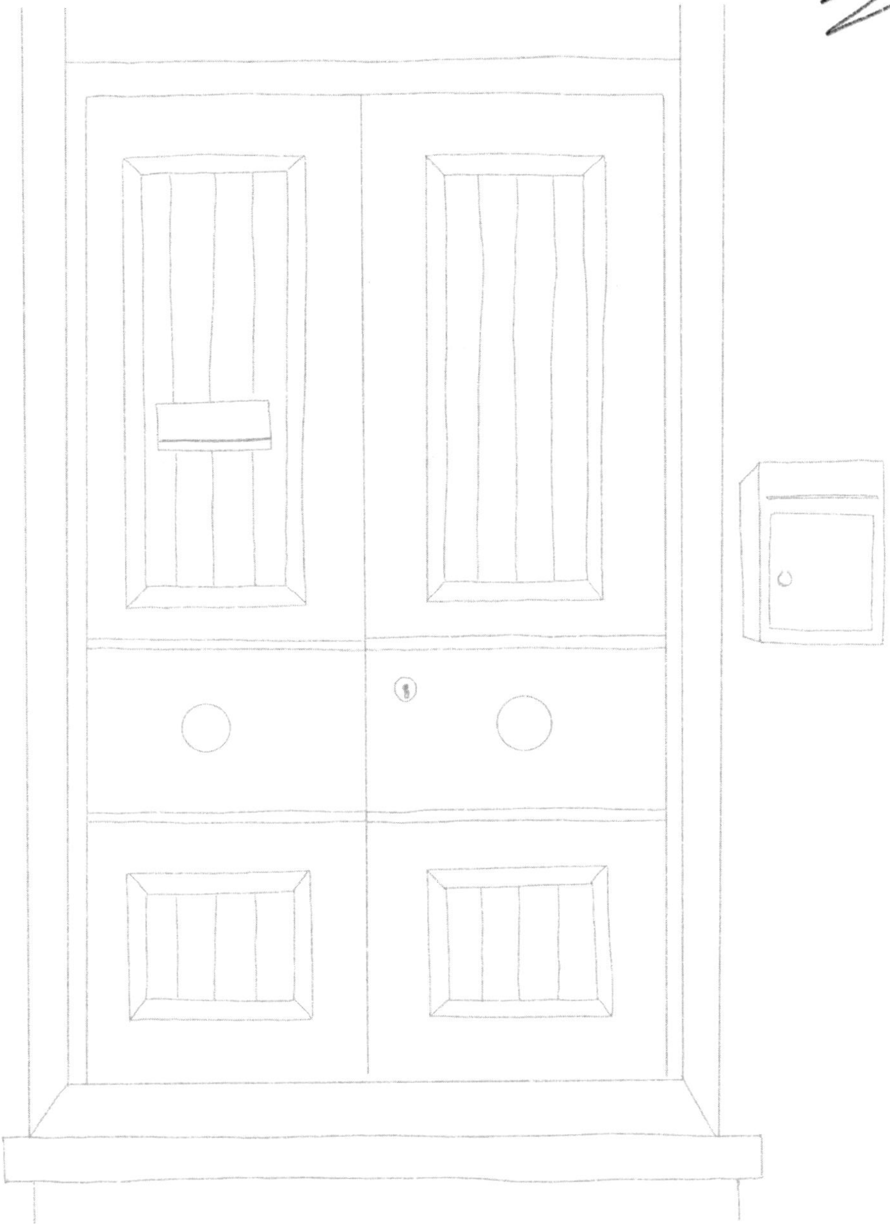

# ALTE HAUSTÜR

Alte Häuser in Städten haben häufig ihren ganz eigenen Charme. Übertrage diese Tür auf Aquarellpapier und koloriere sie. Versuche dabei, sowohl die Hauswand als auch die Tür selbst verwittert darzustellen.

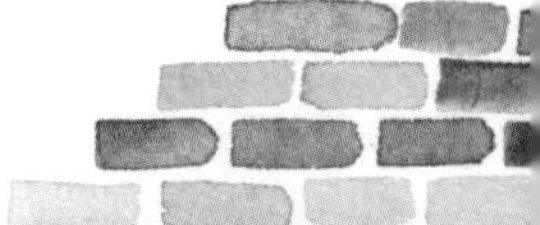

# HOLZ

Holzstrukturen lassen sich mit wenigen Strichen andeuten. Auf dieser Doppelseite kannst du dir verschiedene Möglichkeiten anschauen und sie selbst ausprobieren.

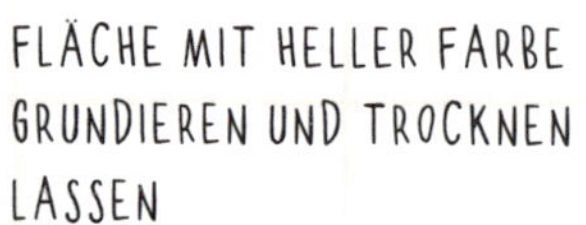


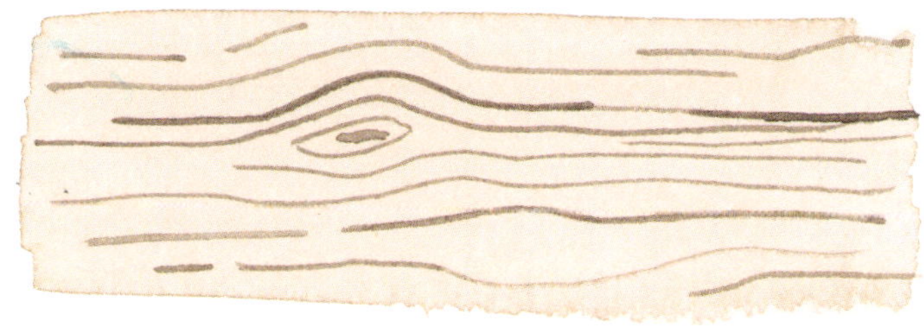

MIT EINEM FEINEN RUNDPINSEL
HOLZSTRUKTUREN ERGÄNZEN

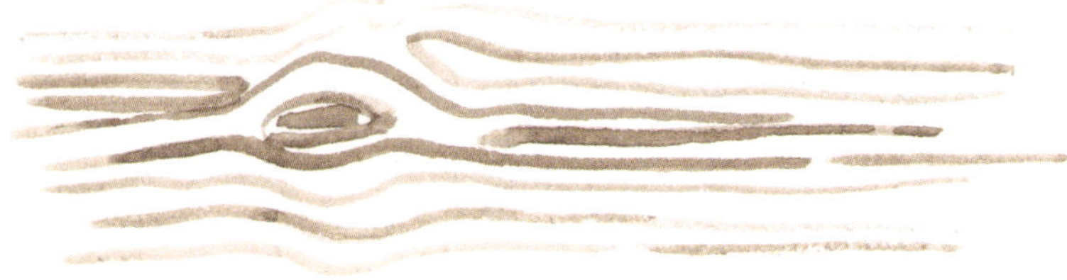

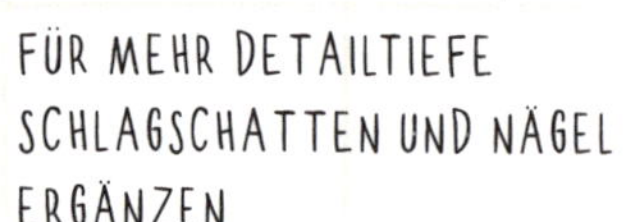


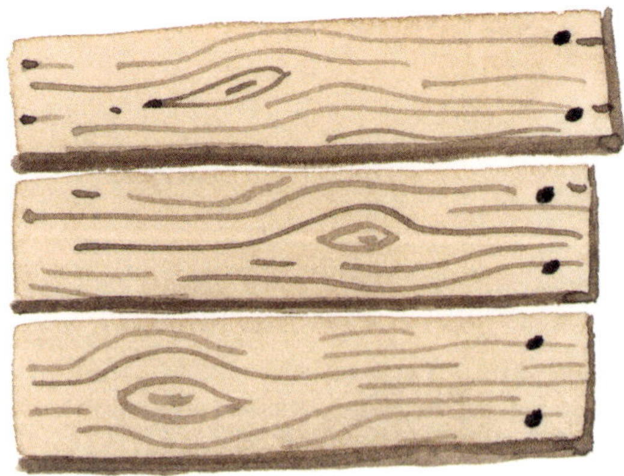

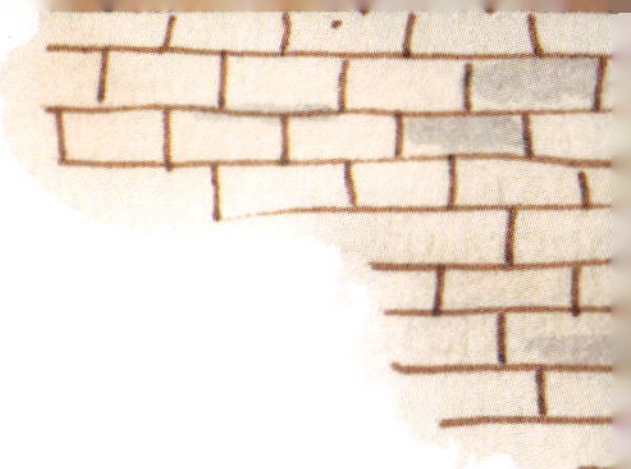

Auf dieser Seite kannst du mit Bleistift, Buntstift oder Marker die typische Holzstruktur üben. Übertrage deine Skizzen anschließend auf Aquarellpapier und adaptiere deine Entwürfe mit Aquarellfarben.

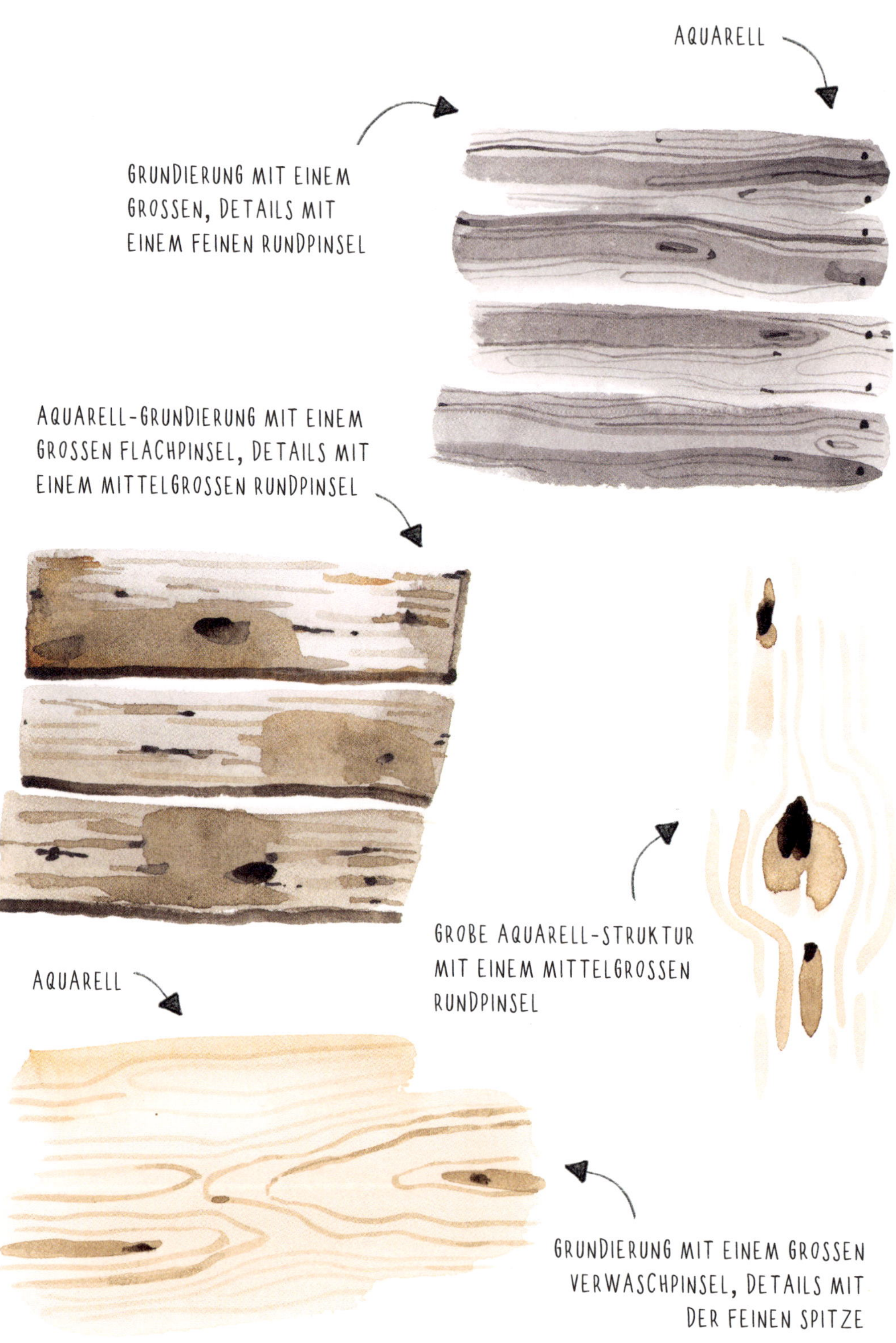
AQUARELL
GRUNDIERUNG MIT EINEM
GROSSEN, DETAILS MIT
EINEM FEINEN RUNDPINSEL
AQUARELL-GRUNDIERUNG MIT EINEM
GROSSEN FLACHPINSEL, DETAILS MIT
EINEM MITTELGROSSEN RUNDPINSEL
GROBE AQUARELL-STRUKTUR
MIT EINEM MITTELGROSSEN
RUNDPINSEL
AQUARELL
GRUNDIERUNG MIT EINEM GROSSEN
VERWASCHPINSEL, DETAILS MIT
DER FEINEN SPITZE

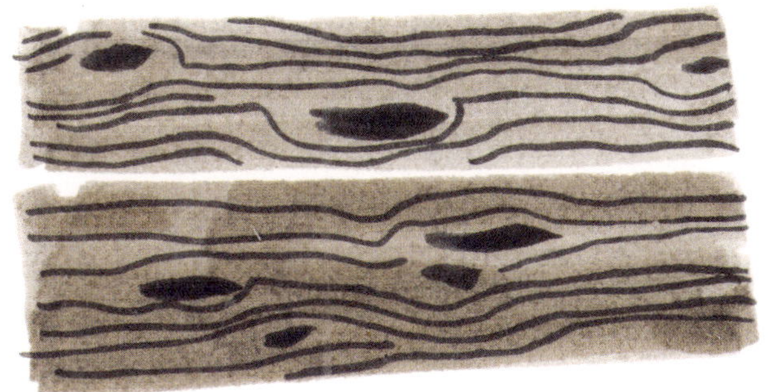

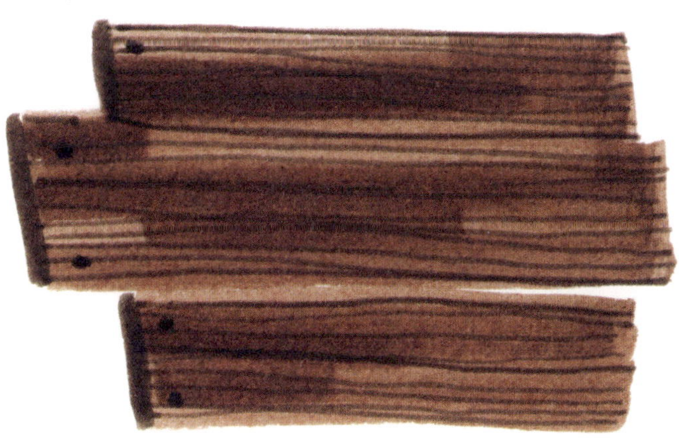

GRUNDIERUNG MIT DER BRUSHPEN-SPITZE DES MARKERS ...

... DETAILS MIT DER FEINEN MARKERSPITZE

FEINE STRUKTUR MIT FÜLLER UND TINTE

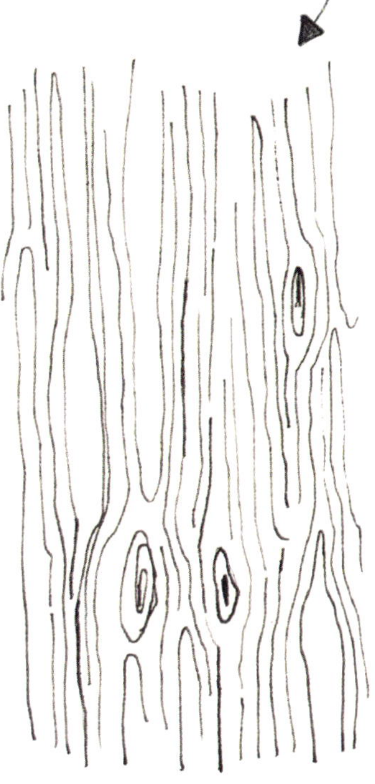

BUNTSTIFTE

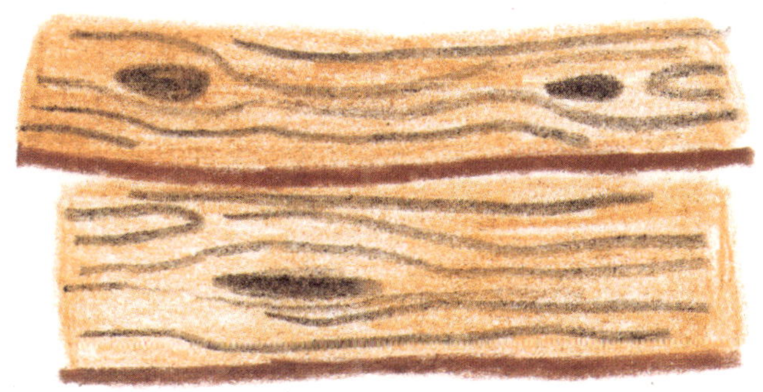

HELLE GRUNDIERUNG UND DUNKLE FEINE DETAILS

# HOLZHÜTTE

Diese kleine verträumte Holzhütte könnte so in Norwegen zu finden sein. Mitten in der Natur ragt sie zwischen Bergen und Seen hervor. Mit ihrem bewachsenen Dach aus Moos und Gras fällt sie in der Landschaft kaum auf. Zeichne die Skizze auf Aquarellpapier und koloriere sie anschließend mit Aquarellfarben. Bestücke außerdem die Hütte mit alten Holzbrettern.

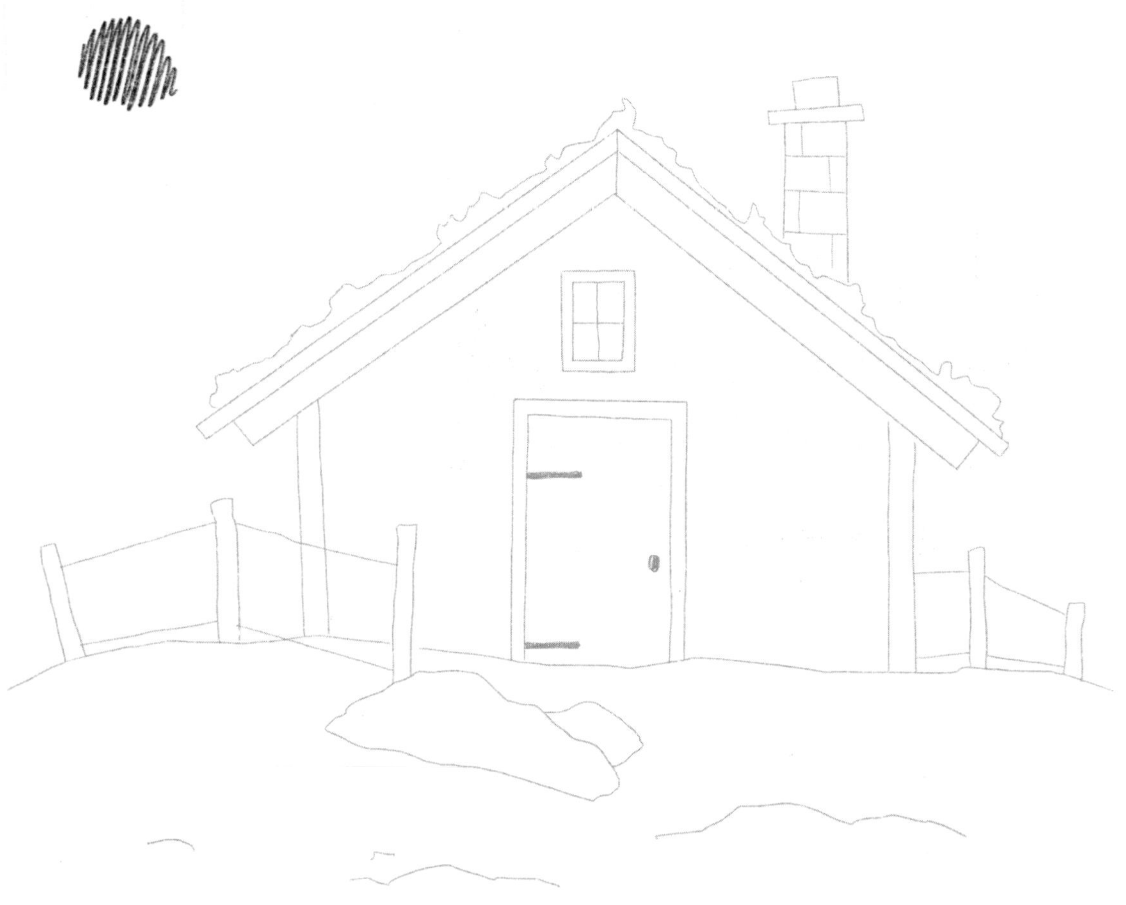

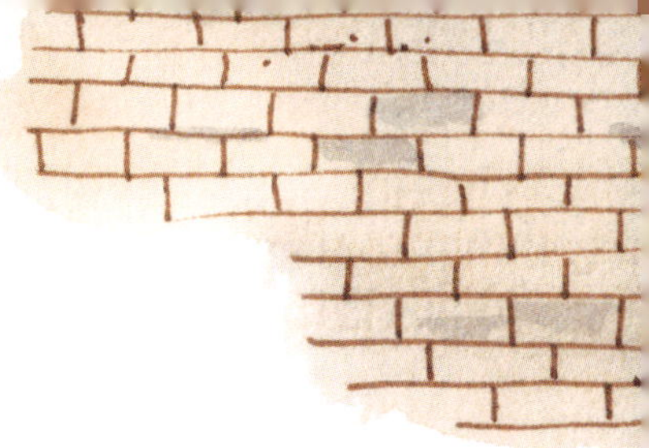

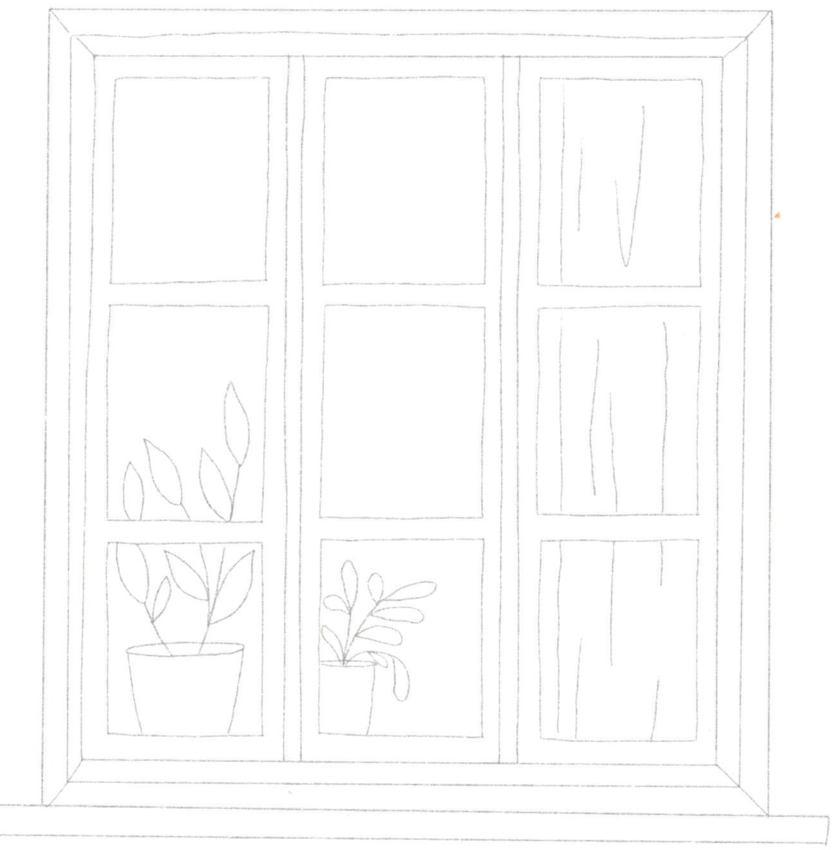

## FENSTER

Nutze dieses Motiv, um noch einmal Holzstrukturen zu üben. Du kannst das Fenster entweder auf Aquarellpapier übertragen oder mit Buntstiften oder Markern direkt ins Buch malen.

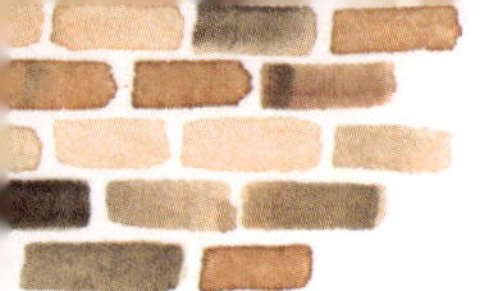

# FACHWERK

Neben Backsteinfassaden ist das klassische Fachwerk eine schöne Abwechslung, um Häuser etwas spannender zu gestalten. Durch den hohen Kontrast zwischen schwarzen Balken und weißer Hauswand zieht ein Fachwerkhaus direkt die Blicke auf sich. Die Balken kannst du dabei mithilfe der auf den vorigen Seiten gelernten Techniken mit einer Holzstruktur versehen.

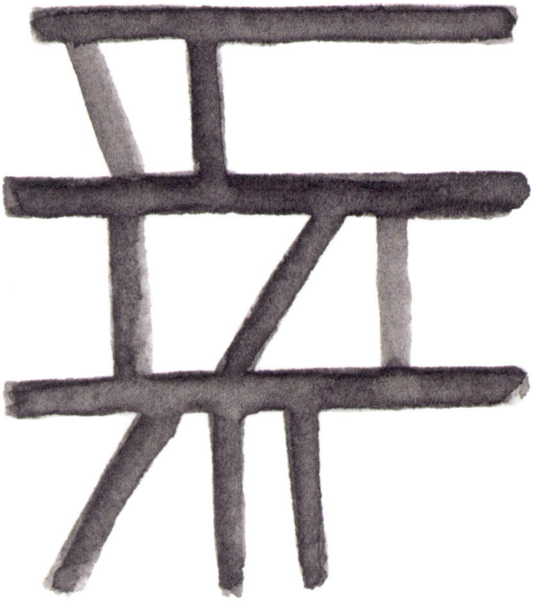

DUNKLE UND GLEICHMÄSSIGE BALKEN ZIEHEN

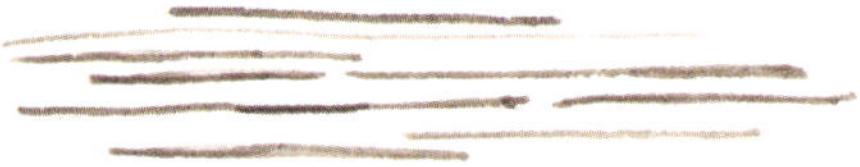

FÜR MEHR DETAILTIEFE MIT SCHLAGSCHATTEN UND HOLZSTRUKTUR ERGÄNZEN

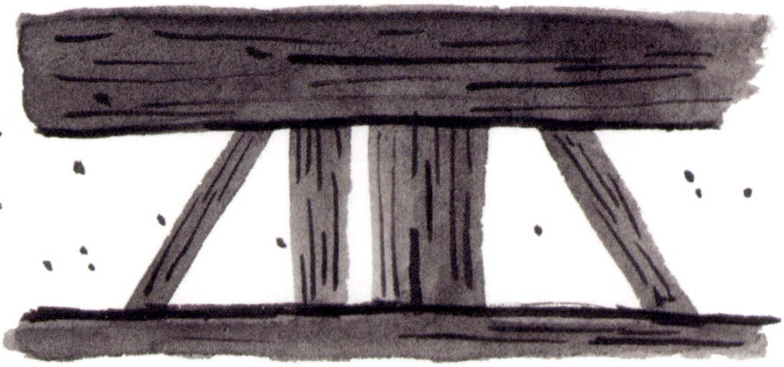

KLEINE PUNKTE AUF DIE WEISSE HAUSWAND SETZEN

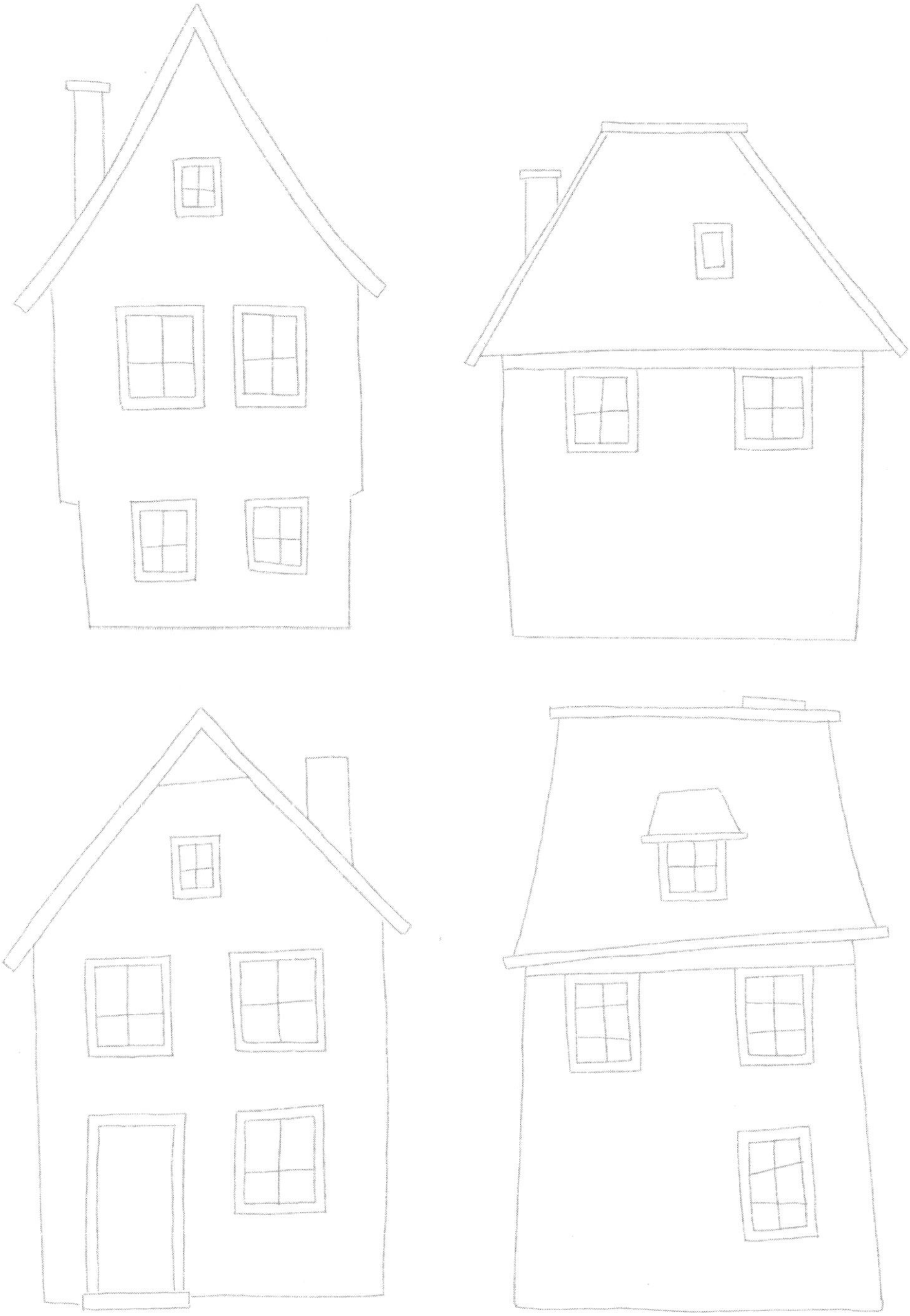

Probiere anhand dieser vier Häuschen verschiedene Fachwerk-Muster aus, indem du sie grob andeutest. Schnapp dir dafür einen weichen Bleistift und male direkt ins Buch.

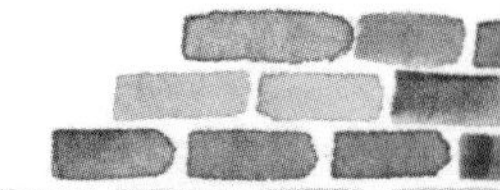

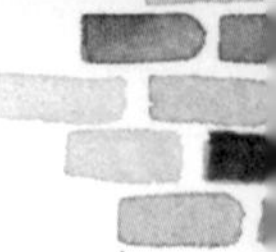

# FACHWERKHÄUSCHEN

Auf dieser Doppelseite kannst du weitere Häuser gestalten. Skizziere zunächst das Fachwerkmuster mit Bleistift ins Buch, übertrage anschließend alles auf Aquarellpapier und koloriere es mit Aquarellfarben.

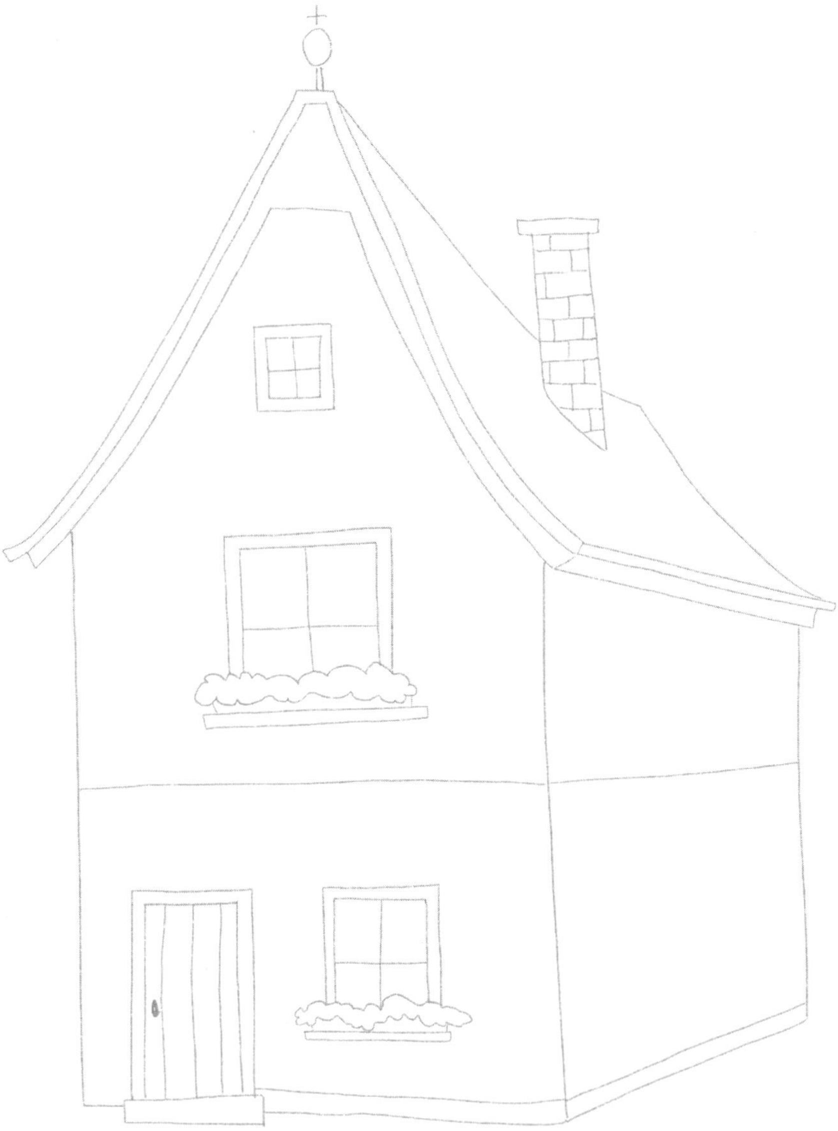

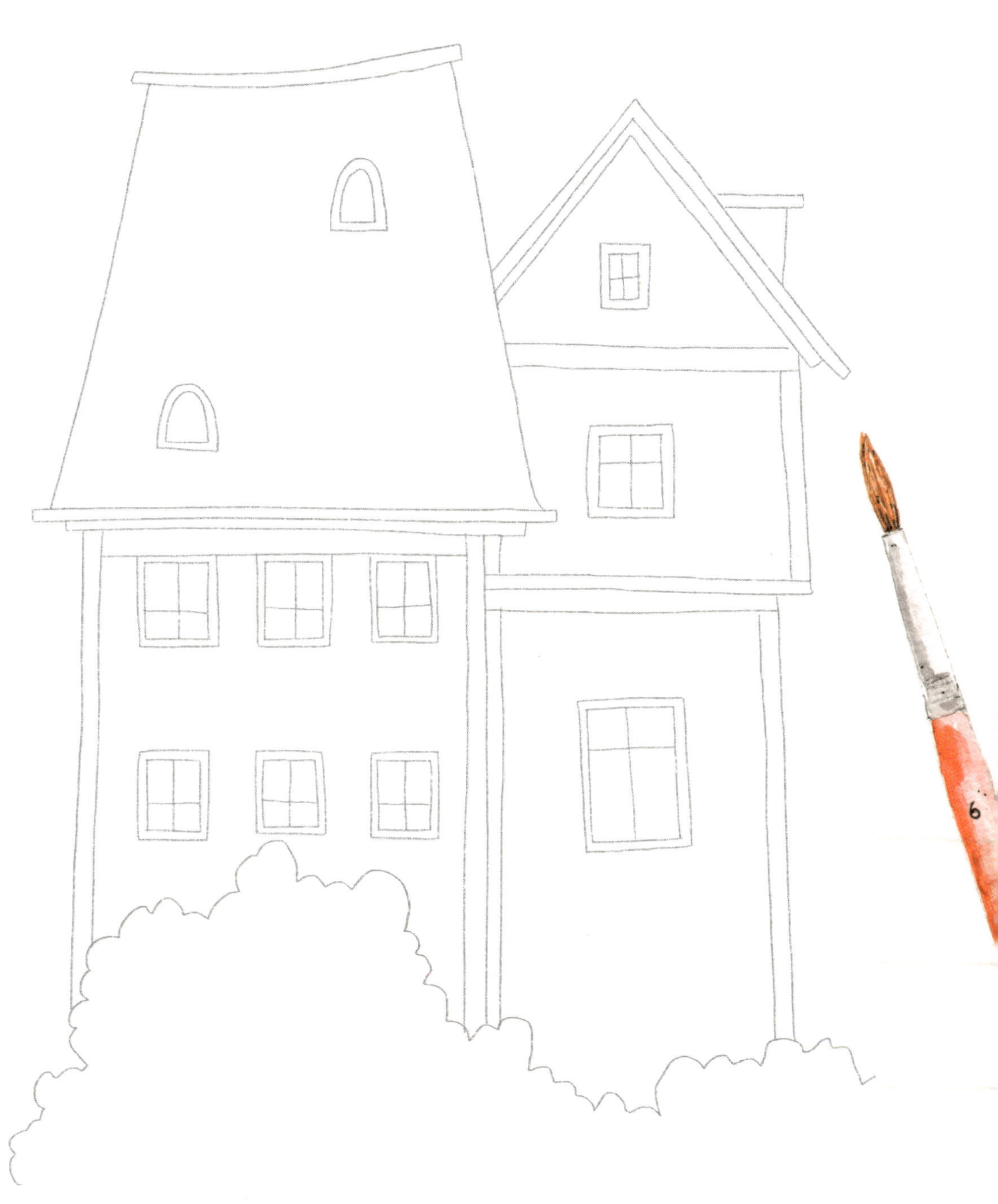

# DÄCHER

Auf diesen Seiten kannst du dir das Malen von Dächern einmal genauer anschauen. Oft reichen ein paar Striche oder Muster schon aus, um Dachpfannen anzudeuten.

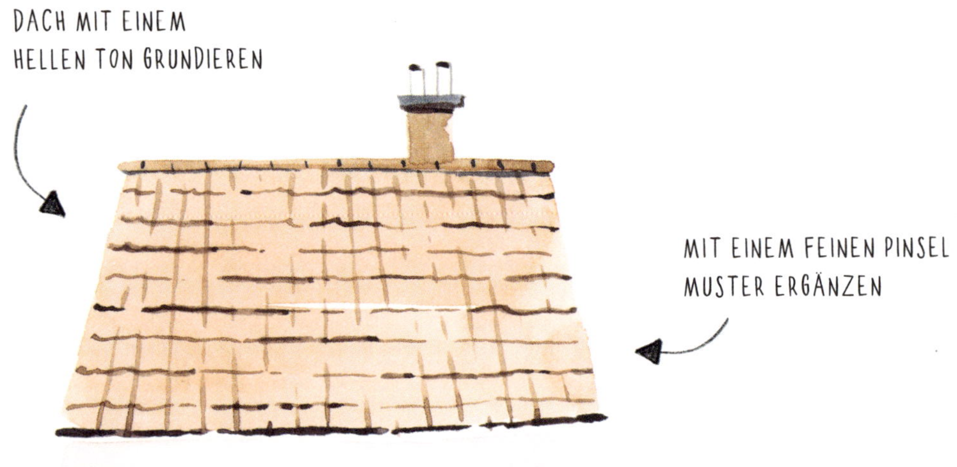


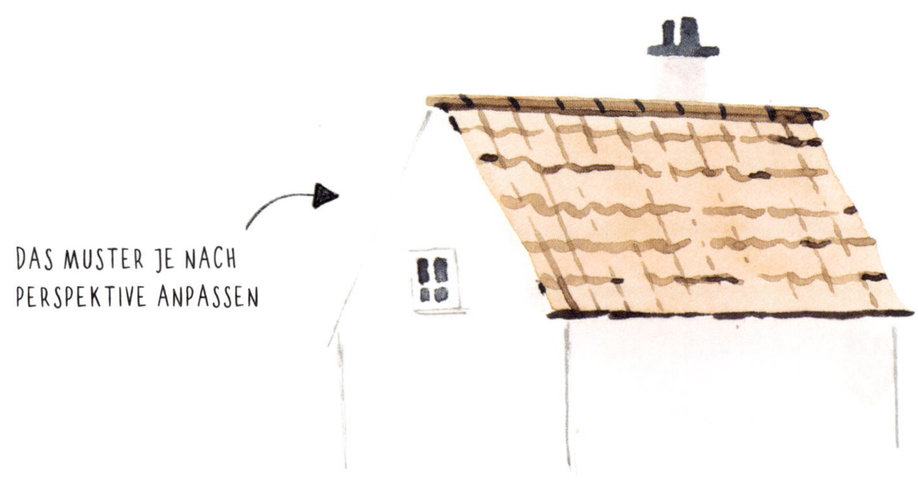

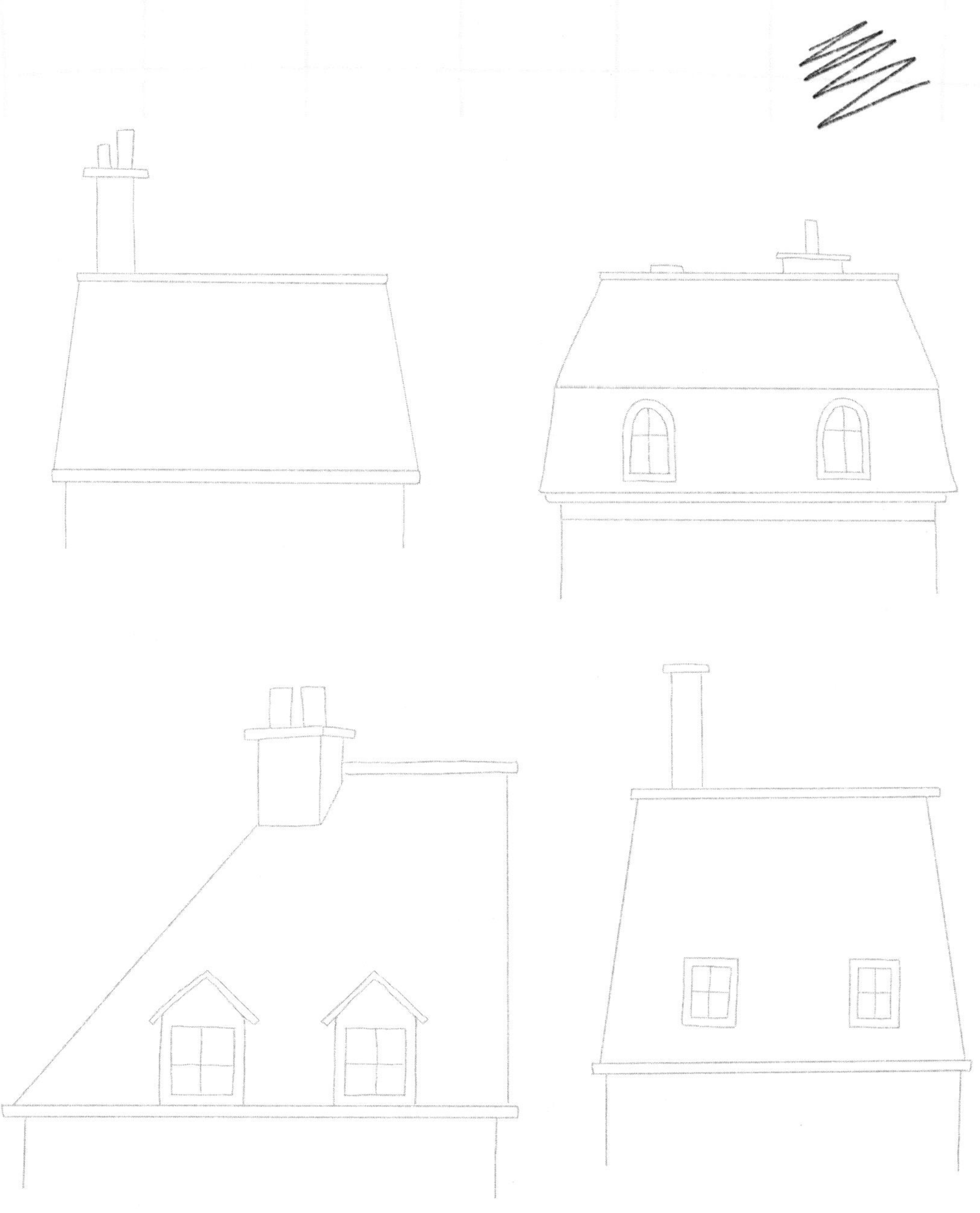

Diese vier Dächer können jetzt von dir gedeckt werden. Skizziere mit Bleistift Muster, um verschiedene Arten von Dachpfannen anzudeuten.

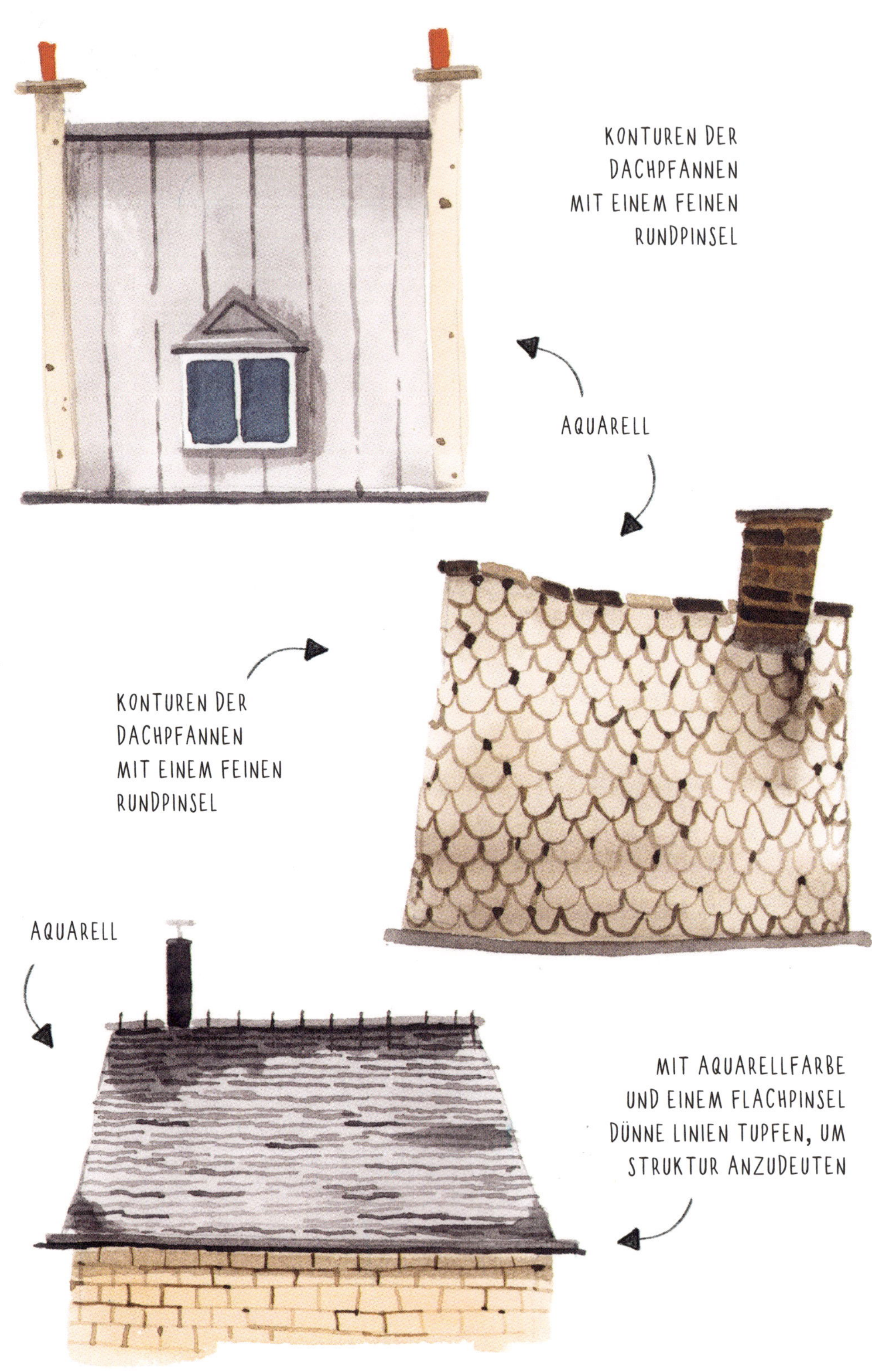
KONTUREN DER
DACHPFANNEN
MIT EINEM FEINEN
RUNDPINSEL
AQUARELL
KONTUREN DER
DACHPFANNEN
MIT EINEM FEINEN
RUNDPINSEL
AQUARELL
MIT AQUARELLFARBE
UND EINEM FLACHPINSEL
DÜNNE LINIEN TUPFEN, UM
STRUKTUR ANZUDEUTEN

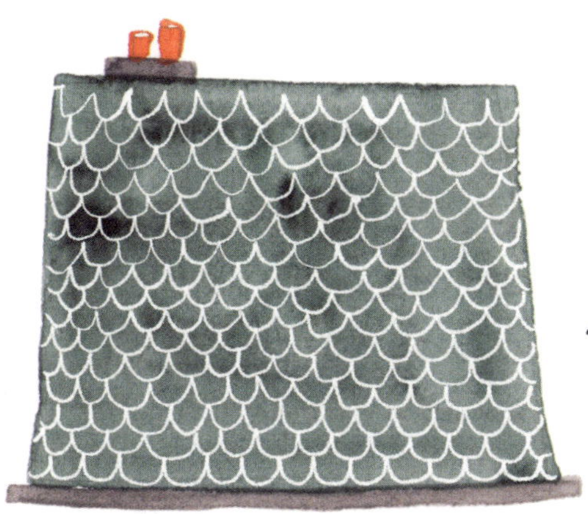

MIT AQUARELLFARBE
GLEICHMÄSSIG GRUNDIEREN,
MIT WEISSEM GELSTIFT
DACHPFANNEN KONTURIEREN

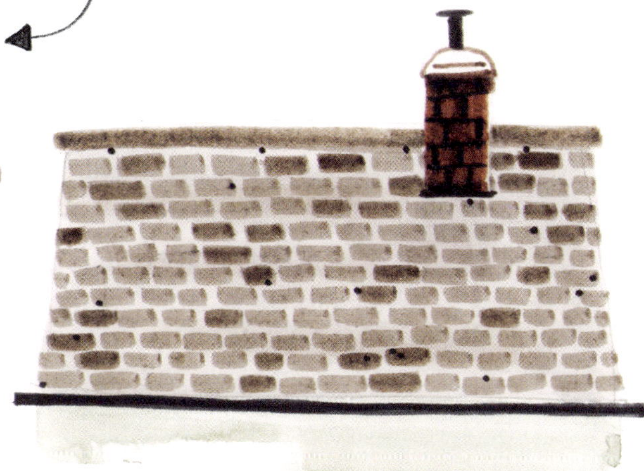

MIT MARKER GROSSFLÄCHIG GRUNDIEREN.
RECHTECKIGE DACHZIEGEL MIT MARKER
ERGÄNZEN

DACH MIT BUNTSTIFT
GRUNDIEREN, MIT
EINEM DUNKLEREN TON
STUKTUR MITHILFE VON
LINIEN ANDEUTEN

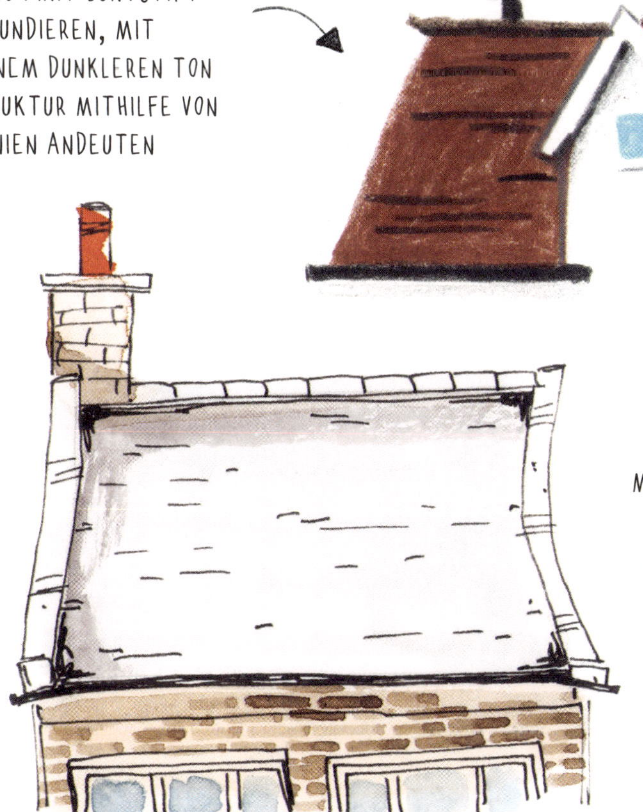

MIT WASSERFESTER TINTE UND
FÜLLER KONTUREN SKETCHEN,
MIT AQUARELLFARBEN LOCKER
KOLORIEREN

# ÜBER DEN DÄCHERN

Diese beiden Motive kannst du nutzen, um dich noch mehr mit Dachstrukturen auseinanderzusetzen. Vervollständige die beiden Skizzen mit Bleistift im Buch und übertrage anschließend alles auf Aquarellpapier, um es zu kolorieren.

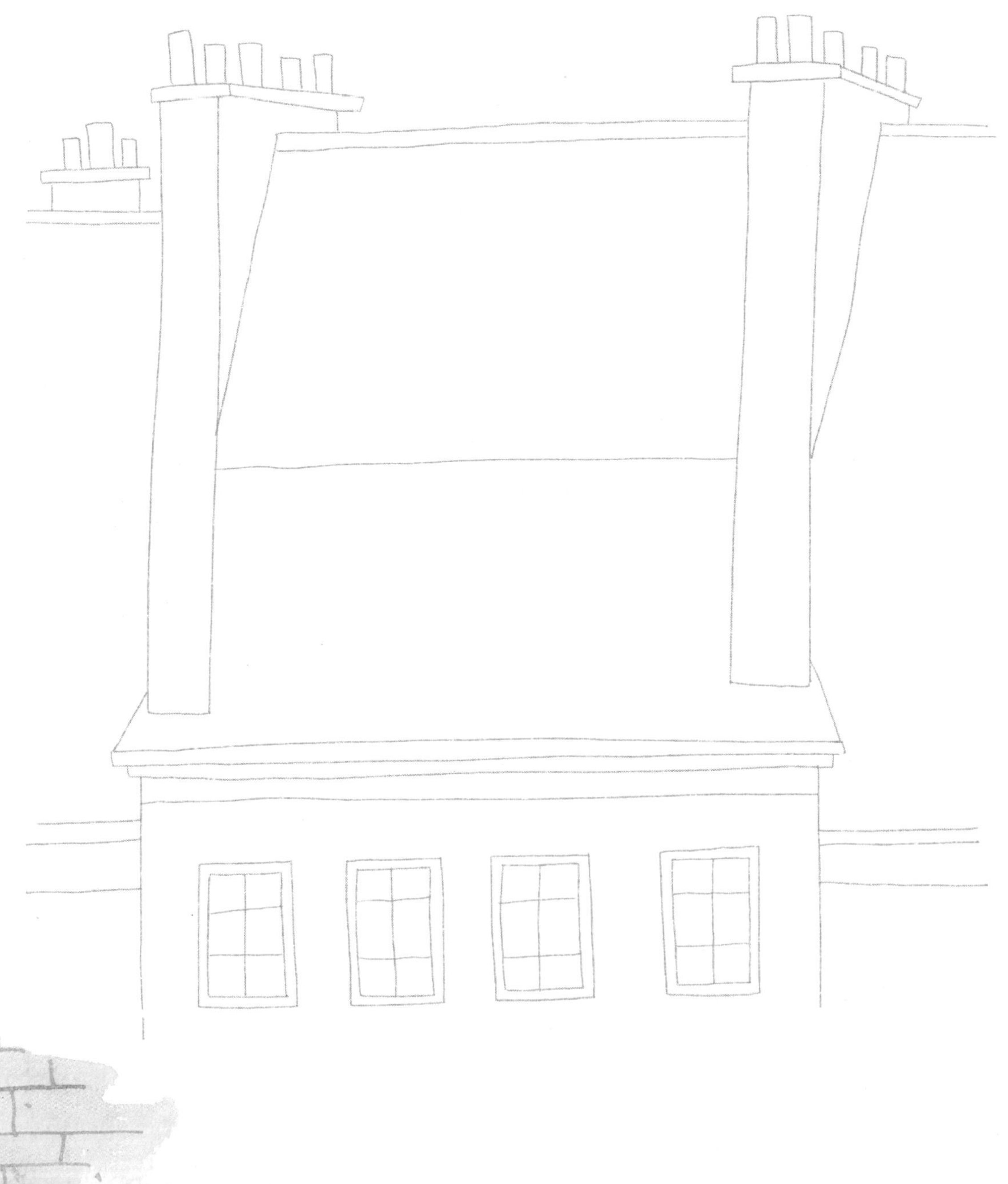

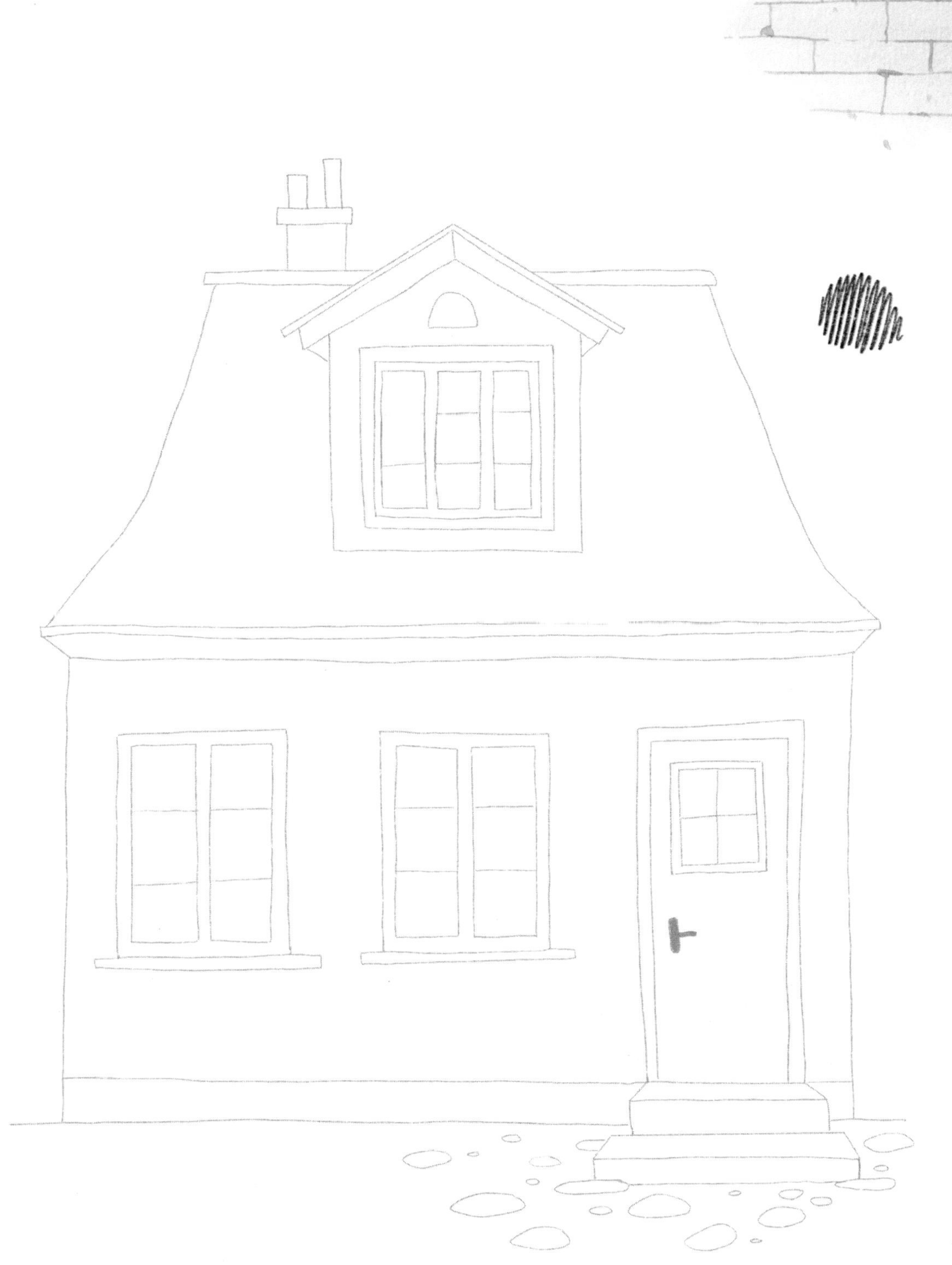

# WIESEN

Auf dieser Doppelseite schauen wir uns an, wie man Gras auf unterschiedliche Weise darstellen kann. Eine Wiese lässt sich nämlich sowohl naturalistisch als auch abstrakt malen. Je nachdem, welchen Pinsel oder welche Technik du nutzt, beeinflusst du den Stil deines Bildes.

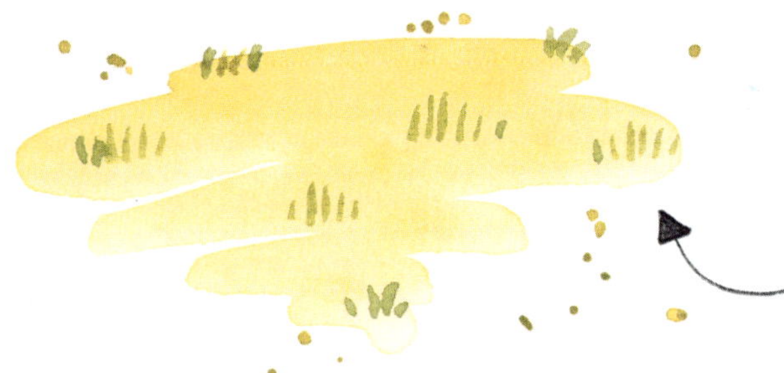

EINIGE KURZE GERADE STRICHE AUF EINEN GLEICHMÄSSIG EINGEFÄRBTEN UNTERGRUND SETZEN

IM VORDERGRUND MIT SCHWUNGVOLLEN STRICHEN ARBEITEN, DIE NACH HINTEN HIN IMMER KLEINER WERDEN. IM HINTERGRUND REICHEN EINIGE PUNKTE, UM DAS GRAS ANZUDEUTEN.

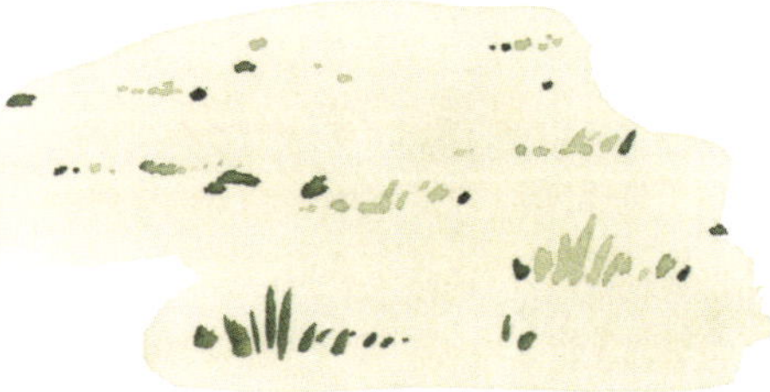

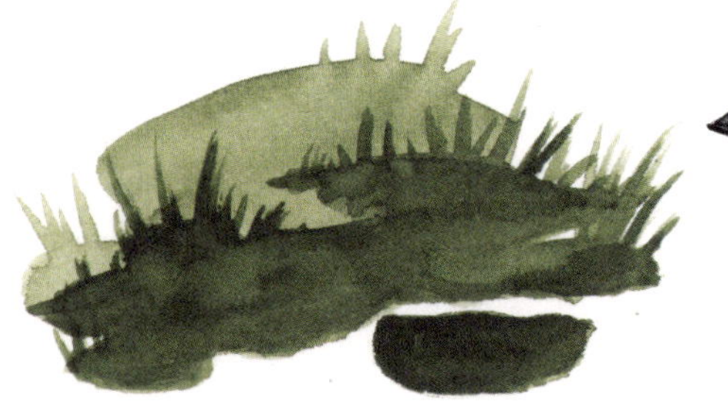

DEN VORDERGRUND DUNKEL GESTALTEN UND NACH HINTEN HIN HELLER WERDEN, EINIGE GRASHALME ERGÄNZEN

DEN UNTERGRUND GLEICHMÄSSIG AUSMALEN UND ANSCHLIESSEND MIT EINEM FEINEN PINSEL FILIGRANE GRASHALME HINZUFÜGEN

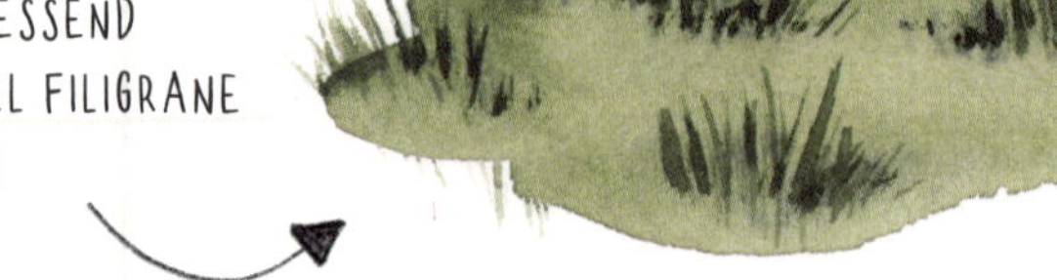

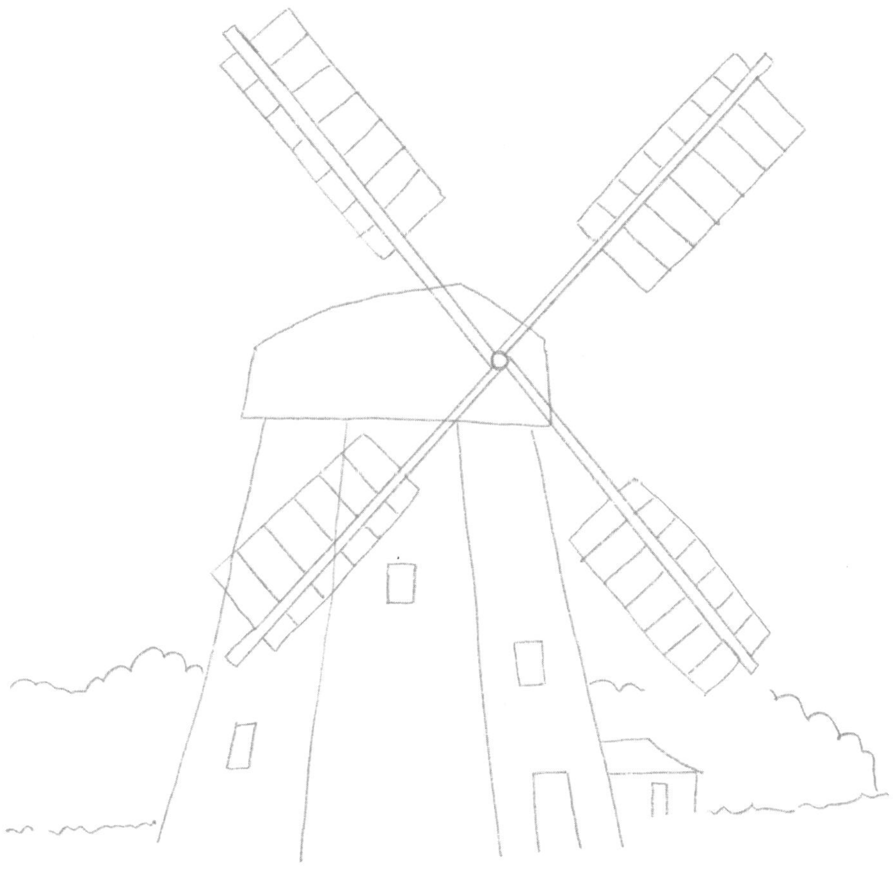

Suche dir eins der Beispiele links aus und wende den Stil auf dieses Motiv an. Übertrage dafür die Skizze auf Aquarellpapier und koloriere die Windmühle so, wie du es am schönsten findest.

# ALM

Wie idyllisch es wohl ist, auf dieser kleinen Alm aufzuwachen und den ersten Blick am Morgen auf die strahlend grüne Wiese zu richten? Skizziere dieses Motiv auf Aquarellpapier und male es mit Aquarellfarben aus.

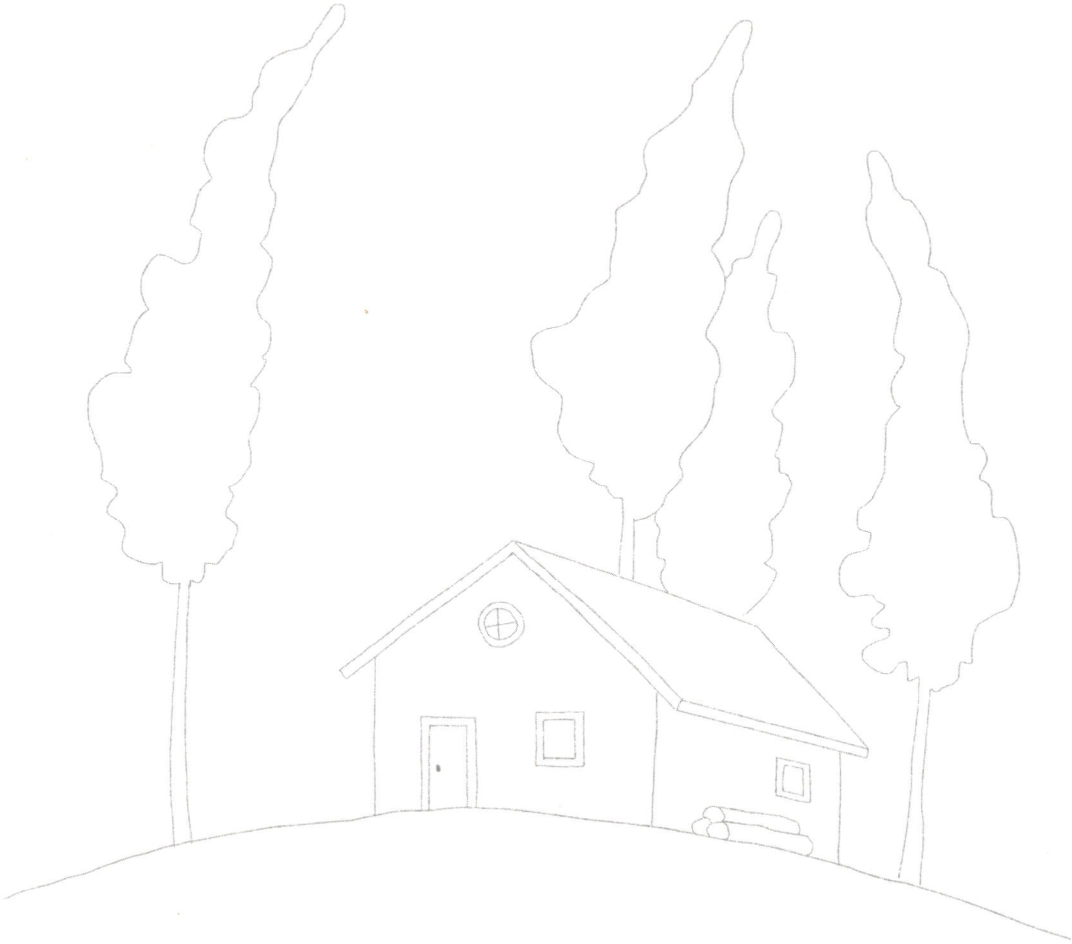

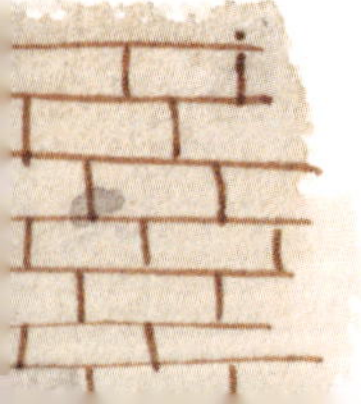

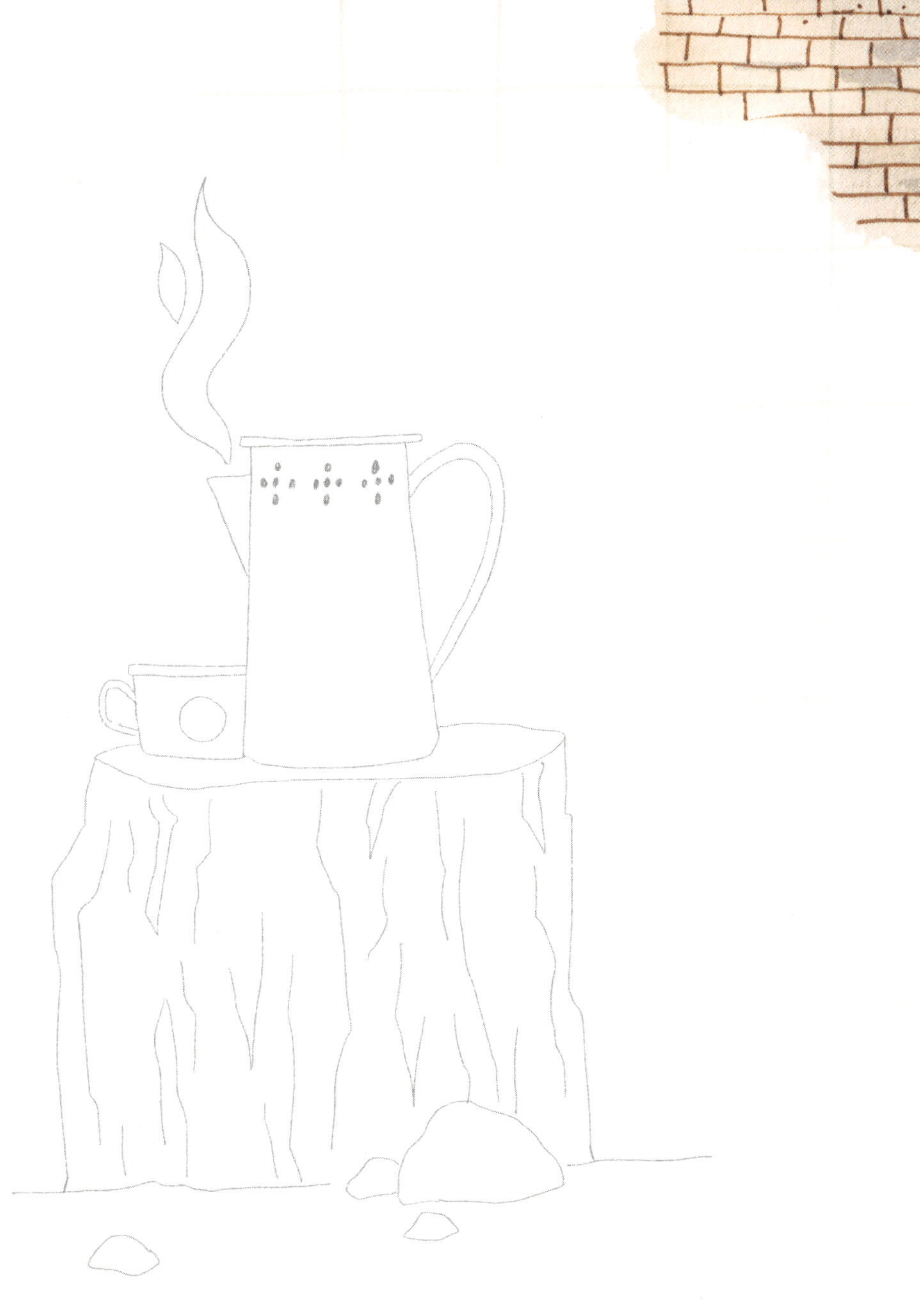

# KAFFEE IM FREIEN

Wir machen eine kleine Kaffeepause im Freien. Ergänze in dieser Illustration die Wiese, auf dem der Holzstamm steht. Übertrage dafür die Skizze auf Aquarellpapier und koloriere alles mit Aquarellfarben.

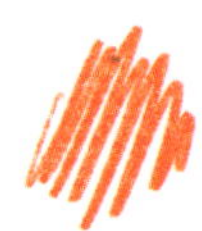

# MENSCHEN

Nutze diese beiden Seiten, um dich mit dem Thema „Menschen malen" zu beschäftigen. Durch Personen im Bild hast du die Möglichkeit, deine Illustration noch lebendiger zu gestalten. Die Leute müssen dabei nicht naturalistisch dargestellt werden – schon durch ein paar einfache Formen kannst du im Handumdrehen Menschen andeuten und damit zusätzliches Leben in dein Bild bringen.

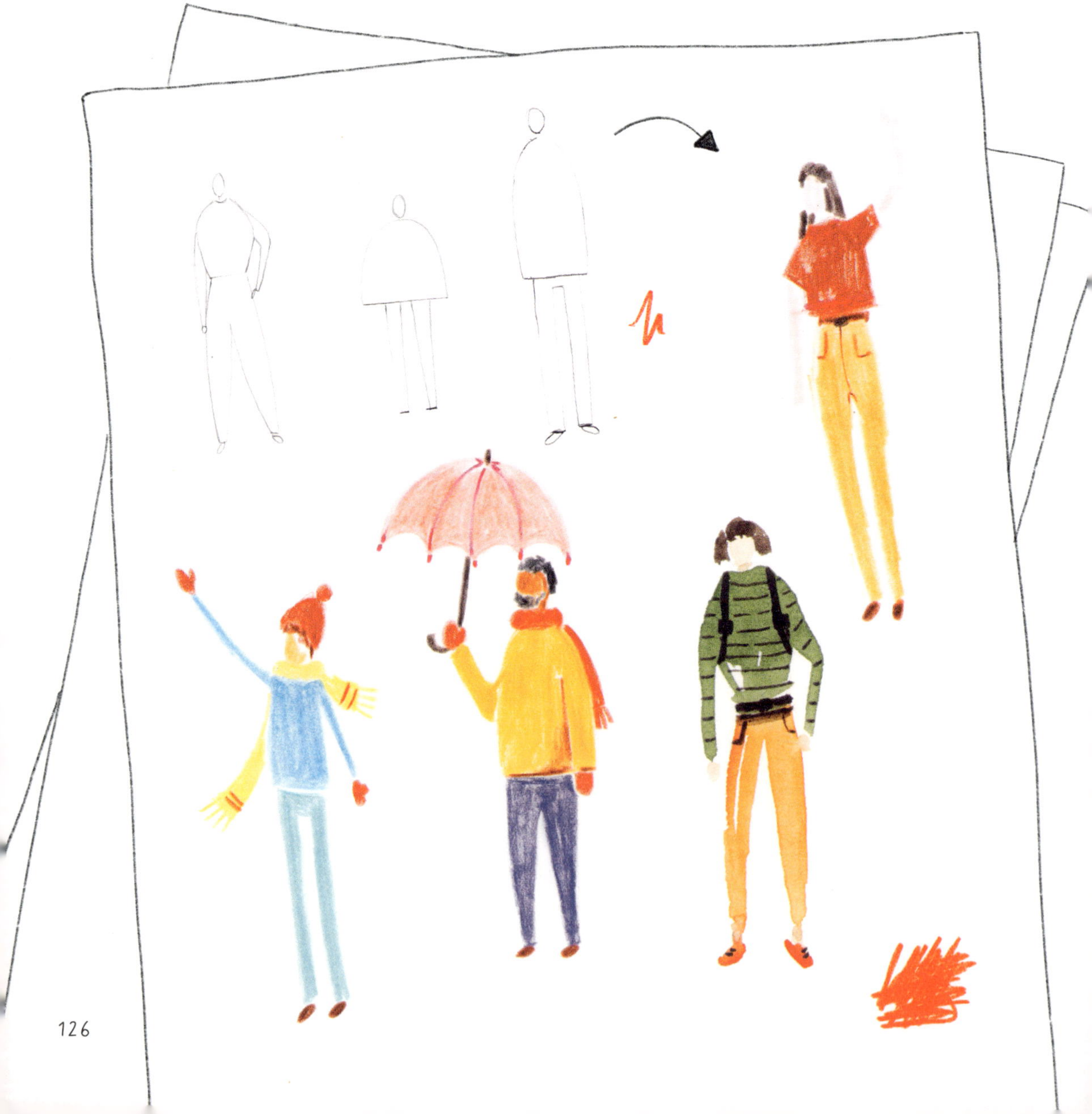

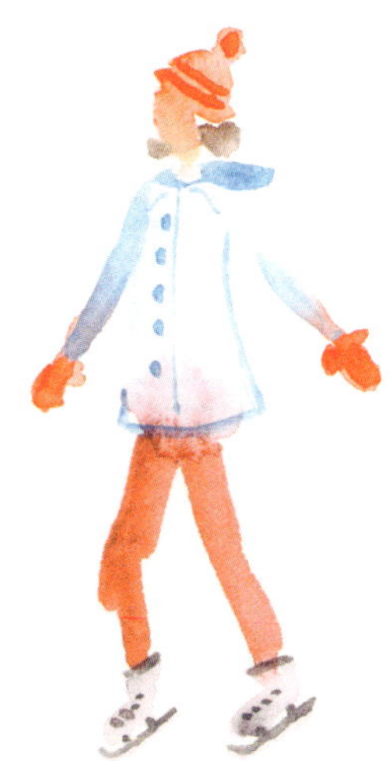

Skizziere auf dieser Seite einige Personen. Probiere dabei verschiedene Körperformen aus, um herauszufinden, welche Darstellungsweise dir am besten gefällt. Nutze deine Skizzen anschließend als Vorlage, um frei Hand mit Pinsel und Aquarellfarben Menschen auf Aquarellpapier zu malen.

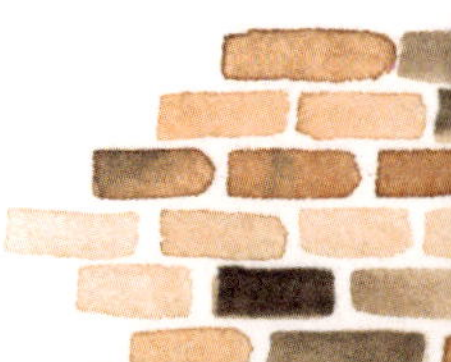

# MARKTPLATZ

Ergänze in diesem Motiv einige Menschen. Skizziere diese zunächst mit Bleistift ins Buch, bevor du alles auf Aquarellpapier überträgst.

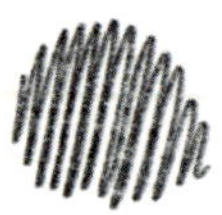

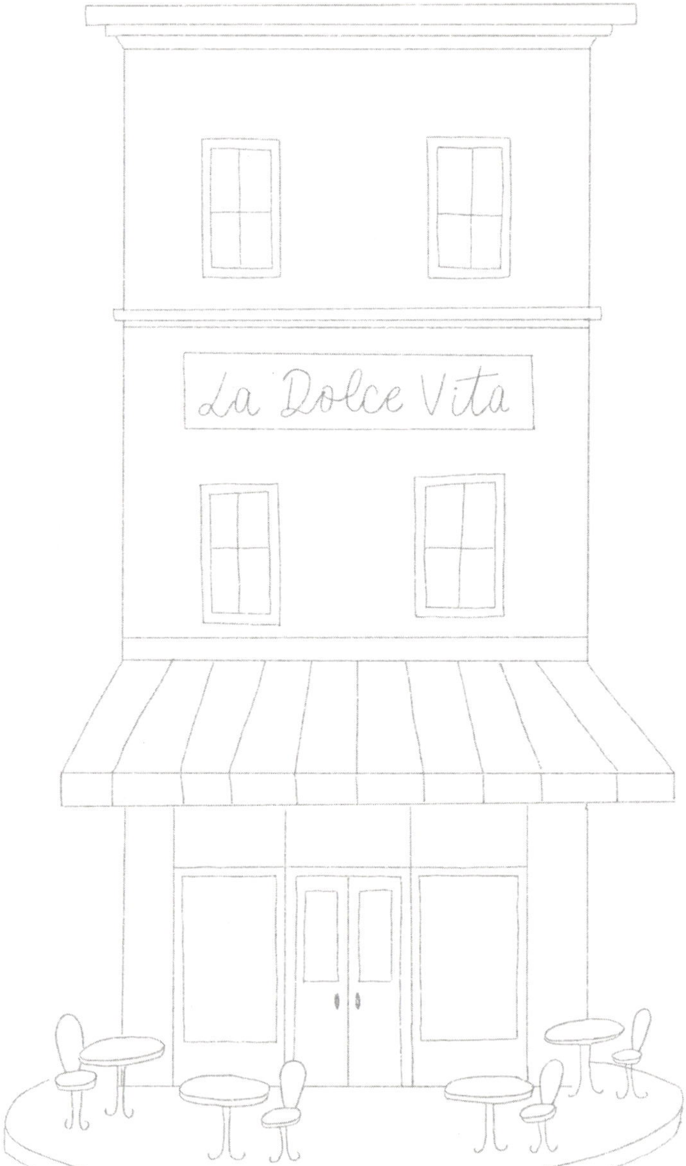

La Dolce Vita

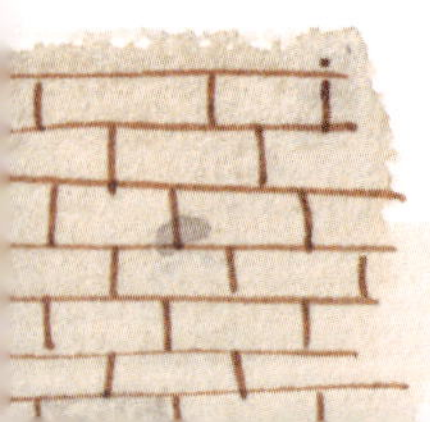

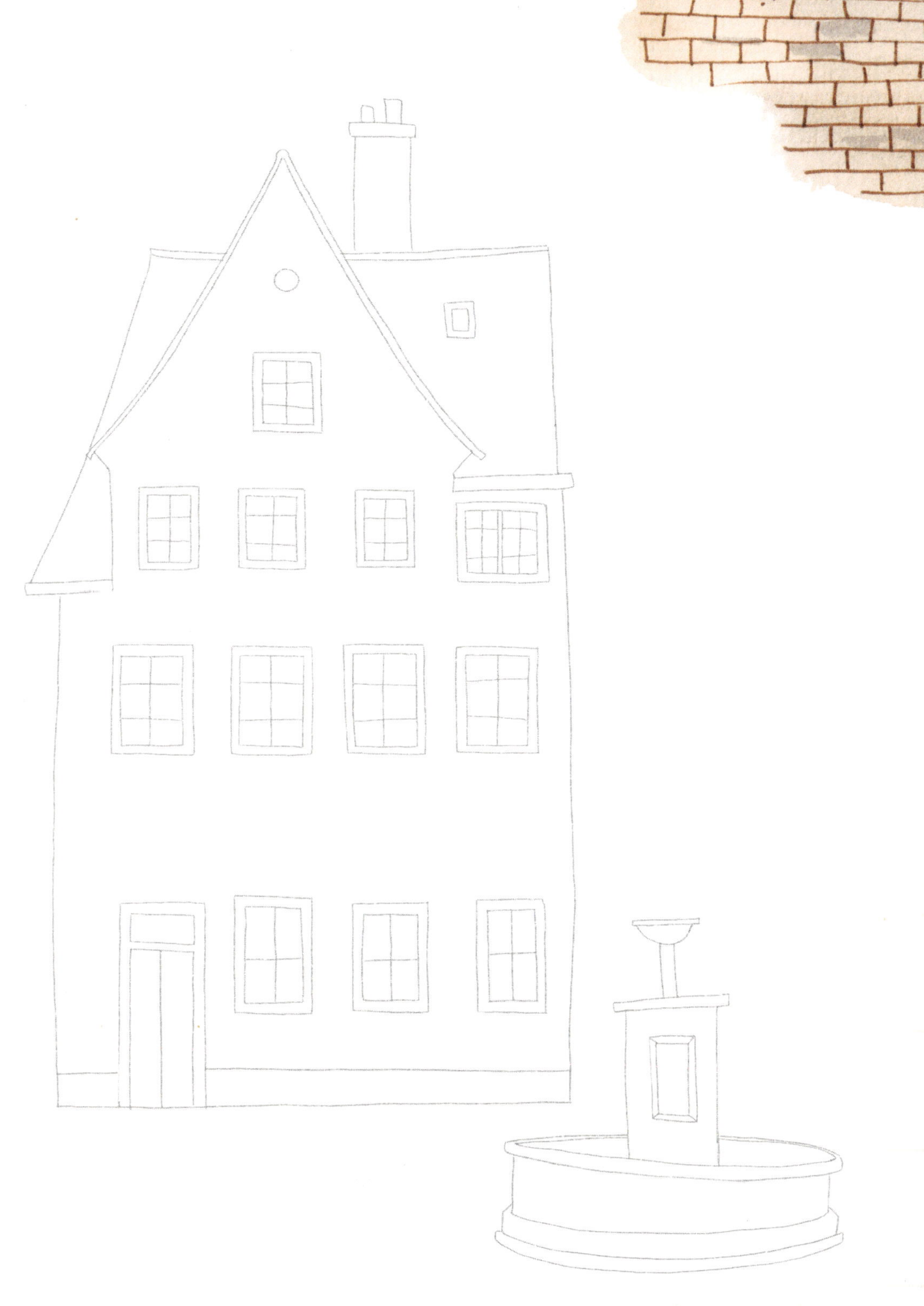

# WASSEROBERFLÄCHEN

Wasser zu malen, gehört in meinen Augen zu den schwierigeren Aufgaben. Schnell können zu viele Pinselstriche das gesamte Bild unruhig wirken lassen. Deshalb zeige ich dir auf diesen Seiten, wie du in wenigen Schritten eine überzeugende Wasseroberfläche andeuten kannst.

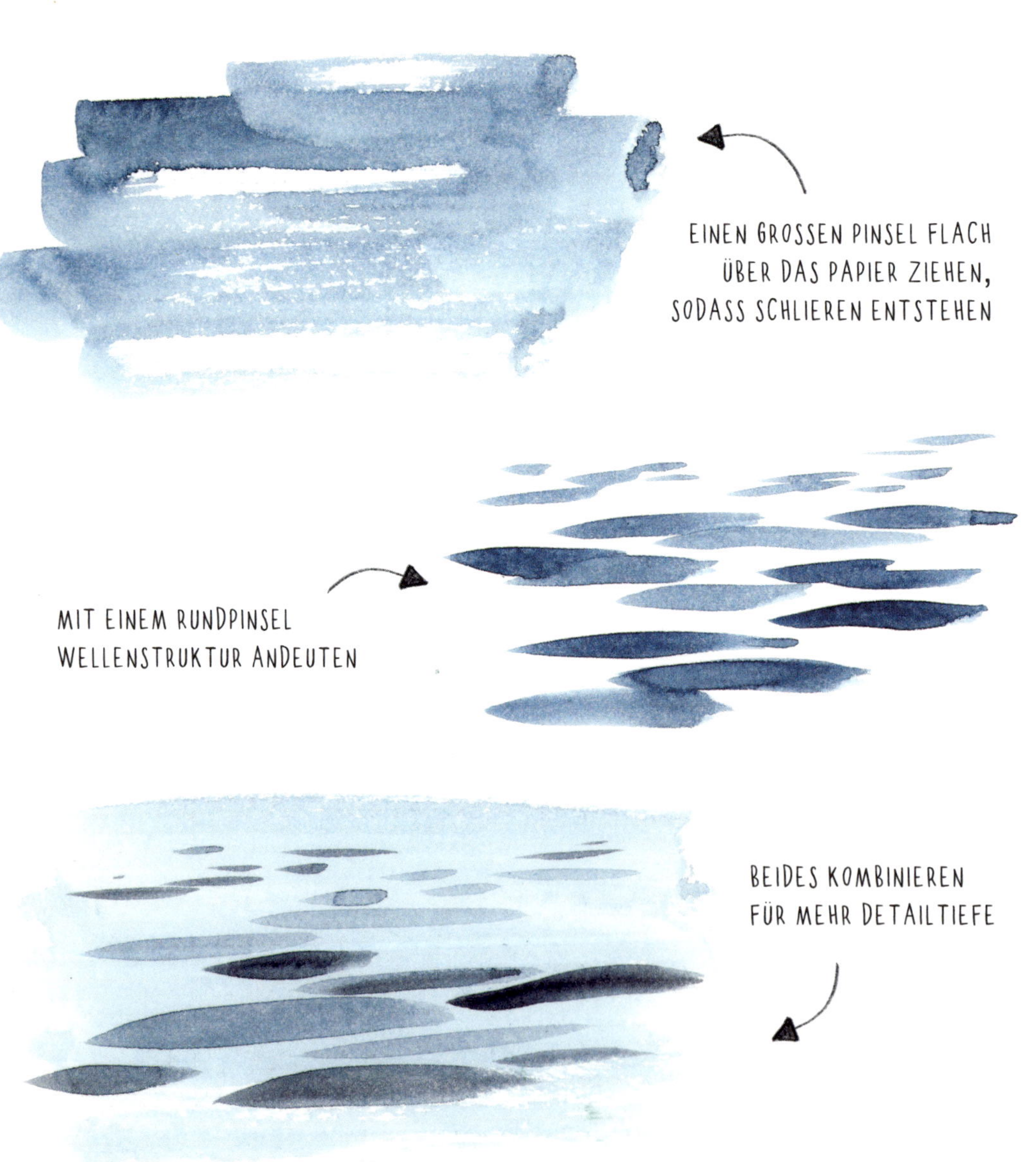

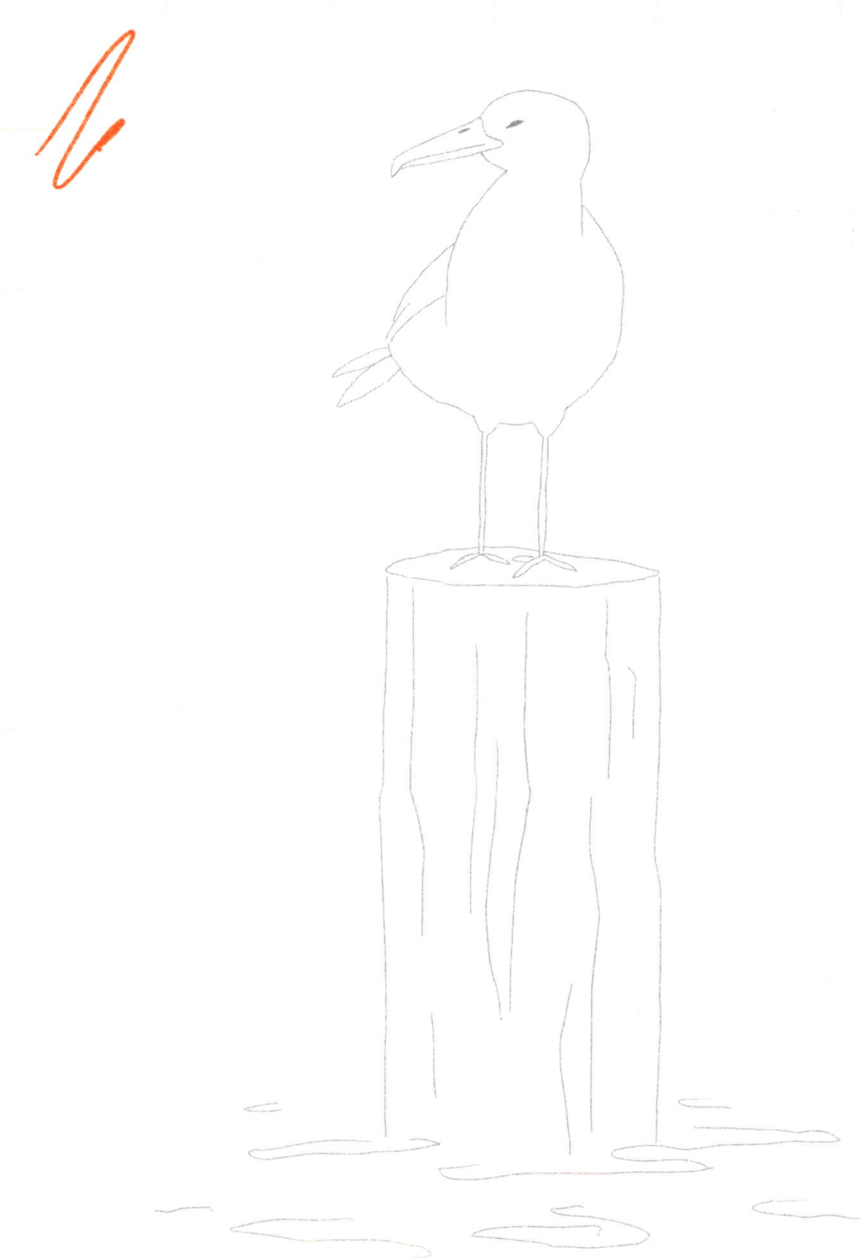

Wende die Technik von der linken Seite auf dieses Motiv an. Übertrage dafür die Skizze auf Aquarellpapier und koloriere die Wasseroberfläche mit wenigen Pinselstrichen.

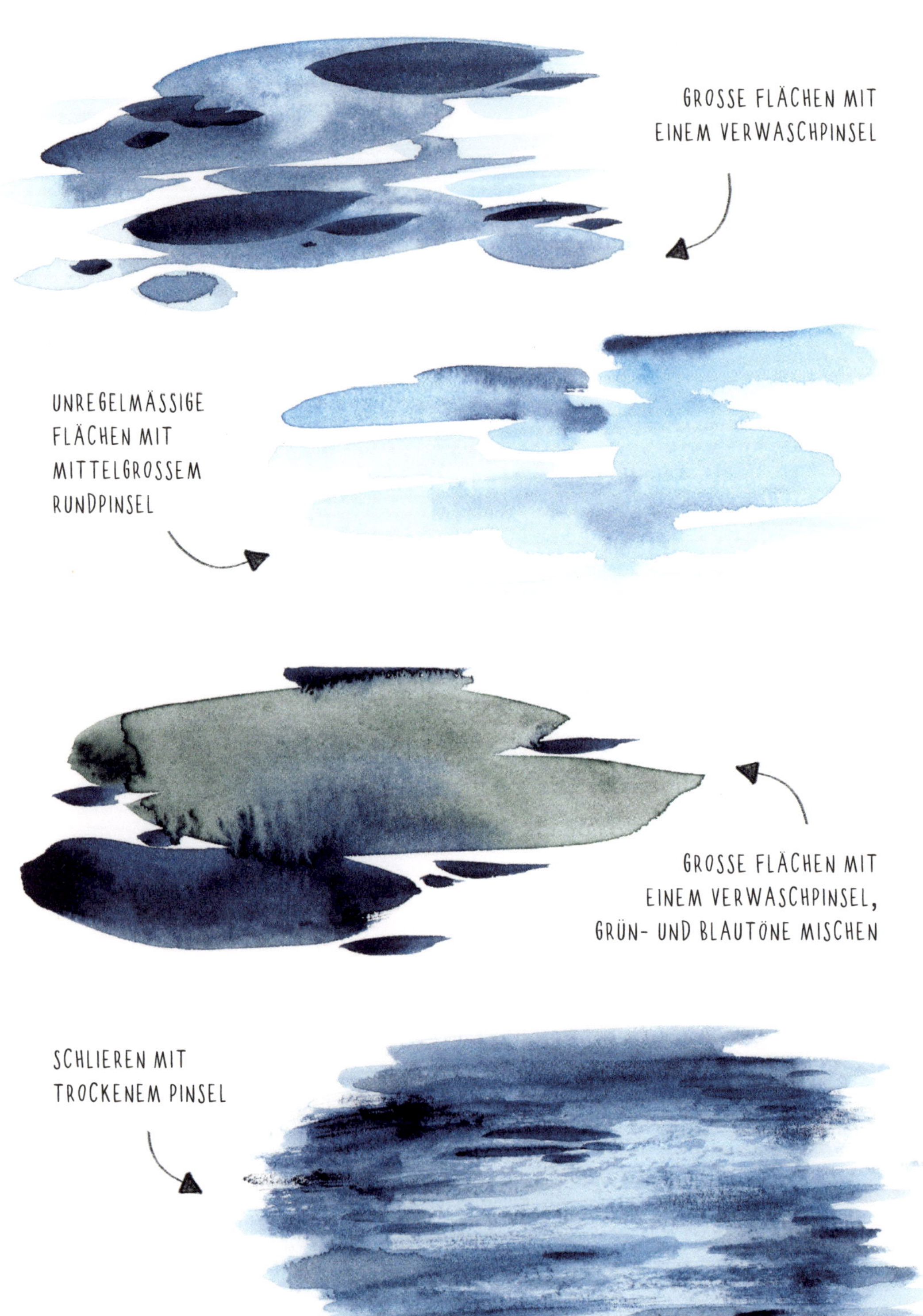
GROSSE FLÄCHEN MIT
EINEM VERWASCHPINSEL
UNREGELMÄSSIGE
FLÄCHEN MIT
MITTELGROSSEM
RUNDPINSEL
GROSSE FLÄCHEN MIT
EINEM VERWASCHPINSEL,
GRÜN- UND BLAUTÖNE MISCHEN
SCHLIEREN MIT
TROCKENEM PINSEL

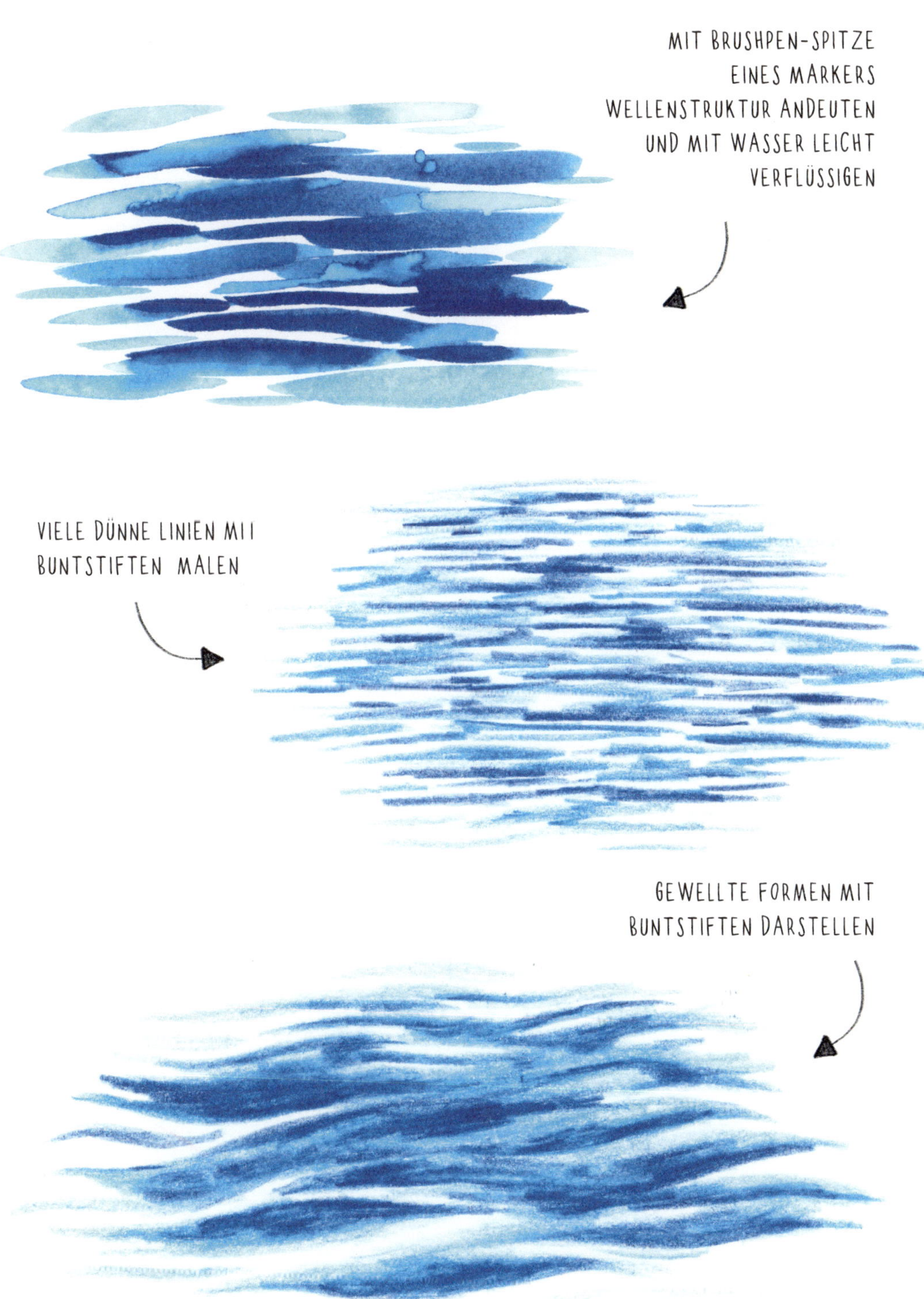
MIT BRUSHPEN-SPITZE
EINES MARKERS
WELLENSTRUKTUR ANDEUTEN
UND MIT WASSER LEICHT
VERFLÜSSIGEN
VIELE DÜNNE LINIEN MIT
BUNTSTIFTEN MALEN
GEWELLTE FORMEN MIT
BUNTSTIFTEN DARSTELLEN

# LEUCHTTURM

Übertrage die Skizze auf Aquarellpapier und male alles mit Aquarellfarben aus. Das Meer vor dem Leuchtturm kannst du dabei so umsetzen, wie du es am schönsten findest. Vielleicht helfen dir die Beispiele auf den vorigen Seiten.

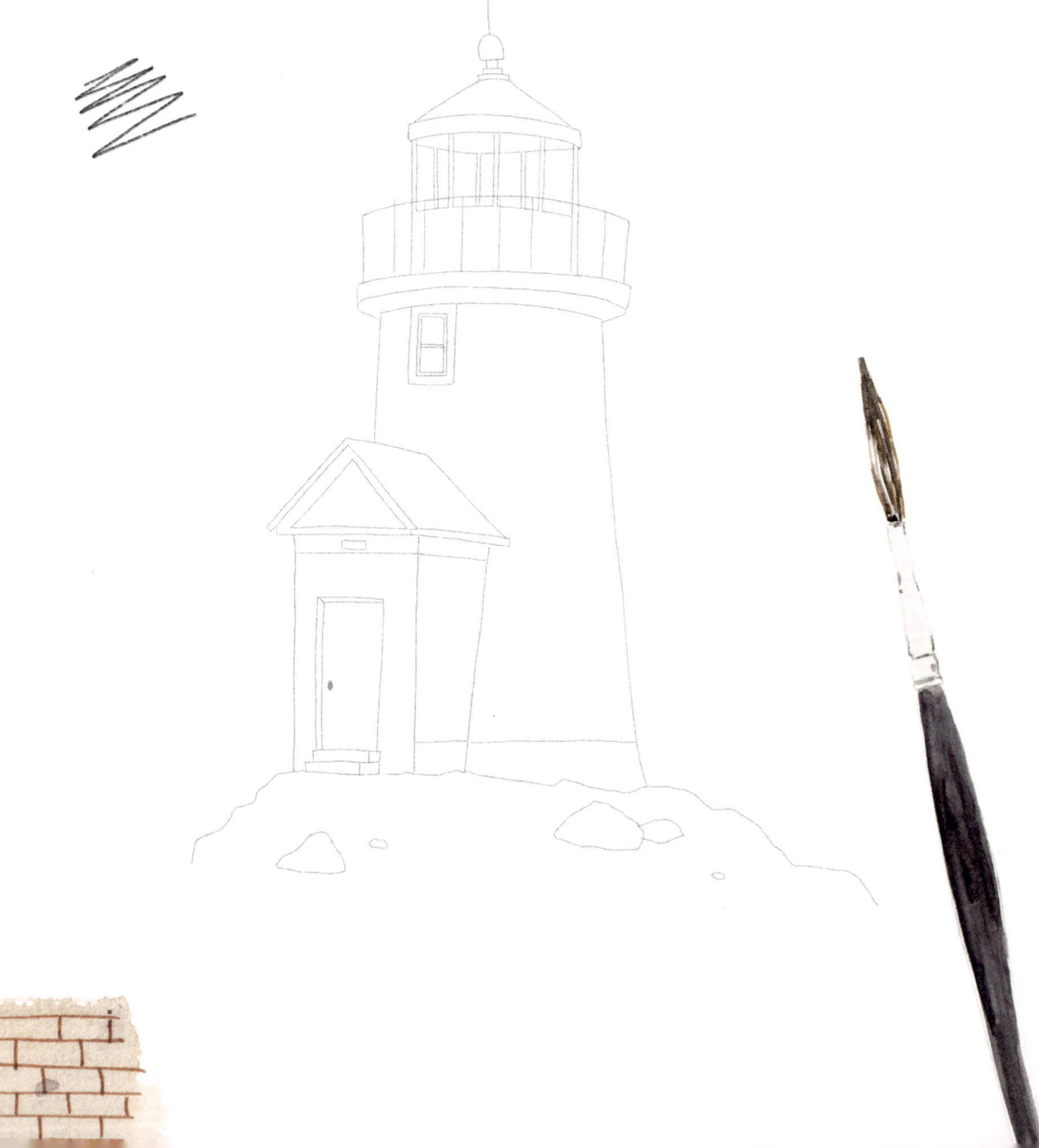

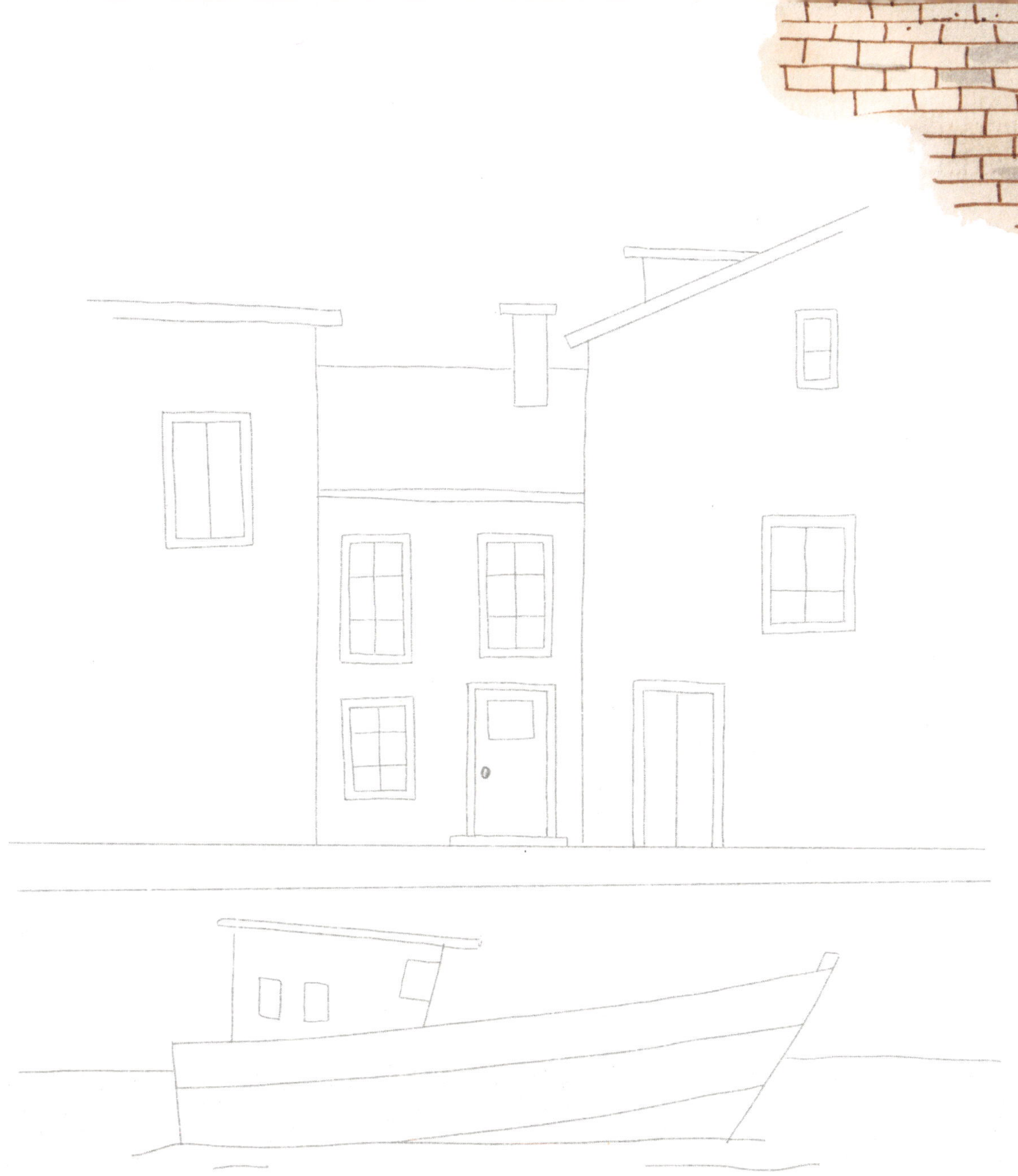

# KLEINER HAFEN

Auch in diesem Motiv kannst du Wasser malen üben. Übertrage dafür die Skizze auf Aquarellpapier und ergänze eine idyllische Wasseroberfläche.

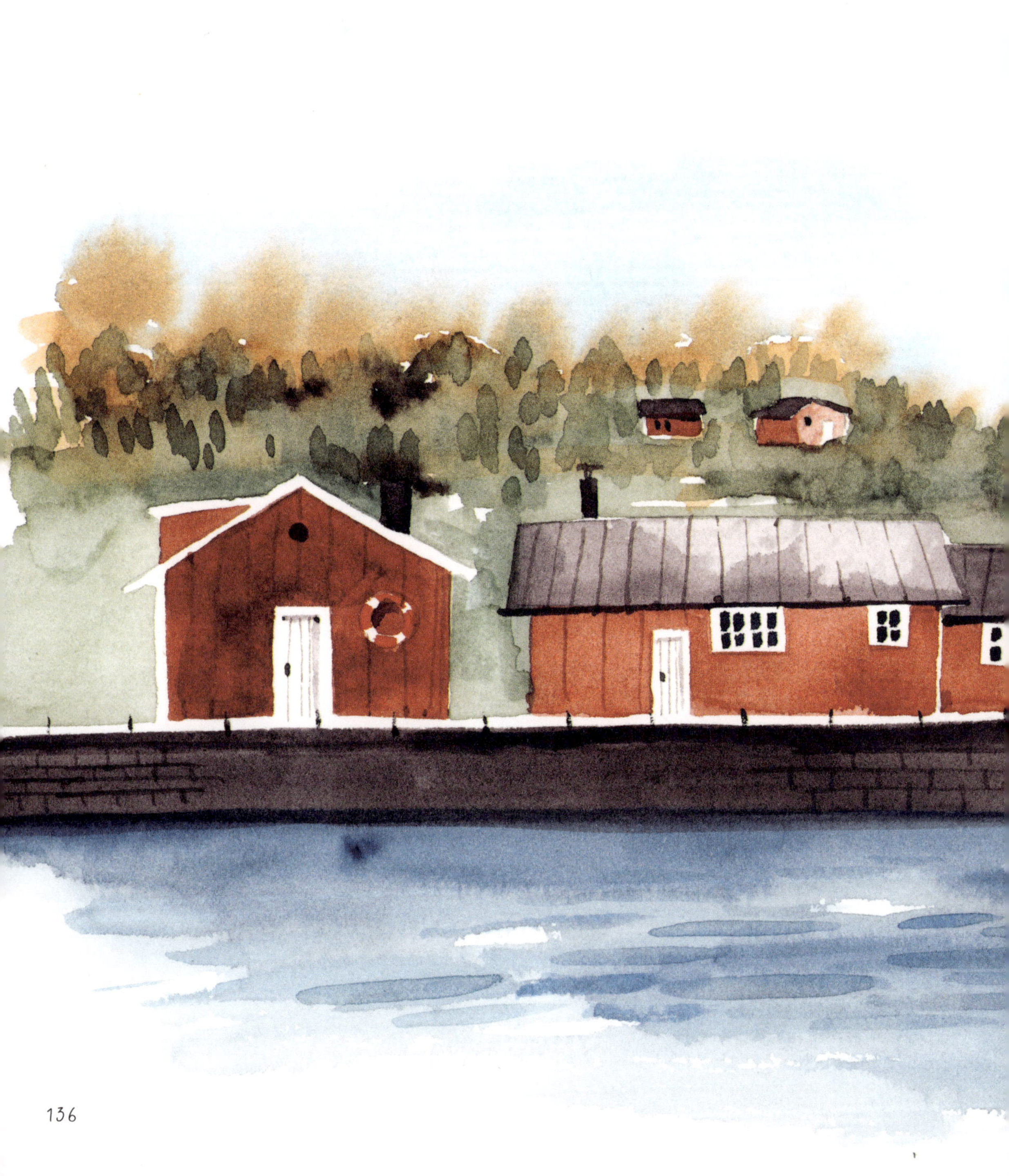

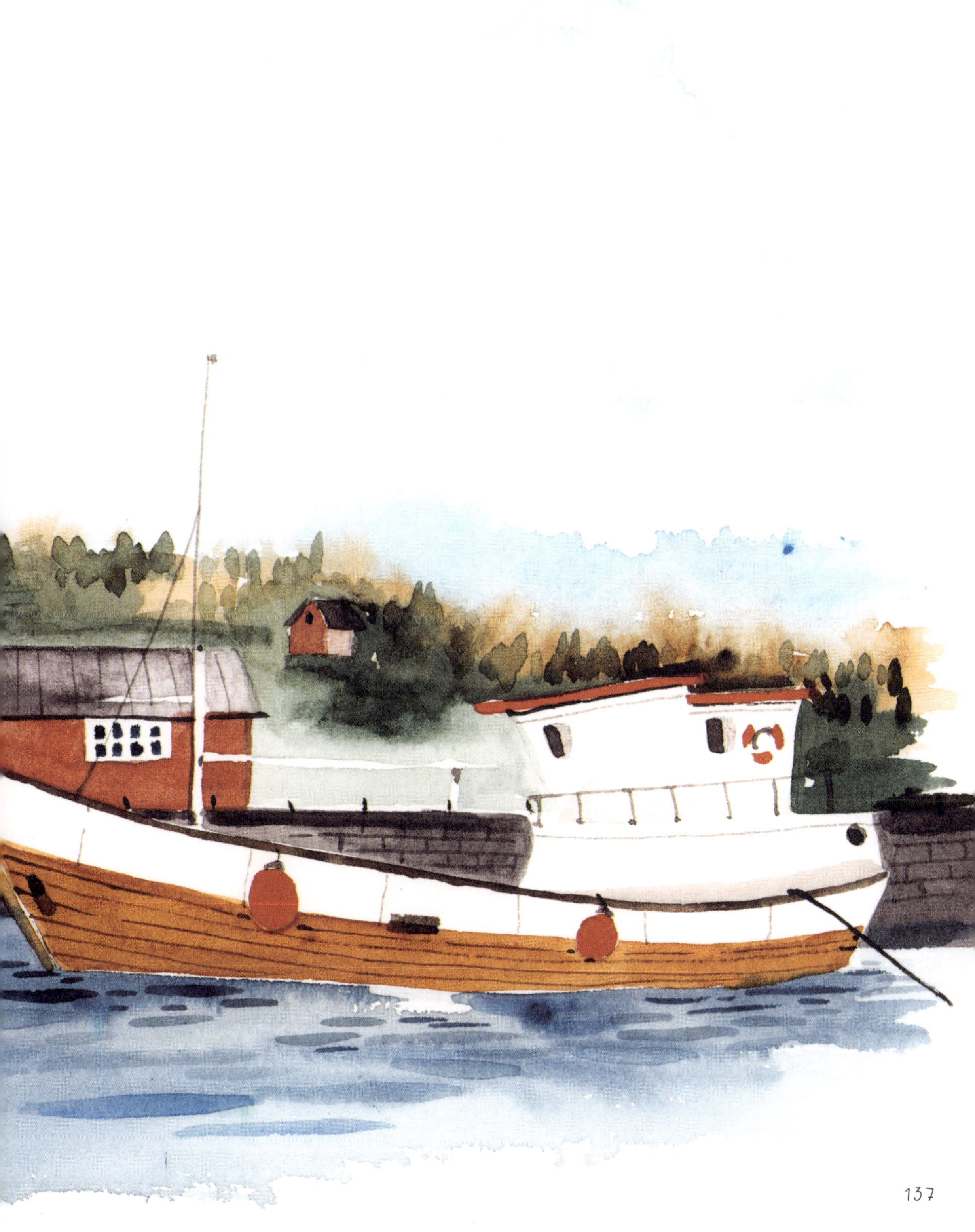

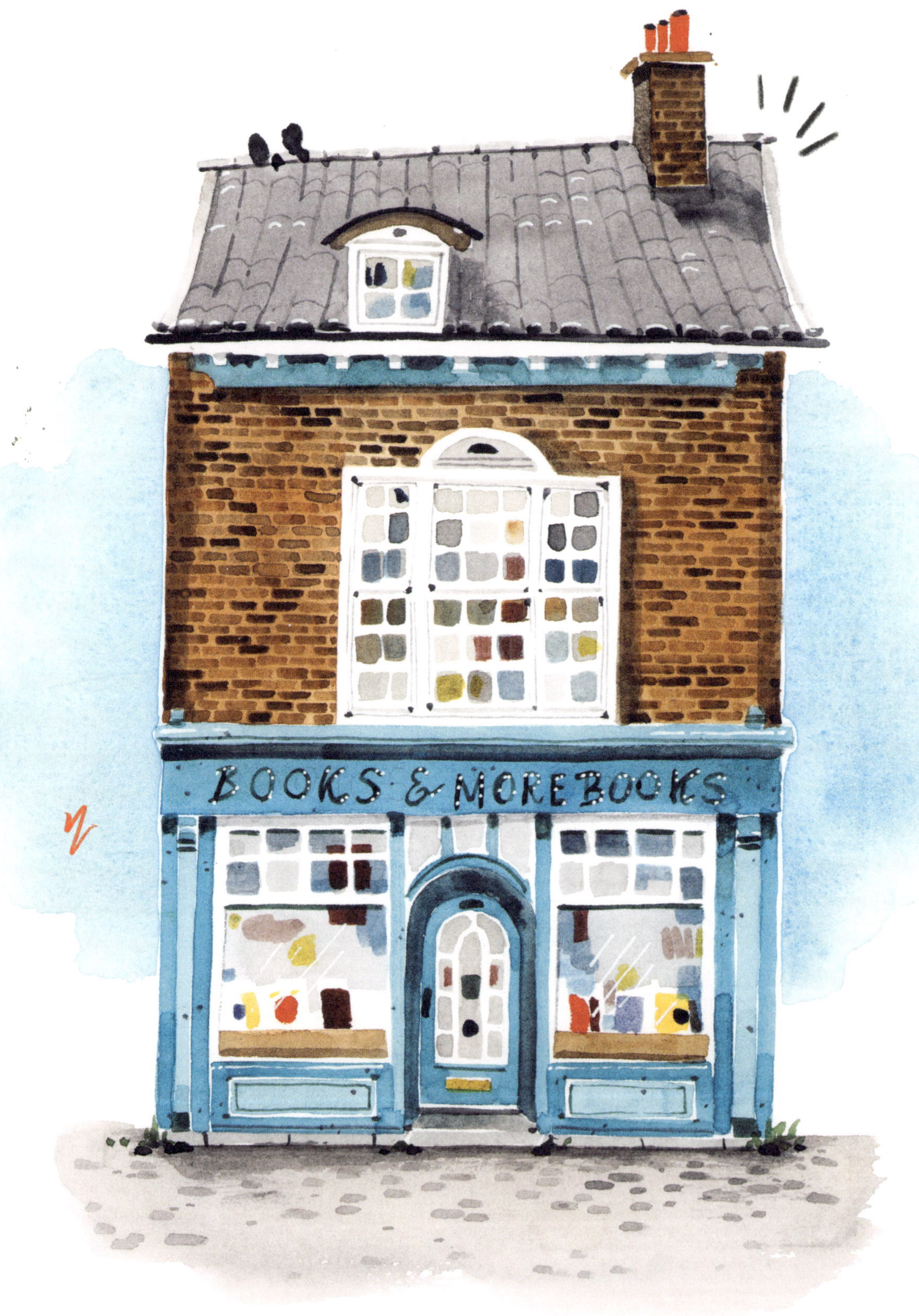
BOOKS & MOREBOOKS

# DEINE MOTIVE

Im letzten Kapitel dieses Workbooks möchte ich deine Fantasie anregen. Eigene Motive zu entwickeln, gehört zu den größten Herausforderungen, wenn es ums Illustrieren geht. Daher sind Motivvorlagen gerade für Anfänger*innen eine gute Möglichkeit, um sich im ersten Schritt aufs Malen und die richtigen Techniken konzentrieren zu können. Nach den vielen Übungen in den letzten Kapiteln kannst du nun einen Schritt weitergehen und eigene Motive skizzieren. Und damit du nicht von null starten musst, habe ich dir im folgenden Abschnitt einige Ideen vorgegeben, die du selbst vervollständigen kannst. Also schnapp dir deinen Bleistift und lass deiner Fantasie freien Lauf.

# EINMACHGLAS

Ergänze in diesem Glas eine kleine urbane Szene.

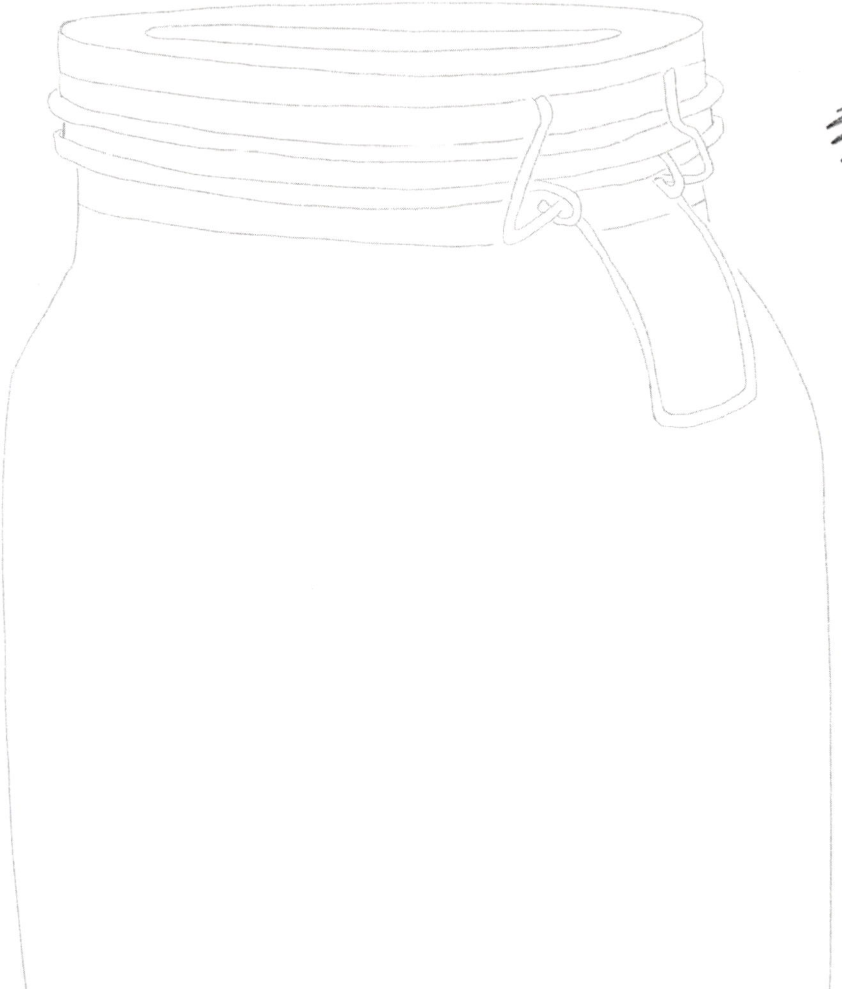

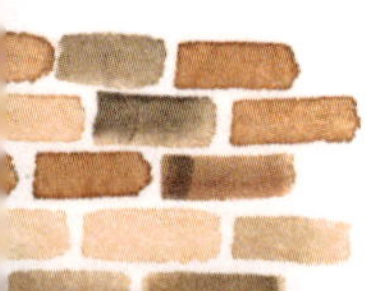

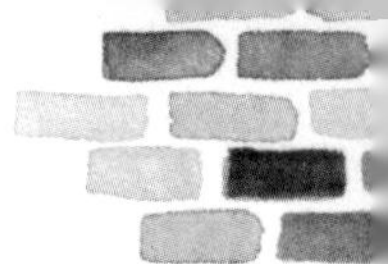

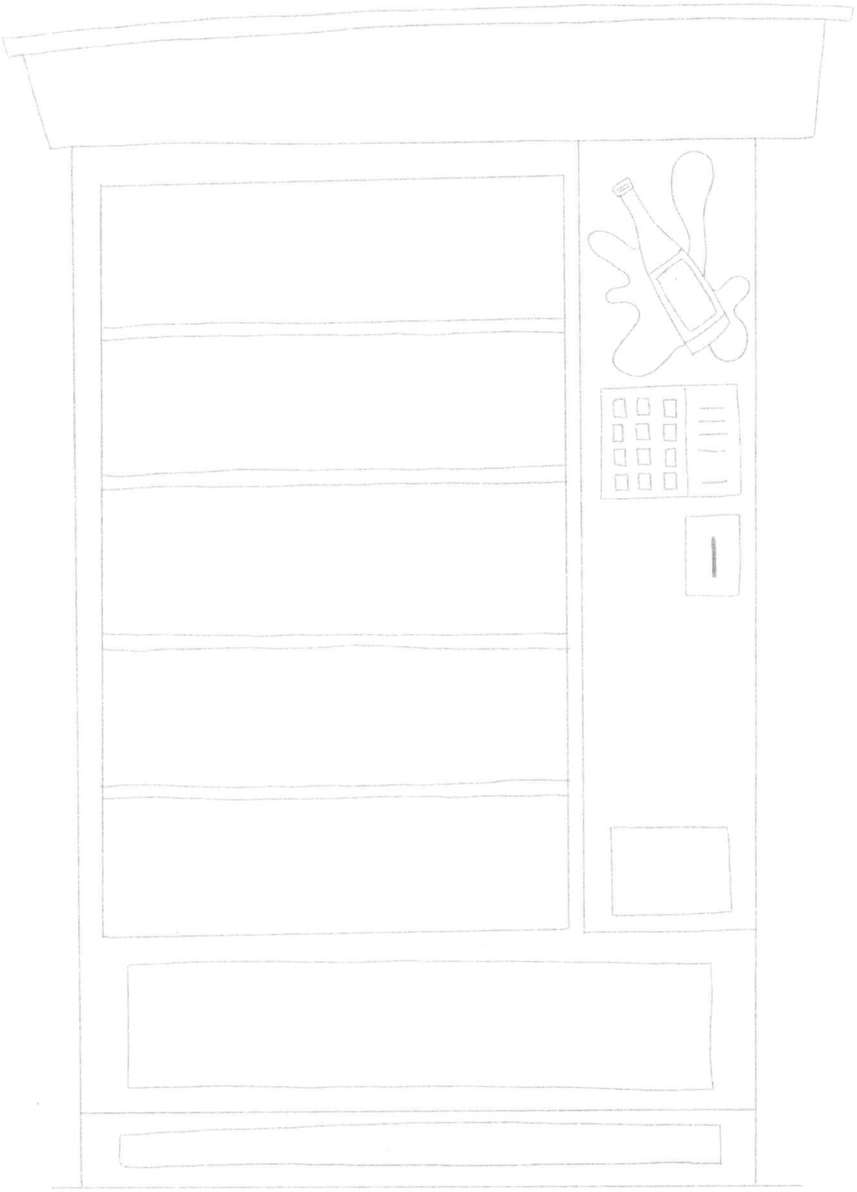

## FLASCHENAUTOMAT

Dieser alte Automat braucht neue Ware. Ergänze das Motiv mit vielen unterschiedlichen Flaschen. Übertrage deine Bleistiftskizze anschließend auf Aquarellpapier und koloriere alles mit den Tools deiner Wahl.

# FRÜHSTÜCKSTISCH

Vervollständige diese Skizze mit Bleistift. Bestücke den Tisch reichlich mit Geschirr, Kaffee und allerlei Leckereien. Übertrage die Skizze anschließend auf Aquarellpapier und koloriere sie mit Aquarellfarben.

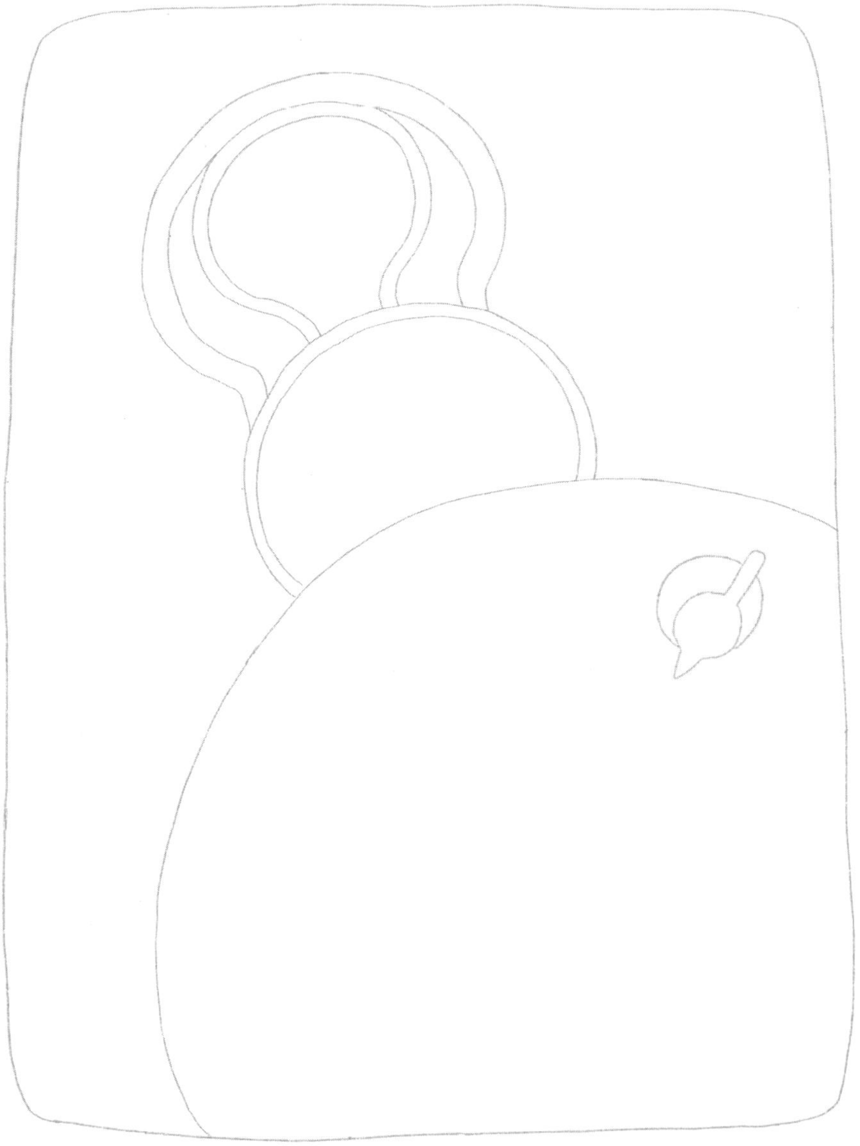

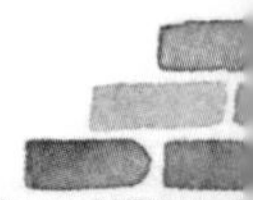

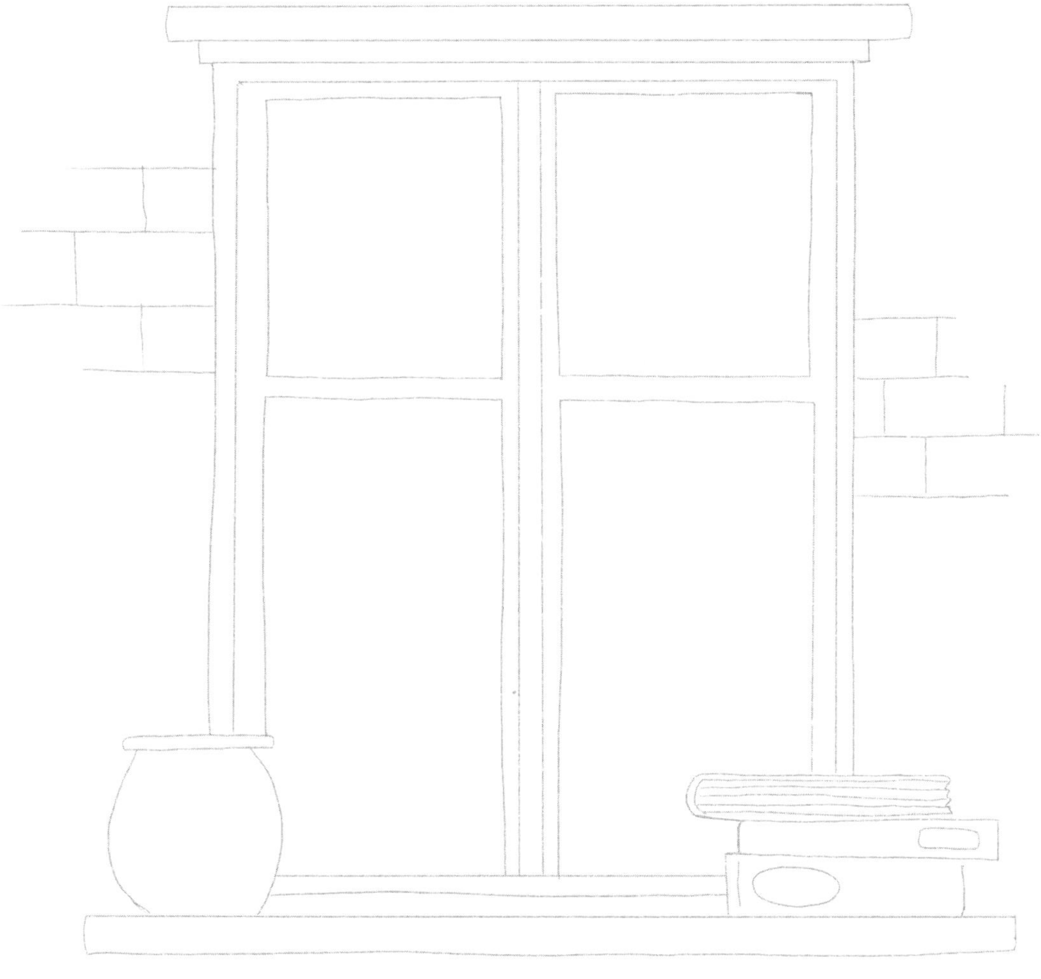

## AUSSICHT

Male die Aussicht aus diesem Fenster. Ergänze dafür die Skizze mit Bleistift und übertrage anschließend alles auf Aquarellpapier, um dieses Motiv mit Aquarellfarben auszumalen.



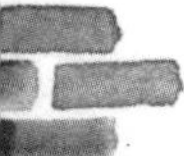

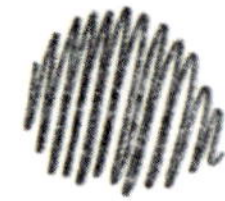

# BRIEFMARKE

Skizziere mit Bleistift ein Motiv in die Briefmarke. Übertrage deine Skizze anschließend auf Aquarellpapier und koloriere dein Bild mit Aquarellfarben.

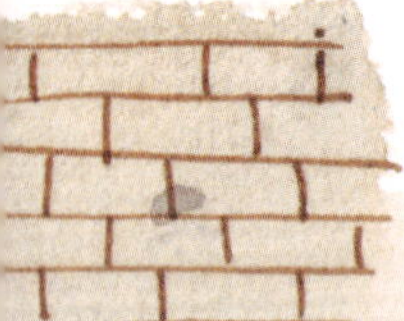

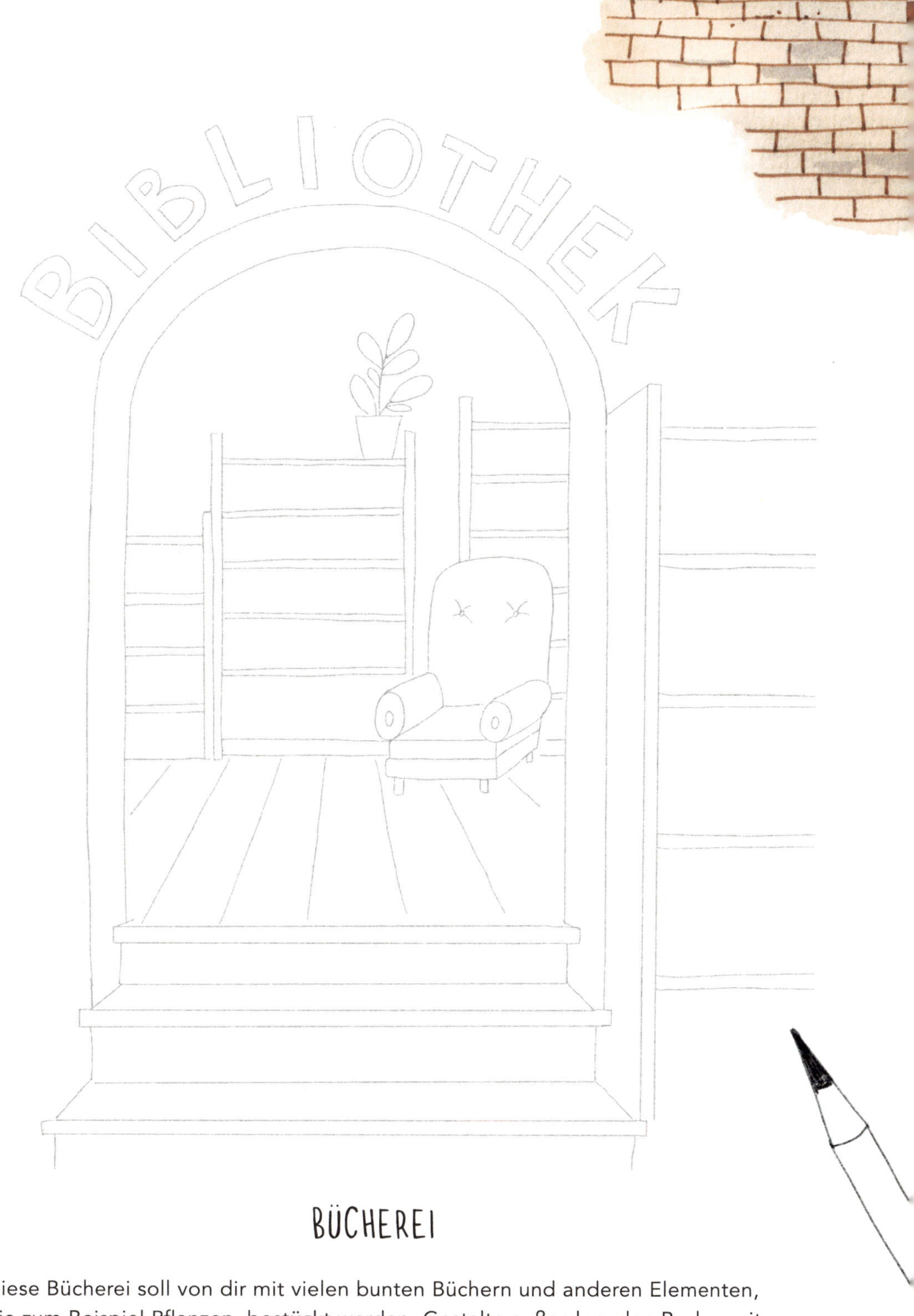


## BÜCHEREI

Diese Bücherei soll von dir mit vielen bunten Büchern und anderen Elementen, wie zum Beispiel Pflanzen, bestückt werden. Gestalte außerdem den Boden mit Fliesen oder einer Holzoptik. Übertrage dafür die Skizze auf Aquarellpapier und vervollständige die Illustration mit Aquarellfarben.

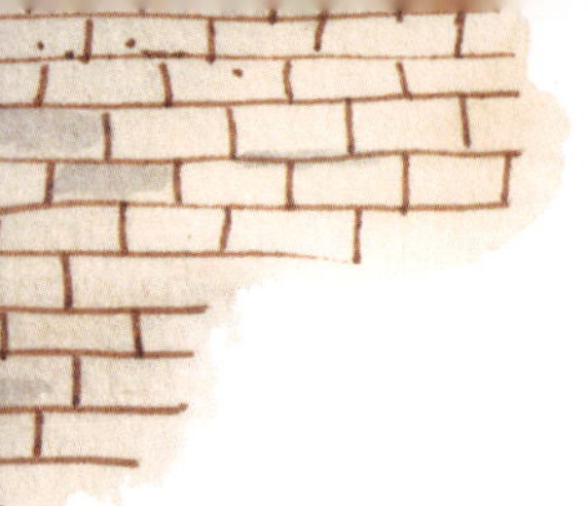

# KLEINE LÄDCHEN

Diese beiden Lädchen warten darauf, von dir zum Leben erweckt zu werden. Schnapp dir einen Bleistift und skizziere deine Ideen in das Buch. Übertrage anschließend alles auf Aquarellpapier und male es aus.

# DEINE MOTIVIDEEN

# DEINE MOTIVIDEEN

Auf diesen beiden Seiten kannst du weitere Motive sammeln. Notiere deine Ideen schriftlich links oder mach dir auf dieser Seite ein paar Skizzen.

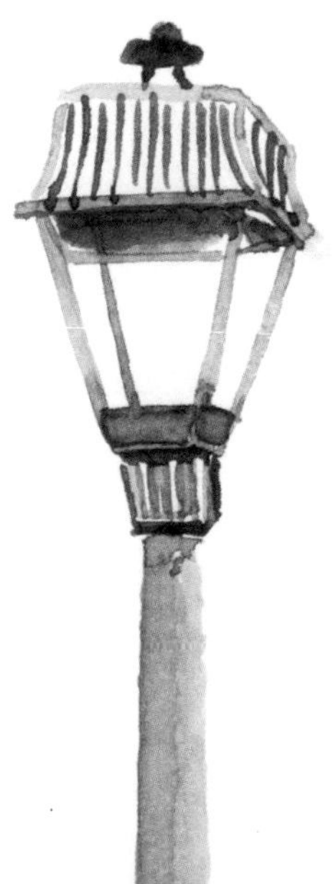

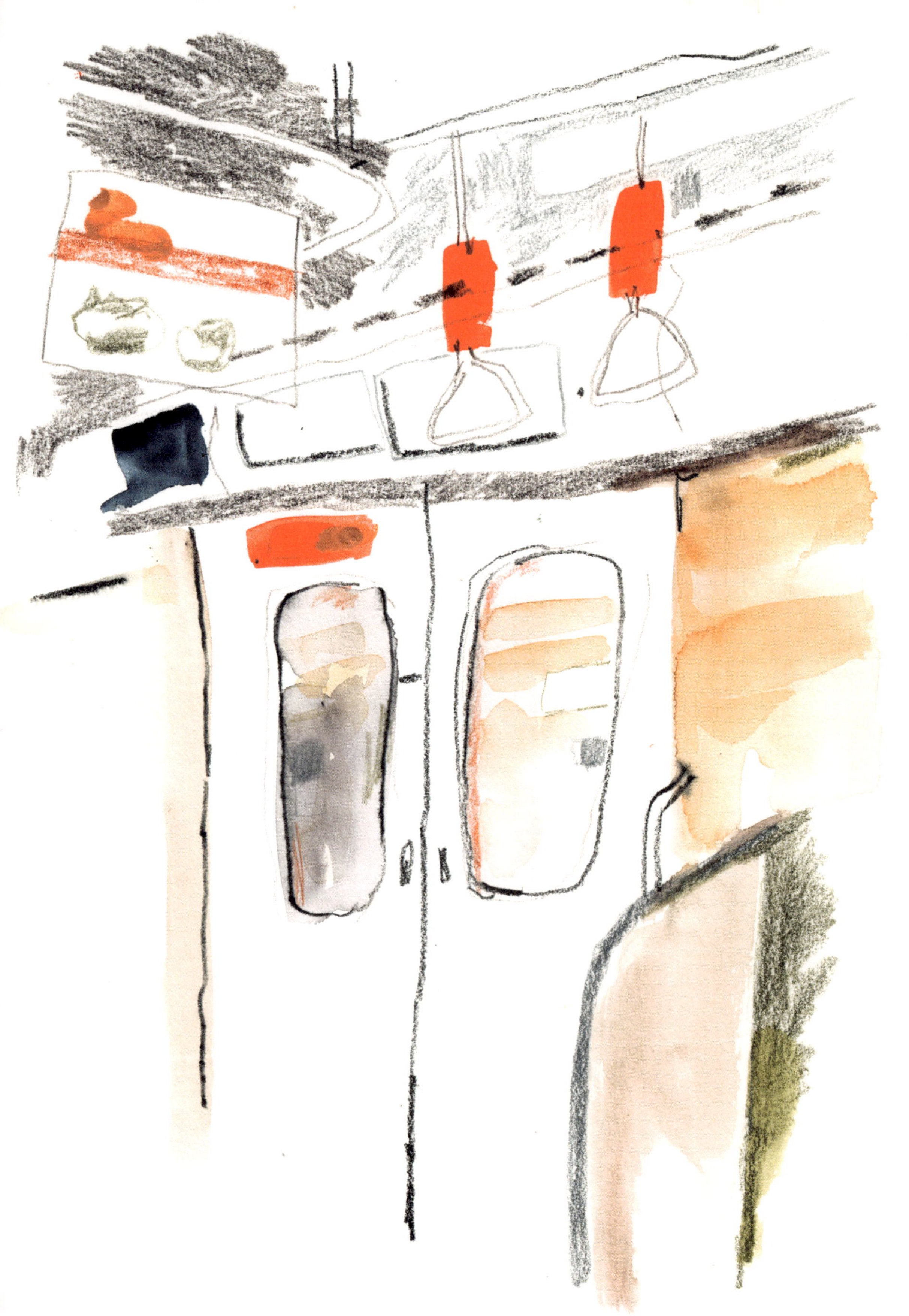

# VORLAGEN

ALS HILFESTELLUNG FINDEST DU HIER ALLE MOTIVVORLAGEN ZU DEN PROJEKTEN. DU KANNST SIE DIR HERUNTERLADEN, AUSDRUCKEN UND AUF AQUARELLPAPIER ÜBERTRAGEN.

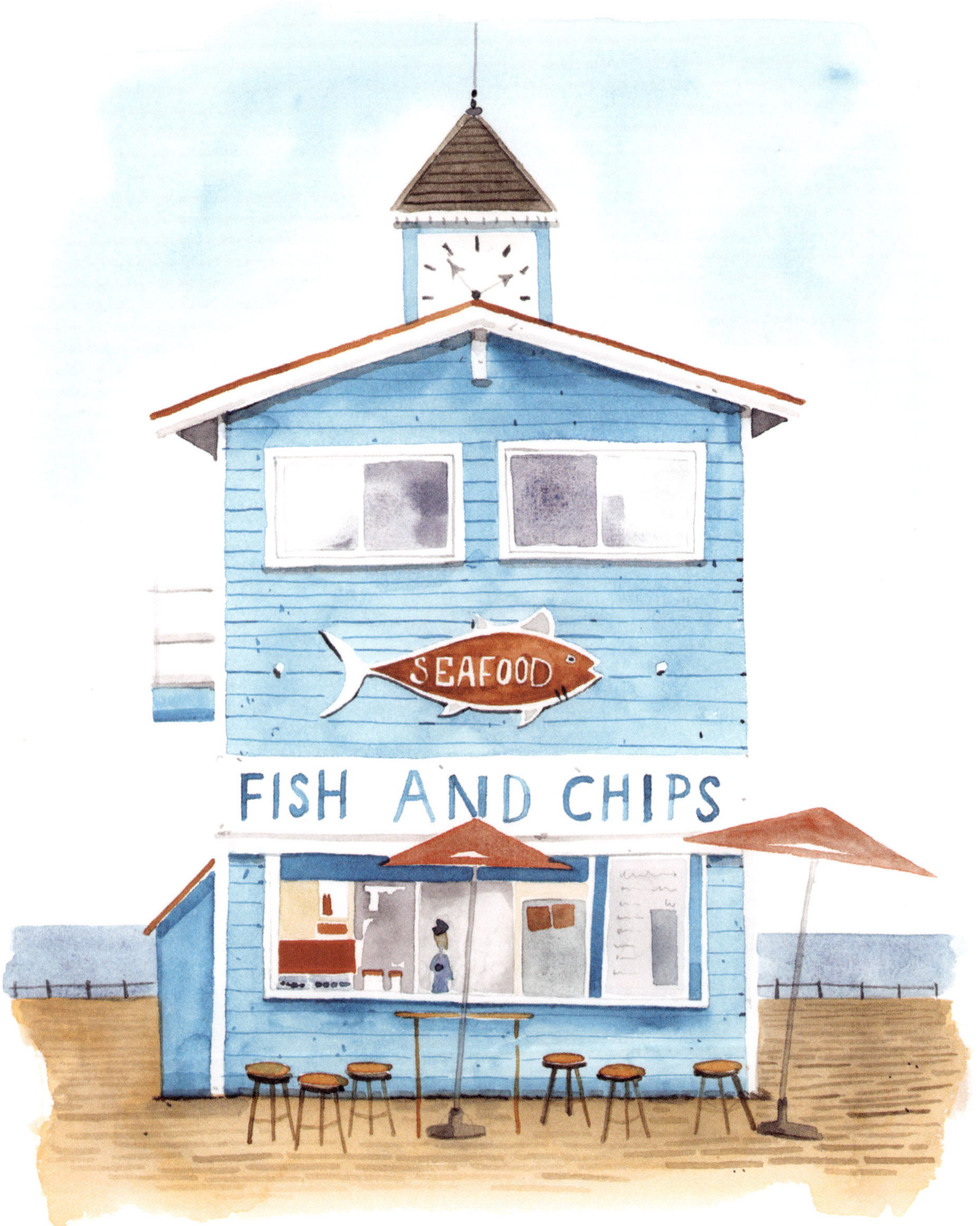
SEAFOOD
FISH AND CHIPS

# TAUSEND DANK

Unsere gemeinsame kleine Reise geht nun wieder zu Ende. Ich hoffe von Herzen, dass ich dich inspirieren und weiterhin für das Malen begeistern konnte. Es ist ein langer Prozess, seinen eigenen Stil zu finden, und es braucht sehr viel Übung, jede Menge Ausprobieren und noch mehr Zeit. Lass dich also deshalb nicht entmutigen, falls etwas nicht auf Anhieb klappt oder du deinen Weg noch nicht gefunden hast. Jeder Moment, den du mit deinen Farben, Pinseln und Stiften verbringst, lässt dich wachsen.

Deine Kreativität ist etwas, das nur dir alleine gehört und deiner Seele so guttut. Egal ob du noch am Anfang stehst oder schon die schönsten Motive der Welt zaubern kannst – verliere deine Kreativität nie aus den Augen.

Ich danke dir, dass du Teil meiner *Urban Watercolor Journey* bist. Dass du meine Begeisterung und meine Leidenschaft für die Illustration teilst.

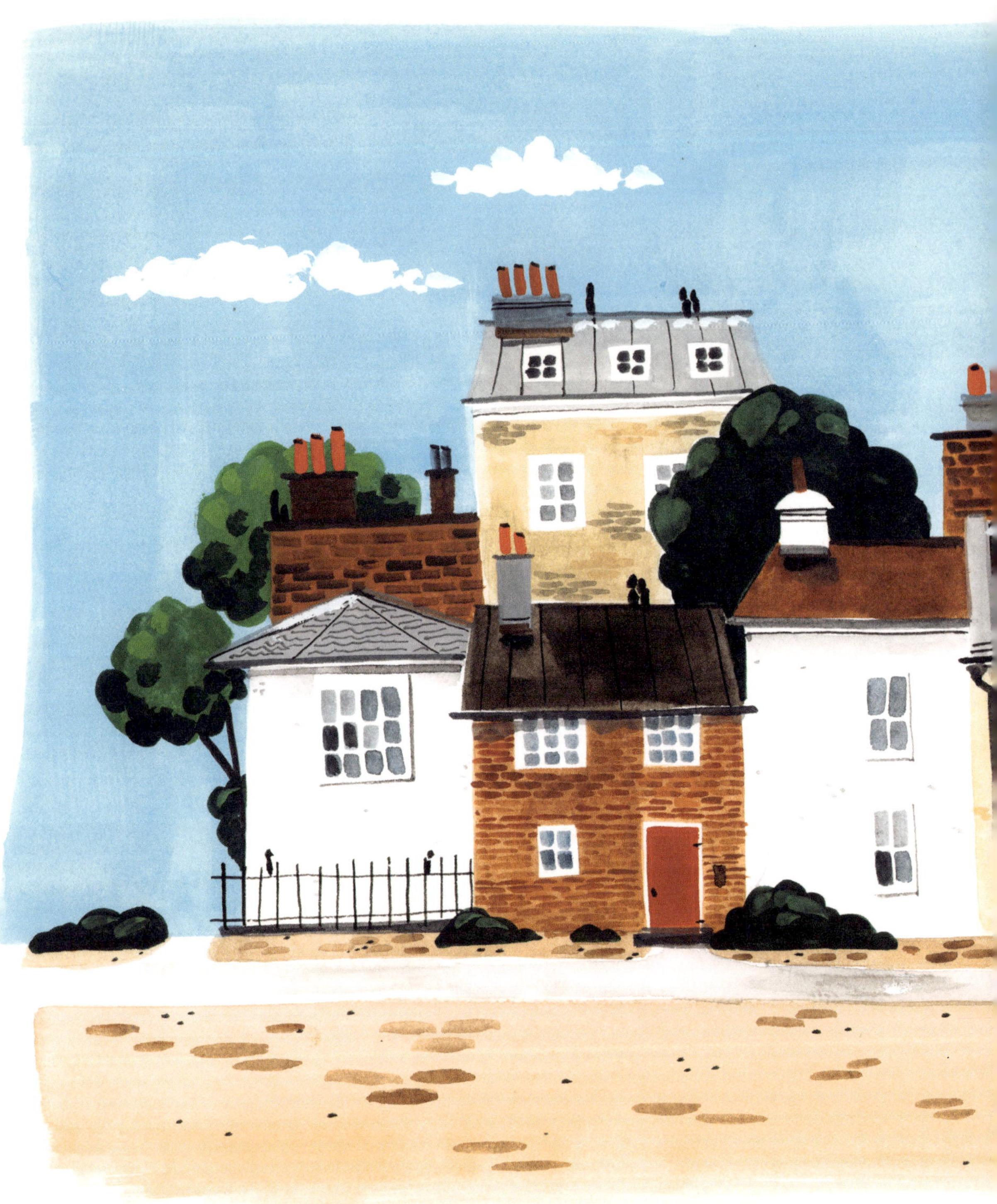

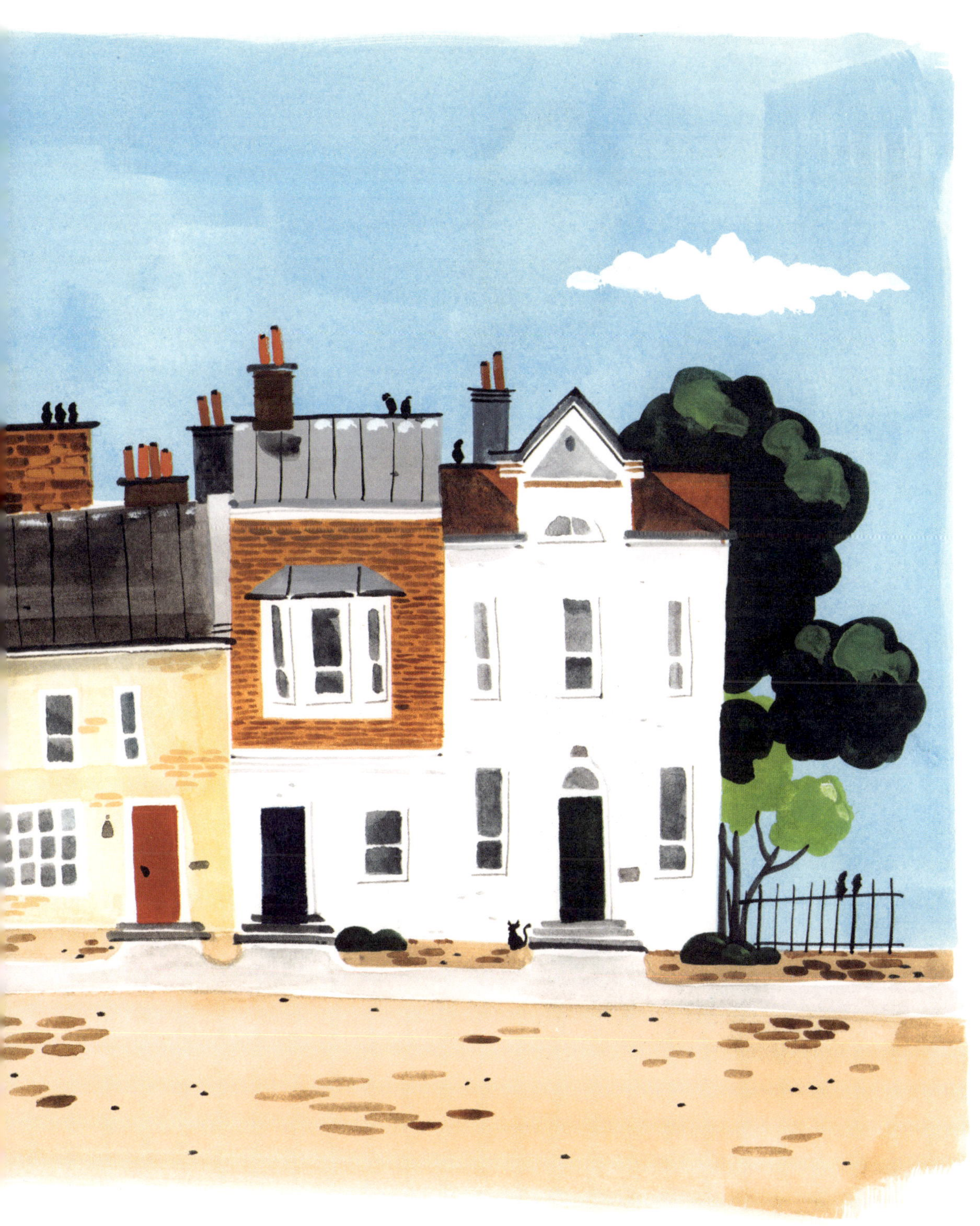

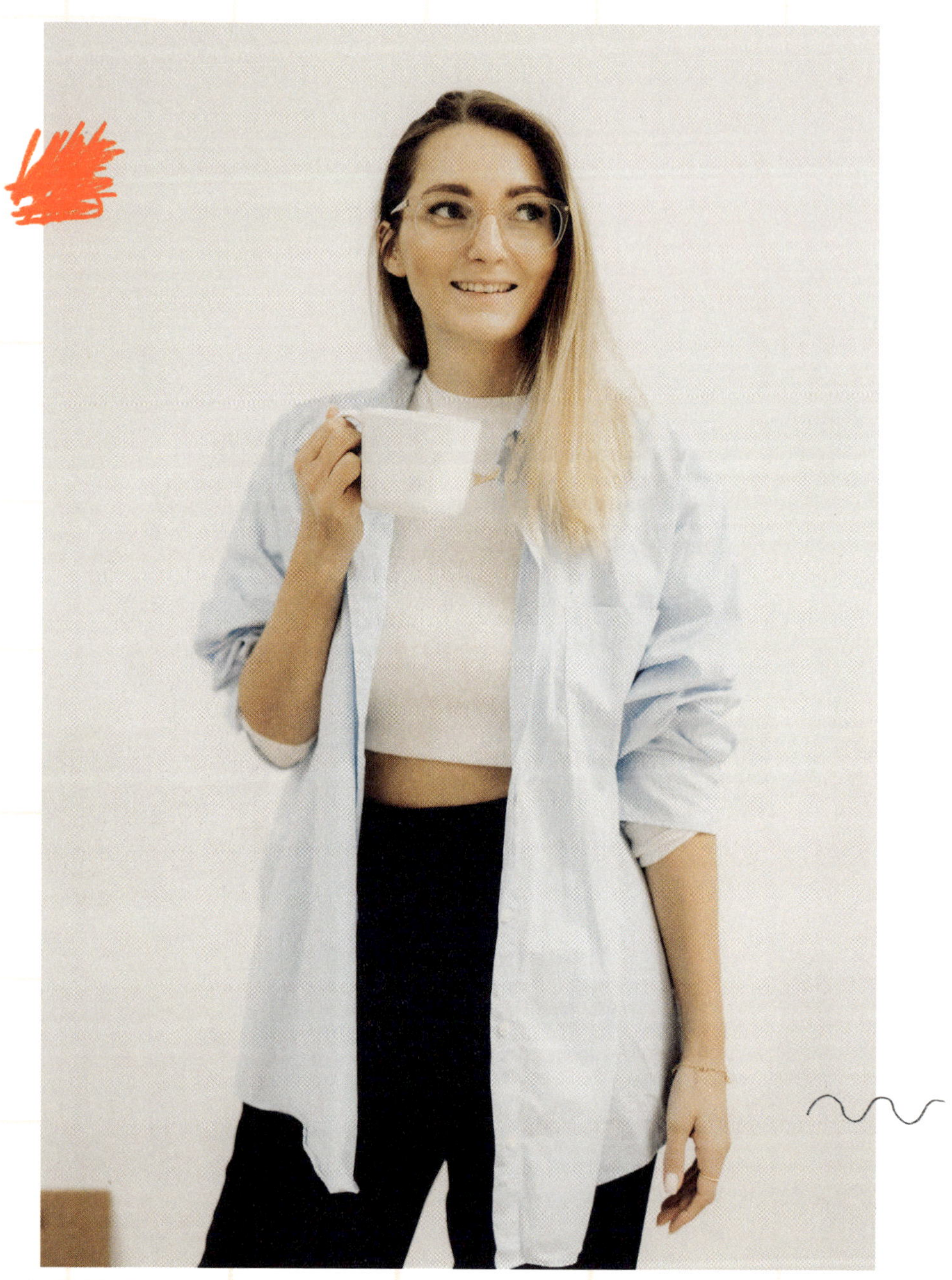

# ÜBER SUE

Sue Hiepler ist Illustratorin und Teil des Creative Studios „May & Berry", das sie zusammen mit ihrer Freundin und Kollegin Yasmin Reddig 2017 gegründet hat. Ihre Welt dreht sich um Illustration, Handlettering und alles, was kreativ ist. Mit diesen Themen bespielen die beiden den erfolgreichen Instagram-Account *mayandberry*, wodurch sie täglich direkten Kontakt zur kreativen Zielgruppe haben. Mit Tipps zu den richtigen Materialien, Video-Tutorials und Motivideen möchten sie andere inspirieren, selbst kreativ zu werden. Als Ergänzung brachte das Kreativduo in den letzten Jahren zusammen mit bekannten Marken mehrere Produkte im Bereich Künstlerbedarf auf den Markt.

Sue studierte bis 2014 Kommunikationsdesign und setzte noch eine Zusatzqualifikation im Bereich Illustration obendrauf. Sie hat sich also ausführlich mit allen möglichen Techniken beschäftigt: angefangen von der klassischen Öl-, Akt- und Aquarellmalerei bis hin zu digitaler Malerei und Drucktechniken. Nach ihrem Studium war sie drei Jahre als Art-Direktorin in einer PR-Agentur beschäftigt, seit 2017 arbeitet sie als selbstständige Illustratorin und Kommunikationsdesignerin.

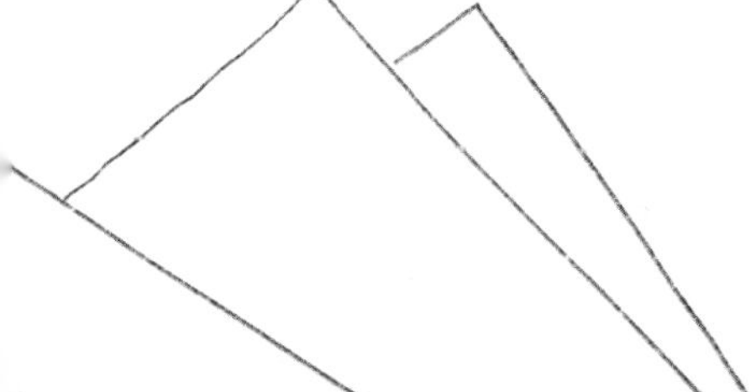

# KENNST DU SCHON…?

Von wegen grau und trist – schnapp dir deinen Malkasten und tauche die Großstadtwelt mit Sue in wunderschöne Farben!

In den Büchern *Urban Watercolor Journey* & *Urban Watercolor Journey – Die Reise geht weiter* findest du viele **Infos** rund um das richtige **Material, Grundlagen, Tipps** zu verschiedenen Techniken und **Schritt-für-Schritt-Anleitungen,** die dich von Grund auf an die beliebte **Aquarelltechnik** heranführen.

Individuelle Motivideen und liebevolle Zeichnungen von Sue inspirieren dich, mit Aquarellfarben kreativ zu werden und so deinen eigenen Stil zu finden.

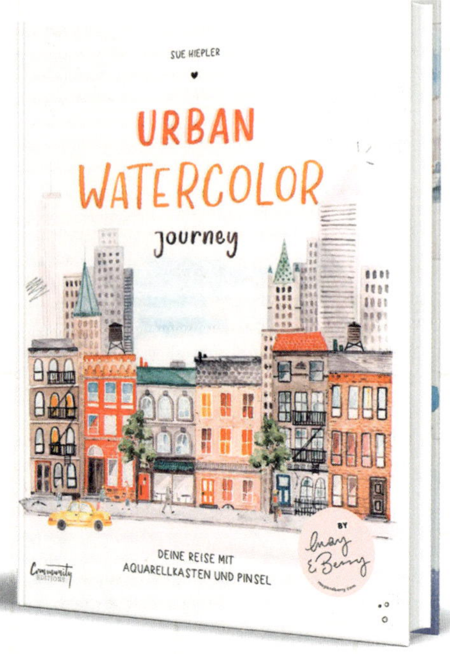


**Urban Watercolor Journey**

ISBN: 978-3-96096-137-6

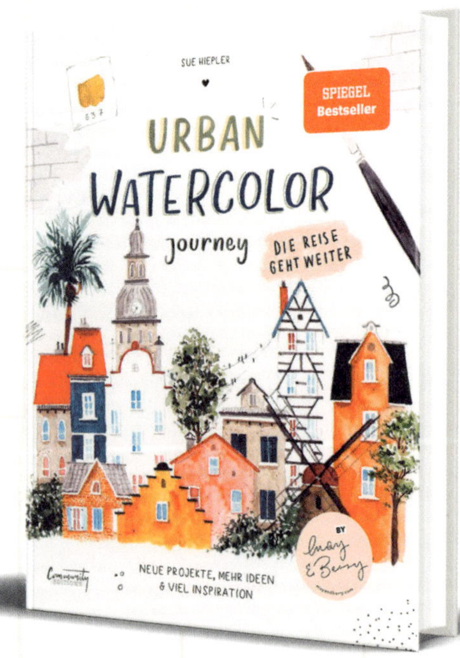


**Urban Watercolor Journey**
**Die Reise geht weiter**

ISBN: 978-3-96096-234-2

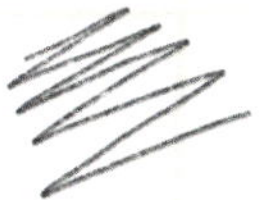

# ... UND DAS?

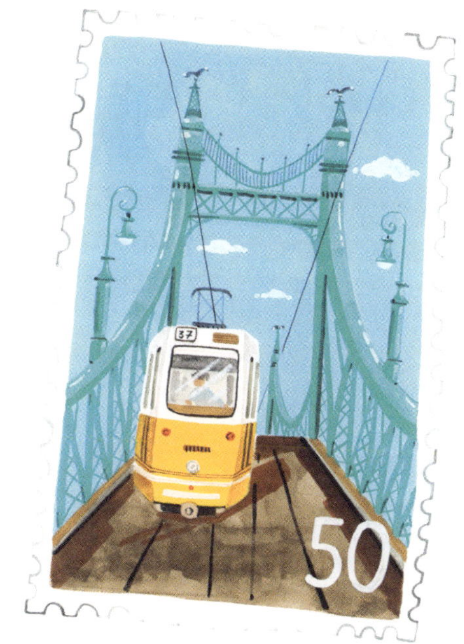


Wenn **Aquarellfarben** schon ein fester Bestandteil deiner Kunst sind, wirst du das neue Trendmedium **Gouache** lieben.

Erweitere deine kreativen Möglichkeiten! Mit **Gouache** entstehen kontrastreiche Kunstwerke nicht nur auf Papier, sondern auf vielen verschiedenen Oberflächen wie Leinwand, farbigem Karton oder sogar auf Bucheinbänden.

Sue entführt dich in ihrem neuen Buch auf eine bunte Reise durch verschiedene Länder und Kulturen. Mit ihren einzigartigen Gebäude- und Landschaftsmotiven tauchst du ganz in die wundervolle **Watercolor-** und **Gouache-Welt** ein. Das nötige Technikwissen, Schritt-für-Schritt-Anleitungen und Motivvorlagen zum Download sorgen dafür, dass du den Pinsel nicht mehr loslassen kannst.

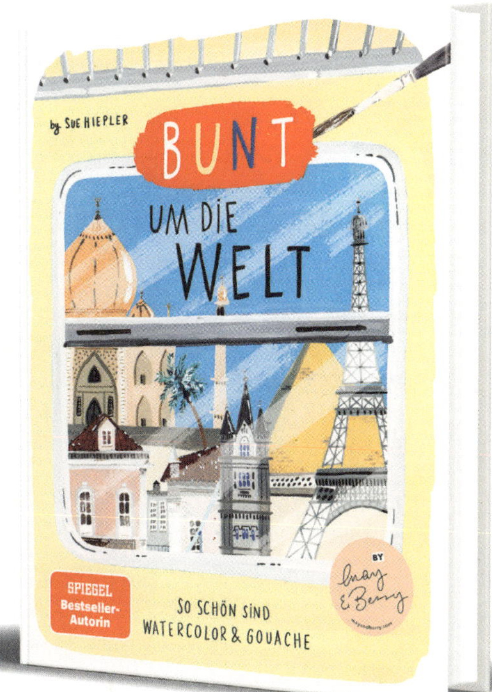


**Bunt um die Welt**

ISBN: 978-3-96096-255-7

# IMPRESSUM

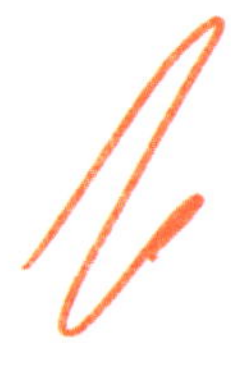

**URBAN WATERCOLOR WORKBOOK**

*Finde deinen eigenen Stil mit kreativen Übungen, Vorlagen & Aktivseiten*

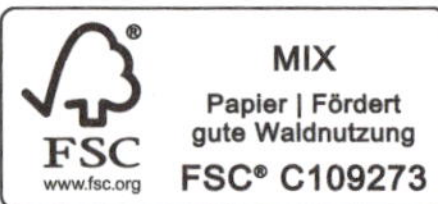


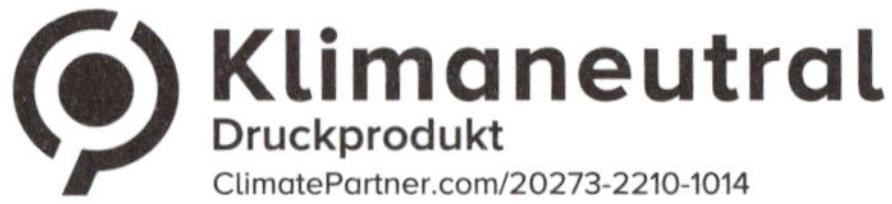

1. Auflage


Weyerstraße 88-90
50676 Köln



Texte: Sue Hiepler
Satz, Layout & Design: Sue Hiepler
Illustrationen: Sue Hiepler
Projektleitung: Sarah Völker
Redaktion: Yasmin Reddig
Lektorat: Julia Voigtländer
Fotos Seite 4 & 156: © Lisa Bössen

Gesetzt aus der Avenir 45 Book / Book Oblique von © Adrian Frutiger / Linotype und der Baskerville von © Impallari Type
Gesamtherstellung: Community Editions GmbH

ISBN: 978-3-96096-949-5
Printed in Poland
www.community-editions.de

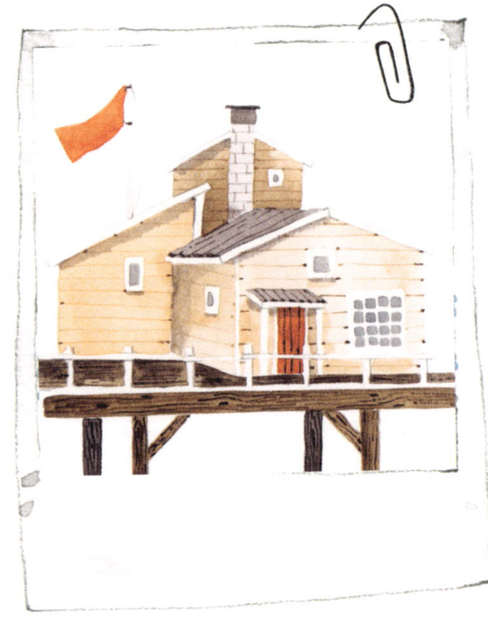